Selbsthilfe-Förderung - "Mode" einer Zeit?
Eine Prozeß- und Strukturanalyse von Programmen zur Unterstützung
von Selbsthilfeaktivitäten

D1699446

Europäische Hochschulschriften

Publications Universitaires Européennes
European University Studies

Reihe XXXI

Politikwissenschaft

Série XXXI   Series XXXI
Sciences politiques
Political Science

Bd./Vol. 273

PETER LANG

Frankfurt am Main · Berlin · Bern · New York · Paris · Wien

Wilhelm Fehse

Selbsthilfe-Förderung - "Mode" einer Zeit?

Eine Prozeß- und Strukturanalyse
von Programmen zur Unterstützung
von Selbsthilfeaktivitäten

PETER LANG
Europäischer Verlag der Wissenschaften

Die Deutsche Bibliothek - CIP-Einheitsaufnahme

Fehse, Wilhelm:

Selbsthilfe-Förderung - "Mode" einer Zeit? : Eine Prozeß- und
Strukturanalyse von Programmen zur Unterstützung von
Selbsthilfeaktivitäten / Wilhelm Fehse. - Frankfurt am Main ;
Berlin ; Bern ; New York ; Paris ; Wien : Lang, 1995
    (Europäische Hochschulschriften : Reihe 31, Politik-
    wissenschaft ; Bd. 273)
    Zugl.: Berlin, Freie Univ., Diss., 1992
    ISBN 3-631-48026-1

NE: Europäische Hochschulschriften / 31

D 188
ISSN 0721-3654
ISBN 3-631-48026-1
© Peter Lang GmbH
Europäischer Verlag der Wissenschaften
Frankfurt am Main 1995
Alle Rechte vorbehalten.

Printed in Germany 1 2 3 4 5 6 7

Inhalt

Verzeichnis der Tabellen

Verzeichnis der Übersichten

Die Schwachen kämpfen nicht
Die Stärkeren kämpfen vielleicht eine Stunde
Die noch stärker sind, die kämpfen viele Jahre
Die Stärksten kämpfen ihr Leben lang
Diese sind unentbehrlich.

Bertolt Brecht

Vorwort

Es ist still geworden - um die Selbsthilfeforschung, zu Konzeptionen zum qualitativen Umbau des Sozialstaats, um einstmals lautstark vorgetragene Forderungen und Proteste von Gruppen und Initiativen. Den Debatten des vergangenen Jahrzehnts vergleichbare Auseinandersetzungen um die sozialpolitische Bedeutung von Selbsthilfeaktivitäten finden heute nicht mehr statt. Handelt es sich bei dem einstmals viel diskutierten Thema also um eine Modeerscheinung, eine „Mode" einer Zeit, wie es im Titel dieser Arbeit etwas zugespitzt heißt, oder hat das derzeit geringe sozialwissenschaftliche Interesse nur wenig mit den realen Veränderungen im Selbsthilfe-Bereich zu tun ? Die vorliegende Arbeit steht in diesem Spannungsfeld zwischen fachlicher Diskussion und politischer Praxis.

Die Untersuchung führt in die Zeit der 80er Jahre zurück, in der über die Bedeutung und den Stellenwert von Selbsthilfeaktivitäten heftig diskutiert wurde. „Abbau öffentlicher Dienstleistungen" oder „Stärkung der Eigeninitiative", „notwendige Entbürokratisierung", oder „Reprivatisierung sozialer Risiken", „Herausforderung der Wohlfahrtsverbände" oder „Motor für eine Etablierung neuer sozialer Dienste" - dies sind nur einzelne Stichpunkte aus den Kontroversen, die nicht nur in der Fachöffentlichkeit und den beteiligten Gruppen geführt wurden. Auch bei den politischen Parteien war die Geltung und Tragweite von Selbsthilfe heftig umstritten.

Die 80er Jahre waren auch das Jahrzehnt neuartiger Strategien auf diesem Gebiet. Einzelne Bundesländer und Kommunen führten erstmals eine Förderung von Selbsthilfe-Tätigkeiten ein. Es wurden spezielle Programme für Selbsthilfegruppen aufgelegt und Infrastruktureinrichtungen zur Aktivierung „sozialen Engagements" bezuschußt. Regierungen unterschiedlicher parteipolitischer Zusammensetzung unterstützten Kontakt- und Informationsstellen, Nachbarschaftsvereine, Arbeitslosen-Initiativen, Eltern-Kind-Gruppen, Beratungsstellen, Ausländer- und Altengruppen und vieles mehr aus den neu eingerichteten Haushaltstiteln der Selbsthilfegruppen-Förderung. Auseinandersetzungen blieben dabei nicht aus. Mehr als einmal entwickelte sich die beabsichtigte Förderung zu einem Wettstreit der unterschiedlichen sozialpolitischen Konzepte.

Die zahlreichen, oft widersprüchlichen Einschätzungen der Selbsthilfe-Debatte bilden den theoretischen Rahmen. Sie werden im ersten Abschnitt näher ausgeführt. In den nachfolgenden Kapiteln erfolgt eine differenzierte Analyse der Entwicklung und Umsetzung von Förderprogrammen der drei Städte Berlin, Münster und Bremen, wobei die finanzielle Unterstützung als ein von parteipolitischen Fraktionen, Selbsthilfeinitiativen, Wohlfahrtsverbänden und Medien beeinflußter Prozeß in den Mittelpunkt gerät. Mittels des Ansatzes der vergleichenden Politikforschung wird der Politikverlauf mit seinen Entscheidungsprozessen und jeweiligen Ergebnissen detailliert erfaßt. Die Rolle der einzelnen Gruppierungen bei der Formulierung und Umsetzung der Programme, die Wirkungen der öffentlichen Förderung auf die beteiligten Gruppen und die umfassenden Folgen zwischen Umbau und Abbau sozialstaatlicher Leistungen erfahren eine genauere Betrachtung.

In jedem Abschnitt wird den folgenden Fragen nachgegangen: Welchen Einfluß haben die unterschiedlichen Fraktionen bei den Entscheidungsprozessen während der Installierung und Umsetzung der Förderungsprogramme ? Sind die unterschiedlichen parteipolitischen Optionen tatsächlich in den jeweiligen Bestimmungen und Strukturen der Programme zu erkennen ? Welche Wirkungen hat die Förderung auf die Wohlfahrtsverbände und Selbsthilfeinitiativen ? Welche umfassenderen Folgen sind hinsichtlich eines Abbaus oder Umbaus sozialstaatlicher Leistungen zu erwarten ? Das letzte Kapitel vergleicht die Ergebnisse der einzelnen Fallstudien und gibt Aufschluß zu übergreifenden Fragestellungen der sozialpolitischen Debatte.

Im Rahmen der Studie wurden zahlreiche offizielle und halboffizielle Dokumente und Presseveröffentlichungen ausgewertet. Eine wesentliche Stütze waren die 15 Tiefen-Interviews, die mit Vertretern aus Verwaltung, Selbsthilfeinitiativen und Wohlfahrtsverbänden der einzelnen Städte durchgeführt wurden.

Ich möchte mich an dieser Stelle für die Geduld meiner Interviewpartner bedanken, die mir in z.T. mehrstündigen Gesprächen bereitwillig in allen Fragen Auskunft gegeben und die Durchführung der Arbeit in dieser Form erst ermöglicht haben. Ich habe mit Ihnen vereinbart, daß sie nicht namentlich identifiziert werden können. In den Fällen, wo Zitate in den Text aufgenommen werden, wird lediglich darauf verwiesen, welcher Gruppierung die betreffende Person angehört.

Danken möchte ich ebenfalls meinem Gutachter Georg Vobruba für die kritischen Anmerkungen zu meiner Arbeit und meinem Freund Karl-Heinz Degen für die Durchsicht und Hilfe bei der stilistischen Verbesserung des Manuskripts. Reinhard Thieß und Harald Schreiber haben mir für die technische Hilfe beim Druck der Vorlage die Arbeit erheblich erleichtert. Auch den Mitarbeitern der Berliner Senatsbibliothek will ich mich hier für ihre stets hilfreiche und freundliche Unterstützung bei der Beschaffung der Literatur und anderer Unterlagen erkenntlich zeigen. Ihnen allen - und auch jenen, die ich vielleicht vergessen habe - ist die Durchführung und das Gelingen dieser Arbeit zu verdanken. Insbesondere bin ich allerdings meinem Betreuer Prof. Peter Grottian zu Dank verpflichtet für all die Hilfestellung und Aufmerksamkeit, die er meinem Vorhaben hat zukommen lassen. Selbst involviert in die Entwicklungsphase des Berliner Förderprogramms, manchmal Irrwege gehend, aber immer wieder Impulse setzend, macht er mit seinem Wirken deutlich, daß Engagement und großer persönlicher Einsatz zahlreiche Spuren hinterläßt.

Selbsthilfe im Spiegelbild der Diskussion

Selbsthilfe als kollektive Handlungsform ist an sich nichts Neues. In der Geschichte der hochindustrialisierten Staaten Westeuropas und den USA hat es sie in allen Epochen gegeben. In den sog. Schwellen- und Entwicklungsländern ist sie auch heute noch als Überlebensform gang und gäbe, ohne daß dies eine rege Diskussion oder öffentliche Aufmerksamkeit hervorruft. Dies wäre vielleicht ohne Belang, wenn es nicht die folgende Tatsache unterstreichen würde: Daß nicht jedes gesellschaftliche Problem „quasi automatisch" zu einem Handlungsfeld der Politik wird, sondern eine Vielzahl von Einflußfaktoren dies entscheidet.

Zweifellos steht die Verbreitung von Selbsthilfe-Ansätzen in einem engen Zusammenhang zur ökonomischen Entwicklung. So haben sich in der Vergangenheit die genossenschaftlichen Ansätze Mitte des 19. Jahrhunderts (vgl. z.b. Bellermann 1981) als eine Reaktion auf den Zerfall der traditionellen sozialen Netze entwickelt, die durch den aufkommenden Kapitalismus weitgehend aufgelöst wurden. Die zahlreichen Selbsthilfebestrebungen in den USA zu Zeiten der Weltwirtschaftskrise weisen gleichfalls auf den Zusammenhang hin, den sie mit dem Fehlen oder „Versagen" sozialer Sicherungssysteme hat. Insofern ist es zumindest für die westlichen Industriestaaten zutreffend, wenn der „Bewegungsforscher" Karl Werner Brand das Phänomen Selbsthilfe folgendermaßen beschreibt: Es „tritt ... gehäuft in gesellschaftlichen Krisenzeiten auf, wenn die herkömmlichen Formen der sozialen Integration und der ökonomischen Reproduktion brüchig werden oder nicht mehr funktionieren" (Brand 1988, 72).

Allein erklärt dies allerdings wenig. Die „Formen der sozialen Integration" sind in den vergangenen Jahren noch brüchiger geworden, die Problemlagen haben sich noch verschärft, ohne daß dies zwangsläufig zu einer Steigerung von Selbsthilfeaktivitäten führen muß. Die Hochphase liegt jetzt schon ein wenig zurück, wenn bspw. die Selbsthilfe unter dem Blickwinkel ihrer Projektgründungen betrachtet werden. Gerade die Selbsthilfeprojekte im Dienstleistungsbereich können auf eine mittlerweile mehr als 10jährige Geschichte zurückblicken.

Die Selbsthilfe-Landschaft - eine Begriffsbestimmung

Selbsthilfezusammenschlüsse finden sich nahezu in allen gesellschaftlichen Bereichen. Im Kultur-, Bildungs-, Gesundheits-, Umwelt- und auch im Produktionssektor haben sich Gruppen zum gemeinsamen Handeln zusammengeschlossen. Gesprächsgruppen, psychosoziale Beratungsstellen, Arbeitslosenprojekte und Frauenzentren sind nur ein kleiner Ausschnitt aus diesem Spektrum, in der öffentlichen Diskussion gemeinhin als Selbsthilfegruppen bezeichnet. Teilweise bestehen sie erst seit kurzer Zeit, teilweise haben sie sich auf regionaler Ebene bereits zu Großorganisationen verbunden. Erst einmal sind diese Gruppen nichts anderes als die kollektive Handlungsformen „Betroffener", die der Bewältigung oder Linderung von Problemen wie psychischen, wirtschaftlichen oder sozialen Notlagen dient (Trojan et al. 1986, 38).[1]

Der Selbsthilfebegriff kann allerdings mit zahlreichen unterschiedlichen Zielvorstellungen und Inhalten gefüllt werden, er ist eine, wie Heinze meint, ordnungspolitische Kategorie, die „positive oder negative Assoziationen bei potentiellen Bündnispartnern (zu) erzeugen" will, „um für die eigenen politischen Optionen zu mobilisieren" (Heinze 1986b, 2).[2] Zum Ausdruck kommt dies in den unterschiedlichsten Bezeichnungen dieser Gruppen wie „soziale Aktion" (Hegner 1979, 76), „sozialpolitische Aktionsgruppen" (Becher 1985) oder „selbstaktives Feld" (Pankoke 1983). Am engsten knüpft noch die Bezeichnung „Selbstorganisation" (Badelt 1980, 13) oder „neue Selbstorganisationen" (Bewyl/Brombach 1984, 15) an dem - idealtypisch gesehen - selbstbestimmten Handeln von Gruppen an. Zum Teil wird auch, durch mehrere Veröffentlichungen kolportiert, die Bezeichnung „Soziale Selbsthilfegruppen" (vgl. z.B. Vilmar/Runge 1986) genannt. Ähnlich umstritten ist die Einordnung der einzelnen Gruppierungen unter die diversen Sammelbezeichnungen. Mal werden nur therapeutische Gruppen als Selbsthilfegruppen bezeichnet, ein anderes Mal umfaßt der Begriff sämtliche Formen nichtstaatlicher Hilfen.

Bereits 1981 hat Rolf Breuer diesen Sachverhalt folgendermaßen charakterisiert: „Bei manchen Untersuchungen zum Selbsthilfe-Phänomen hat man den Eindruck daß die Wissenschaftler - überwältigt von der schier unbegrenzten Fülle von 'Selbsthilfe' - erst mal alles in einen Topf geworfen haben, dann darin empirisch-sozialforschend herumstochern und als bemerkenswertes Ergebnis herausbekommen, daß in dem Topf viele unterschiedliche Dinge stekken" (Breuer 1981, 208). Sicherlich hat dies auch mit den Definitionsschwie-

---

1   Die in der letzten Zeit im tagespolitischen Geschehen an Gewicht gewinnende, auch in der wissenschaftlichen Literatur problematisierte „andere Seite" der Selbsthilfe als Selbst- und Lynchjustiz erfährt bei der folgenden Begriffsbestimmung keine Berücksichtigung; vgl. hierzu z.B. Gross 1988

2   Die Ansätze zur Systematisierung von Selbsthilfegruppen sind mittlerweile kaum übersehbar; vgl. hierzu ohne Anspruch auf Vollständigkeit Asam 1981, 13ff.; Gross 1982, 37ff.; Hegner 1981, 220ff.; Nelles/Beywl 1984, 81; Winkelvoss et al. 1981, 134ff.; Badelt 1985, 14 ; Frantz 1987, 182

rigkeiten angesichts der Fülle von Handlungsformen, Zielen und Förderansprüchen der diversen Gruppen zu tun, allerdings auch damit, daß die wissenschaftliche Diskussion nicht losgelöst von der gesellschaftlichen ist, die Begriffsbestimmungen eng mit den jeweiligen gesellschaftspolitischen Leitbildern verbunden sind.

Dieser Streit ist keinesfalls rein akademischer Natur. Wie so oft geht es bei der Besetzung von Begriffen um Geld, um die Einbeziehung unterschiedlicher Gruppierungen in finanzielle oder andere Unterstützungen. Ein besonders treffendes Beispiel, wie damit Ein- und Ausgrenzungen geregelt werden können, zeigt die Begriffsbestimmung des ISAB-Instituts. Dieses Institut unterscheidet in einem Bericht zur Begleitforschung eines Projekts des damaligen Bundesministeriums für Familie, Frauen. Jugend und Gesundheit (BMJFFG) 5 verschiedene Typen von Gruppen: reine Gesprächsgruppen, Selbsthilfegruppen mit und ohne professionelle Mitarbeiter, Initiativen und „Selbsthilfeprojekte/Beschäftigungsinitiativen". In ihrer Untersuchung stellen sie folgendes fest: „Weil die Artikulations- und Durchsetzungschancen professioneller Selbsthilfeprojekte größer sind als diejenigen von kleinen Selbsthilfegruppen und Initiativen, wird der größte Teil der Mittel, die unter dem 'Etikett' Selbsthilfeförderung bereitgestellt werden, zur Schaffung von Arbeitsplätzen durch Selbsthilfeprojekte und Beschäftigungsinitiativen in defizitären Bereichen" (Braun/Greiwe 1989, 45) ausgegeben. Und in den Empfehlungen an die Verwaltungen heißt es: „**Eine Selbsthilfe-Förderpolitik,** deren Ziel die Aktivierung des Selbsthilfeengagements von BürgerInnen ist, ... **sollte die Verengung der Förderung auf professionelle Selbsthilfeprojekte ...vermeiden** (ebd., Hervorhebungen durch die Autoren).

Eine solche Schlußfolgerung ist angesichts des existierenden unterschiedlichen Förderbedarfs auf Seiten der unterschiedlichen Gruppierungen und der Förderpraxis der öffentlichen Stellen zumindest zweifelhaft. Sicherlich läßt sich darüber streiten, ob die so bezeichneten Selbsthilfe-Fördermittel ein taugliches Instrumentarium zur finanziellen Unterstützung der oft in „defizitären Bereichen" arbeitenden Selbsthilfeprojekte sind oder ob diese Gruppen nicht besser in der regulären Haushaltsförderung aufgehoben wären. Daß die Beschaffung eines Arbeitsplatzes in diesen Gruppen einen hohen Stellenwert hat und oftmals das einzige Kennzeichen von Selbsthilfe ist, ist wohl ebenfalls richtig. Dies heißt allerdings nicht, daß diesen Bestrebungen auch von Seiten der öffentlichen Hand entsprochen wird; denn eine „Verengung" der „Selbsthilfeförderung" auf „professionelle Selbsthilfeprojekte" hat keineswegs stattgefunden. Nach einer vom Verfasser durchgeführten bundesweiten Bestandsaufnahme der Förderung von Selbsthilfezusammenschlüssen durch die Sozial- und Gesundheitsbehörden von Bund, Länder und Gemeinden der damaligen Bundesländer sind die Selbsthilfeorganisationen mit den ihnen angeschlossenen Mitgliedsvereinigungen die hauptsächlichen Nutznießer der öffentlichen Unterstützung. Sie werden von gut drei Viertel der Verwaltungen unterstützt.[3] Erst an zweiter Stelle folgen die Selbsthilfeprojekte, die von rund zwei Drittel der Stellen subventioniert werden. Angesichts dieses Umstandes ist die Aussage des ISAB-Instituts allenfalls noch verständlich als praktizierte Lobbyarbeit für die anderen Selbsthilfegruppierungen wie die kleinen „Gesprächsgruppen" und „Initiativen".[4]

Dieses Beispiel mag vielleicht das Terrain deutlich machen, auf dem sich auch die fachpolitische Debatte bewegt. Dann und wann findet man auch „spätkonvertierte Bewegungsgläubige, die wie letzte Mohikaner auf dem Pferd verkehrtherum sitzend nach einer 'Selbsthilfegesellschaft' spähen" (Huber 1987, 17). Dies wäre nicht weiter beunruhigend, wenn die Begriffsbestimmungen nicht manchmal auf die eine oder andere Art und Weise Einlaß in politische Programme, Verordnungen oder Erlasse fänden und dort den Ein- oder Ausschluß von Gruppen regelten.[5] Auch auf diesem Gebiet ist die wissenschaftliche Neutralität eine Fiktion.

Es geht nicht darum, auf Definitionen zu verzichten. Sie sind das „Brot" der Wissenschaft und für die Erklärung von Zusammenhängen unabdingbar. Auch diese Arbeit kann sie nicht entbehren, wenn z.B. der Förderbedarf und die Kooperations- und Handlungsformen der einzelnen Gruppen untereinander geklärt oder eine sozialpolitische Ortsbestimmung der Selbsthilfeförderung vorgenommen werden soll. In diesem Zusammenhang geht es allerdings weniger um die Bereitstellung von möglichen konsensfähigen Definitionen für Politik und Verwaltung, sondern um die Untersuchung des politischen Gebrauchs der wissenschaftlichen Bestimmungen der Selbsthilfe-Landschaft. In dem Bemühen, den

---

3   Eine nachfolgende Befragung kommt zwar zu dem Ergebnis, daß „nunmehr die Selbsthilfeprojekte die hauptsächlichen Nutznießer der öffentlichen Förderung sind" (Balke/Markworth 1989, 9); die erheblichen methodischen Mängel lassen allerdings an dem Gehalt einer solchen Aussage zweifeln; zu anderen Bestandsaufnahmen vgl. Jakubowski 1989, 19; Bobzien et al.. 1989, 166ff.

4   Daß die kleinen Selbsthilfegruppen tatsächlich in äußerst geringem Maß gefördert werden, steht dabei auf einem anderen Blatt. So kann nach der bereits benannten Umfrage lediglich bei einem Sechstel der fördernden Stellen von einer gesicherten Unterstützung dieser Formen von Selbsthilfegruppen gesprochen werden; vgl. Beutin/Fehse 1987b, 114

5   vgl. hierzu die Entstehungsgeschichte der Förderprogramme in den einzelnen Kapiteln

schmalen Grat zwischen präziser Analyse und notwendiger Abstraktion zu finden und nicht mehr zu verlassen sollen die wissenschaftlichen Definitionen in diesem Sinne daher noch einmal näher beleuchtet werden.

Die erste Klippe zeigt sich in einem all umfassenden Selbsthilfe-Begriff, der in der öffentlichen wie in der wissenschaftlichen Diskussion häufig zu finden ist. So bezeichnen bspw. insbesondere die Vertreter des Konzepts „Sozialer Selbsthilfe" die Gesamtheit der „sozial engagierten Gruppen" (Vilmar/Runge 1986, 12) in Abgrenzung zur „privaten Selbsthilfe" als „soziale Selbsthilfegruppen".[6] Hier finden sich therapeutische Wohngemeinschaften ebenso wie Genossenschaftsbetriebe, Odachlosengruppen, Wissenschaftsläden, Ökobanken, soziokulturelle Zentren, Initiativen für Arbeitszeitverkürzungen u.v.a.m. Eine derart umfangreiche Begriffsbestimmung läuft immer wieder in Gefahr, zu einer Leerformel zu verkommen. So meint denn auch Walter Schulz: „Soziale Selbsthilfe ist die von einer relativ gut betuchten Elterninitiative eingerichtete Krabbelgruppe, in der eine leicht unter Tarif entlohnte Kinderpflegerin (ABM), unterstützt von einer 'schwarz' entlohnten arbeitslosen Mutter halbtags von 8-16 Uhr die liebsten Allerkleinsten behütet. Soziale Selbsthilfe ist die Mieterinitiative in einem der gemeinützigen städtischen Wohnungsgesellschaft gehörenden Wohnblock, die seit Jahren für die Ausstattung und Wartung der Gemeinschaftseinrichtungen kämpft und in dieser Zeit ein beachtliches Zusammengehörigkeitsgefühl geschaffen hat. Soziale Selbsthilfe ist der Zusammenschluß von Multiple-Sklerose-Kranken, die durch den Kontakt untereinander und die Veröffentlichung ihrer Situation und ihrer Ansprüche an staatliche und gesellschaftliche Unterstützung ihre Lebenssituation und die ihrer Angehörigen verbessern wollen" (Schulz 1987b, 120f). Für ihn ist „ein von mehreren Personen geleisteter eigenständiger Beitrag zur Befriedigung der eigenen Bedürfnisse bzw. der Durchsetzung der eigenen Interessen ... an sich weder neu, noch besonders, noch fortschrittlich. Dieser Impetus liegt noch jedem Geselligkeitsverein zugrunde" (ebd., 151).

Nun ist es keine Lösung, ausschließlich nach außen gerichtete Ziele einzelner Gruppierungen als Kriterium anzuwenden. Selbst diese Zielsetzungen sind viel zu heterogen, als daß sie eine einigermaßen präzise Klassifikation erlauben. Die von den Autoren der „Sozialen Selbsthilfe" vorgeschlagene Definition ist allerdings weder in der Lage, die unterschiedlichen Handlungsformen deutlich zu machen, noch die differierenden Förderansprüche und die womöglich unter-

---

6   hierbei handelt es sich insbesondere um Veröffentlichungen des Forschungsinstituts für öffentliche Verwaltung der Hochschule Speyer, vgl. Braun/Röhrig, 1986, 1987; sowie der Autoren Vilmar/Runge 1986; 1987; auch Deimer/Jaufmann 1983

schiedliche Akzeptanz von Programmen zu klären. Sie dient allenfalls noch dazu, ein Anwachsen einer „Selbsthilfegesellschaft" zu konstatieren.

Ähnliches gilt auch für eine weitverbreitete Definition, die Bürgerinitiativen als Selbsthilfegruppen bezeichnet. Die Entstehung der neuen Selbsthilfegruppen ist zweifellos eng mit den sozialen Bewegungen der Bürgerinitiativen, Alternativ- und Ökologiebewegung seit Mitte der 70er Jahre verbunden. Ihre Ausbreitung ist durch die „Alternativkultur" mit ihren beständigen Aufforderungen, die „Sache selbst in die Hand zu nehmen", unfraglich begünstigt worden. Die unterschiedlichen Handlungsformen der beiden Strömungen lassen es allerdings nicht ratsam erscheinen, Bürgerinitiativen pauschal unter den Selbsthilfegruppen-Begriff zu subsumieren. Unterstrichen wird dies durch eine neue Welle von Initiativen in den letzten Jahren. Auch hier haben sich Menschen zusammengeschlossen, um nach einer seinerzeit anerkannten Definition sozialer Bewegung gemeinsam „einen grundlegenderen sozialen Wandel herbeizuführen, zu verhindern oder rückgängig zu machen" (Raschke 1985, 77). Die Rede ist von den Initiativen gegen Geschwindigkeitsbegrenzungen auf der Autobahn und in der Stadt, den Bau von Wohnheimen für Flüchtlinge u.v.a.m.

Eine etwas andere Richtung schlägt Joseph Huber ein, wenn er ehrenamtlich arbeitende Gruppen, Organisationen und andere Vereinigungen gemeinhin als Selbsthilfegruppen bezeichnet (Huber 1987, 21f.) Es soll hier nicht geleugnet werden, daß die ehrenamtliche Mitarbeit einer Stützung bedarf und in einer Vielzahl von Selbsthilfeinitiativen ehrenamtliche Hilfe für andere neben bezahlter Arbeit und „reiner Selbsthilfe" steht. Wie wichtig eine solche Unterscheidung trotz der vielfach beobachteten „Neuen Ehrenamtlichkeit" (Braun/Röhrig 1986) ist, zeigen allerdings die Antworten von Verwaltungen in der bereits benannten Bestandsaufnahme: dort bezeichnet ein großer Teil die bereits „seit Jahrzehnten" bestehende Unterstützung von Organisationen, Wohlfahrtsverbänden, ehrenamtlich tätigen Gruppen und professionellen Diensten wie Ehe- und Lebensberatungsstellen als „Selbsthilfe-Förderung" (Beutin/Fehse, 1987a). Mit einer derart gestalteten Systematik kann die ordnungspolitische Funktion von Fördermaßnahmen kaum exakt erfaßt werden. Zudem bedeutet die mögliche Unterstützung und Verfestigung - meist von Frauen geleisteter - ehrenamtlicher Tätigkeit im sozialpolitischen Kontext etwas völlig anderes als die Förderung von Selbsthilfestrukturen.

Ein anderes Beispiel ist die Reduktion des Selbsthilfe-Begriffs auf einzelne Gruppierungen, wie sie bspw. Michael Lukas Moeller vornimmt, wenn er nahezu ausschließlich therapeutische Gruppen als Selbsthilfegruppen kennzeichnet. Eine solche Begriffsbestimmung vermeidet zwar die vieldeutige Uneindeutigkeit der Bezeichnung von wie auch immer gearteten Gruppierungen als „Selbsthilfegruppen", das Spektrum der Selbsthilfe-Gruppierungen wird damit allerdings ausschließlich auf Gesprächsgruppen in psychischen und sozialen Notlagen eingeengt.[7]

Eine recht umfassende Typologie von Selbsthilfe-Gruppierungen hat dagegen das DFG-Projekt „Gesundheitsselbsthilfegruppen" (Trojan/Halves 1984, 152; Trojan et al. 1986: 39f.) vorgelegt, das in erster Linie zwischen den Organisationsstrukturen und Handlungsweisen unterscheidet. Analog dem im Projekt verwandten Kategorisierung wird Gesamtheit der Gruppierungen als Selbsthilfeinitiativen bezeichnet, auch wenn mit diesem Begriff nicht nur reine Selbsthilfezusammenschlüsse gekennzeichnet sind. Aufbauend auf diesen Klassifizierungen wird im folgenden nach vier Gruppierungen unterschieden[8] (vgl. Übersicht 1):

Selbsthilfe-Organisationen sind zum großen Teil bundesweite Zusammenschlüsse von Betroffenen mit zumeist chronischen Erkrankungen und Behinderungen. Die als eingetragene Vereine organisierten Gruppierungen haben meist relativ hohe Mitgliederzahlen und verfügen in der Regel über Landesverbände und zahlreiche örtlich arbeitende Gruppen. Vor allem auf Bundesebene sind die Arbeits- und Verwaltungsabläufe formalisiert. Aufgrund ihres strukturellen Aufbaus und „nicht zuletzt wegen des Selbstverständnisses in den Organisationen" (Trojan/Halves 1984, 153) rückt die nach außen gerichtete Interessenvertretung in den Vordergrund des Tätigkeitsbereiches (Matzat 1986, 14f).

Gesprächs- und handlungsorientierte Selbsthilfegruppen sind dagegen wenig formalisiert und besitzen meist nicht die Rechtsform eines eingetragenen Vereins. Das gemeinsame Handeln ist weniger auf die Öffentlichkeit, sondern im wesentlichen auf die gruppeninterne Bewältigung von seelischen und sozialen Problemen auf der Basis gegenseitiger Hilfe gerichtet.

Bei **ehrenamtlich tätigen Helfer-Gruppen** spielt dagegen die Hilfe für andere eine entscheidende Rolle, auch wenn dieses Handeln von Motiven der Selbsthilfe mitbestimmt sein kann und sich Übergangsmodelle finden (Daum 1981).

Eine Vermischung unterschiedlicher Motive und Handlungsweisen liegt bei sozialen und gesundheitsbezogenen **Selbsthilfeprojekten** vor, die - häufig als Alternativprojekte bezeichnet - sich selbst vielfach als Bestandteil der Neuen

---

7   vgl. Moeller 1978, 62ff. u. 82ff; in einer späteren Publikation (1988, 193) bezeichnet der Autor medizinische, bewußtseinsverändernde, lebensgestaltende, projektbezogene ausbildungsorientierte Gruppen und Bürgerinitiativen als „Selbsthilfegruppen"

8   die weiter angelegte. im übrigen problematische Differenzierung in „erste" und „zweite Kultur" findet keine Berücksichtigung; vgl. hierzu Beywl 1984, 41 ff.

Sozialen Bewegungen begreifen. Stärker als bei anderen Selbsthilfeinitiativen rückt allerdings durch die meist hohe Qualifikation der Projektmitarbeiter (Kreutz et al. 1984, 271f.) der professionelle Charakter der Tätigkeit in den Vordergrund. Sie erhält damit Charakteristika beruflicher Hilfe im Sinne eines Dienstleistungsangebots (Huber 1987, 57f.).

Übersicht I: Beispiele für die Gruppen-Typen

SH-Organisation	SH-Projekt	Helfergruppe	SH-Gruppe
Blaues Kreuz, Guttempler, Herzliga, Rheuma-Liga e.V., Frauenselbsthilfe nach Krebs e.V., Kreuzbund;	Frauenhaus, Arbeitslosenzentrum Gesundheitsladen, Kulturhaus, Nachbarschaftszentrum, Projektwerkstatt,	Laienhelfer in der Psychiatrie und im Strafvollzug, Freundeskreise von Behinderten, Alkoholikern, Obdachlosen	Gesprächsgruppe von Depressiven u. Magersüchtigen, Bulimie; Anonyme Spieler etc

Diese Begriffsbestimmungen haben zwar eher analytischen Charakter, da in der Praxis durchaus Überschneidungen und Berührungspunkte zwischen den einzelnen Gruppierungen gegeben sind. So gibt es bspw. Selbsthilfe-Organisationen, die zahlreiche ehrenamtlich tätige Mitglieder haben und selbst Anbieter von Dienstleistungen sind. Gesprächs- und handlungsorientierte Selbsthilfegruppen können aus ihrer Tätigkeit heraus bspw. Beratungsangebote initiieren und sich damit zu einem Selbsthilfeprojekt mit einem wesentlich erweiterten Unterstützungsbedarf entwickeln (Wetendorf 1986, 116f.; Halves/ Wetendorf 1986, 139). Durch die vorgenommene Differenzierung ist es jedoch möglich, den jeweils unterschiedlichen Unterstützungsbedarf relativ präzise zu bestimmen (vgl. hierzu auch Evers 1988). Grob skizziert kann schon jetzt festgestellt werden:

Selbsthilfe-Organisationen - vornehmlich deren Ortsgruppen - brauchen im Zusammenhang mit Gruppentreffen und Beratungsangeboten häufig Sachmittel für Raummiete, Telefon usw. und Honorarmittel, um Referenten wie Ärzte und Praktiker verschiedenster Heilberufe zu gewinnen, die über Behandlungsmethoden bei chronischen Erkrankungen u.a.m. berichten.

Die kleinen, originären **Selbsthilfegruppen** benötigen unmittelbar meist keine Personalmittel und nur geringe Sachmittel, meist für die Miete von Räumen. In erhöhtem Maße sind sie jedoch - vor allem in der Anfangsphase - auf eine qualifizierte psychosoziale Beratung und Unterstützung durch berufliche Helfer angewiesen. Ein Bedarf an Personalmitteln tritt damit vermittelt auf.

Ehrenamtlich tätige Helfer-Gruppen benötigen ebenfalls kaum eigene Personalmittel, jedoch oft Aufwandsentschädigungen bspw. für Fahrten, Telefonate u.a.. Vermittelt besteht jedoch auch hier ein Bedarf an qualifizierten Fachkräften für die Einweisung ins Arbeitsfeld, für Betreuung, Fortbildung u.a.m. (Braun/Röhrig 1986, 60).

Soziale und gesundheitsbezogene **Selbsthilfeprojekte**, die in der Regel kostenlose personenbezogene Dienstleistungen erbringen, sind dagegen zur Ausübung ihrer Tätigkeit in hohem Maß auf eine unmittelbare Bereitstellung von Sach- und Personalmitteln angewiesen.

Selbsthilfeaktivitäten in der sozialpolitischen Debatte

Zur Kritik der sozialstaatlichen Versorgung

Die Debatte um die Bedeutung von Selbsthilfeaktivitäten ist eng mit der in den 70er und 80er Jahren geführten Diskussion um die „Zukunft des Sozialstaats" verknüpft. Vor dem Hintergrund der wirtschaftlichen Rezession Mitte der 70er Jahre steht diese Auseinandersetzung vorerst unter dem Blickwinkel der finanziellen „Krise" der sozialen Sicherungssysteme. Insbesondere von neoklassisch orientierten Wissenschaftlern und Politikern wird der Umfang der Sozialleistungen als schädlich gegenüber der Investitions- und Arbeitsbereitschaft der Wirtschaft kritisiert und eine drastische Reduzierung der Kosten gefordert. Die Kritik an den Strukturen der sozialstaatlichen Verteilung und ihren sozialen und politischen Kosten nimmt indes auch von Vertretern unterschiedlicher gesellschaftlicher und parteipolitischer Strömungen an Breite und Intensität zu. Die Grundlagen und Funktionsweise der „wohlfahrtsstaatlichen" Leistungserbringung werden - mit unterschiedlichen Akzentuierungen - für die Lösung der gegenwärtigen und zukünftigen sozialen Probleme als untauglich oder ineffizient angesehen (vgl. als Überblick Schmidt 1988, 185ff.).

Im Mittelpunkt dieser Diskussion stehen zum einen die Defizite der sozialstaatlichen Versorgung. Der steigende Anteil der älteren Menschen an der Gesamtbevölkerung und das Wachsen der sog. hochbetagten, pflegebedürftigen Alten, der relative Anstieg der chronischen Erkrankungen und die Auflösung der

„primären sozialen Netze" von Familie, Nachbarschaft und Gemeinde machen nach Ansicht einer Reihe von Autoren das steigende Mißverhältnis zwischen Angebot und Nachfrage deutlich, während das traditionelle System diese „Lücken" infolge der ökonomischen Grenzen der sozialen Sicherung, erstarrter Organisationsstrukturen und des bestehenden Konkurrenz- und Besitzstandsdenken immer weniger zu schließen vermag (Badura/Gross 1977; Badura/v. Ferber 1981; Strasser 1979). Zum anderen beziehen sich die kritischen Anmerkungen nicht nur auf fehlende staatliche Eingriffe. Die Ausdehnung der sozialstaatlichen Versorgung mit den kontraproduktiven Einflüssen wie einer Zerstörung der Selbsthilfefähigkeit und der „Kolonisierung der Lebenswelt" (Habermas) wird ebenfalls kritisiert.

Im Rahmen dieser Debatte hat die Unterstützung von Selbsthilfeaktivitäten einen gehobenen Stellenwert. Mit einer Förderung von Selbsthilfeaktivitäten soll die „Eigeninitiative" des Einzelnen und der „kleinen Netze" gefördert, das System der sozialstaatlichen Versorgung entprofessionalisiert und dezentralisiert, die soziale Sicherung „verbessert und verbilligt" (Trojan 1986, 288) werden. Über die näheren Intentionen ist damit allerdings wenig gesagt. „Wer sich gegen eine fortwährende ‚Verstaatlichung' wendet, kann dies als Anhänger einer privatwirtschaftlichen Lösung tun, er kann aber ebenso gut der Meinung sein, die kleinen Gemeinschaften müßten wieder in die Lage versetzt werden, die Dienste in Gegenseitigkeit zu bringen. Um dieser Meinung zu sein, kann man Konservativer so gut wie Anarchist, Liberaler so gut wie Christ sein", heißt es hierzu von Bernhard Badura und Peter Gross (Badura/ Gross 1976, 297). Oder anders herum formuliert: Die formal gleichen Rezepte zur Behandlung einer Krankheit können infolge der zugrunde liegenden Motive und Ziele zu unterschiedlichen Ergebnissen führen.

Eine Scheidelinie zwischen den unterschiedlichen Strategien zur Förderung von wie auch immer gearteter Selbsthilfe wird durch den bereits im vorangegangenen Kapitel ausgeführten Selbsthilfebegriff und die übergreifenden Ziele einer Unterstützung von Selbsthilfeinitiativen markiert. „Bei Selbsthilfe geht es immer um etwas Doppeltes: Es geht sowohl um das Prinzip der Problembearbeitung in kleinen Gruppen als auch um die Bewegung zur Veränderung vorherrschender Strukturen", hat Thomas Olk dieses Verständnis einmal beschrieben (Olk 1988, 6). Oder um es mit Friedrich Krotz auszudrücken: „Selbsthilfe ist erstens eine Einrichtung in der Gesellschaft, die Dienstleistungen erbringt und in Konkurrenz zu anderen Dienstleistungen steht. Das ist ihre ökonomische und sozialpolitische Seite. Und Selbsthilfe bezeichnet zweitens eine Handlungsform, die in der Autonomie des Handelnden verankert ist. Das ist die soziale Seite von Selbsthilfe, längs der sich Machtfragen stellen" (Krotz 1987, 29). Die Bruchstelle besteht demnach im Verhältnis der jeweiligen Leitlinien zu den im

Selbsthilfebegriff enthaltenen Doppelcharakter der Selbsthilfe als Dienstleistungsangebot und als handelnde, strukturverändernde Komponente.

Vor diesem Hintergrund schälen sich zwei gegensätzliche Positionen[9] heraus, die im folgenden als „Umbau"- und „Entlastungs"-Strategie bezeichnet werden. Während die „Umbau"-Strategie mit einer Förderung von Selbsthilfeaktivitäten auf eine Veränderung der gesellschaftlichen Arbeitsteilung unter Bezugnahme auf die „neuen sozialen Bewegungen" abzielt, setzt die „Entlastungs"-Strategie auf die ökonomische Seite der Selbsthilfe als Vermeidung von Kosten. Auf die in dieser Diskussion unter den zentralen sozialstaatlichen Steuerungskategorien Subsidiarität und Solidarität enthaltenen Bewertungen sollen an dieser Stelle näher eingegangen werden, um auf dieser Basis Schlüsselfragen für die weitere Untersuchung zu gewinnen.

Selbsthilfeförderung als „Entlastung" des Sozialstaats

Die Konzeptionen zur Unterstützung von Selbsthilfeaktivitäten als Instrument einer „Entlastung" des Sozialstaats sind mit dem Vorgehen einzelner Kreise innerhalb der CDU unter dem Stichwort Subsidiarität verbunden. „Neue Subsidiaritätspolitik" nennen seine Verfechter denn auch ihre Zielsetzungen in Abgrenzung zum alten, erstmals in der katholischen Soziallehre formulierten Grundsatz. Mit dem Regierungswechsel 1982 erreicht diese Leitlinie einen zentralen programmatischen Stellenwert innerhalb der staatlichen Ordnungspolitik (vgl. Deutscher Bundestag 1985: 78ff.).

„Wie dasjenige, was der Einzelmensch aus eigener Initiativen und aus eigenen Kräften leisten kann, ihm nicht entzogen werden darf und der Gesellschaftstätigkeit zugewiesen werden darf, so verstößt es gegen die Gerechtigkeit, das, was die kleineren und untergeordneten Gemeinschaften leisten und zum guten Ende führen können, für die weitere und übergeordnete Gemeinschaft in Anspruch zu nehmen... Jedwede Gesellschaftstätigkeit ist ihrem Wesen und Begriff nach subsidiär; sie soll die Glieder des Sozialkörpers unterstützen, darf sie aber niemals zerschlagen oder aufsaugen" (Nell-Breuning 1977, 52f.). So um-

---

9   Alf Trojan unterscheidet eine „liberal-konservative" und eine „sozialistische" Position in jeweils einer „radikalen, systemverändernden' und einer gemäßigten Position" (Trojan 1986, 288 ff.). Bei der Begründung einer Selbsthilfeförderung spielt die sich auf die Selbstheilungskräfte des freien Marktes berufende radikal-konservative Einstellung allerdings keine Rolle.

reißt Papst Pius XI. 1931 in einer Enzyklie das Subsidiaritätsprinzip, das in seiner Interpretation noch einiges offen läßt.

In der Deutung der Vertreter der „neuen" Subsidiarität wird dieses Prinzip als nachrangiges Handeln des Staates ausgelegt und als Legitimation für die Begrenzung des sozialen Dienstleistungsangebots und Reduzierung der Sozialkosten durch eine „Entbürokratisierung von Staat, Wirtschaft und Gesellschaft" (Geißler 1981, 67) verwandt. Gegen die sozialdemokratischen Leitvorstellungen gerichtet heißt es: „Die CDU will einem Verständnis und einer Politik der ‚Solidarität' vorbeugen, die zu Einschränkung oder gar zum Verlust der Freiheit führt, sie verwahrt sich aber auch gegen einen Begriff von Freiheit, der Gerechtigkeit und Solidarität (Brüderlichkeit) nicht mehr zuläßt" (Dettling 1983, 60). Neue Lösungen „jenseits von Markt und Staat" sind danach gefordert. Vorgesehen ist, die traditionellen Institutionen von Hausgemeinschaft, Nachbarschaft, Familie und Gemeinde durch ein Netz von Selbsthilfeinitiativen und ehrenamtlichen Hilfen zu ergänzen (Fink 1986; Dettling 1984). Die Stärkung der Selbsthilfefähigkeit des Einzelnen und der Familien, die Unterstützung von so bezeichneten Selbsthilfegruppen und die Anregung ehrenamtlichen Engagements hat dabei einen hohen Stellenwert.

Insbesondere die tragende Rolle der Subsidiarität die Warnungen vor einem „Mißbrauch" von Selbsthilfe als einem Instrument zum Abbau des Sozialstaats nicht nur in der fachlichen Diskussion laut werden lassen. Auch in den politischen Auseinandersetzungen wird diese Strategie immer wieder mit einem Abbau sozialer Dienstleistungen gleichgesetzt. Es ist von einer Verbindung zwischen Selbsthilfe- und „Rotstiftpolitik" die Rede (Abgeordnetenhaus 1982b).[10]

Unterstützt wird diese Mutmaßung durch die problemlose Verbindung, die die neokonservative Auslegung der Subsidiarität mit „ökonomisch-liberalen Ordnungdenken" (Badura et al. 1981, 4) eingeht, sie ist geradewegs auch ein Ausdruck davon. Demzufolge bietet die Subsidiarität auch eine Begründung für eine Spar- und Selbsthilfepolitik; denn durch eine „Zurückhaltung und Zurücknahme des Staates wird Selbsthilfe möglich oder nötig, und umgekehrt durch Förderung von Selbsthilfe kann die Staatstätigkeit zurückgenommen werden" (Bellermann 1986, 112). Ihr Charakter als eine finanzielle Entlastung des Staates tritt damit hervor. „Subsidiarität ist einfach kostengünstiger. Mit dem

---

10 Die Kritik an einem möglichen „Mißbrauch von Selbsthilfe" wurde in der fachlichen Diskussion bereits in Veröffentlichungen der 70er Jahre thematisiert; sie werden durch das erhöhte politische Interesse an der Stärkung des Selbsthilfepotentials weiter verstärkt; vgl. z.B. Badura 1978, 547; Olk/Otto 1981, 139; Gartner/Riessman 1978; Breuer 1981, 208, Thiemeyer 1981, 213; Jarre/Krebs 1987; Grottian et al. 1986

Grundsatz der Subsidiarität müssen wir den bürokratisierten Daseinsvorsorge-staat überwinden", meint denn auch einer ihrer Befürworter (Remmers, zitiert nach Heinze 1986b, 19).

Die Debatte um die „alte Subsidiarität" stützt allerdings nur im geringen Maß die These, daß es sich um eine praktisch folgenschwere Debatte handelt. So ist das Subsidiaritätsprinzip nicht mehr als eine abstrakte ordnungspolitische Leit-linie, das den „Vorrang" oder „Nachrang" des Staates oder „höherer Gemein-schaften" bei der Erbringung von Leistungen betonen soll.[11] Seine Anwendung ist je nach Interpretation und zugrundeliegenden gesellschaftlichen Verhältnis-sen entsprechend unterschiedlich.

In seiner Frühzeit wurde es vor allem für die Regelung der Beistandspflicht der ständischen Gemeinschaften gegenüber den Einzelnen verwandt. Bei der No-vellierung des BSHG und JWG diente es dazu, die Vorrangstellung der „freien Träger" vor den öffentlichen zu legitimieren, also die finanziellen Ansprüche der Wohlfahrtsverbände abzusichern (Heinze 1986b, 18ff.). Während der so-zialliberalen Ära in den 70er Jahren wurde dagegen die Vorleistungsseite des Staates stärker betont (Bellermann 1986, 109). Mit der „Wende" wird von Teilen der CDU vor allem der andere Aspekt, das Prinzip der Staatseinschrän-kung propagiert. Insofern trifft es auch nicht, wenn eine „falsche" Auslegung betont wird; der Begriff der „Subsidiarität" erlaubt geradezu diese unterschied-liche Interpretation, die immer so ist, wie sie die Kräfteverhältnisse gestatten. Diesen Aspekt beschreibt auch einer ihrer Kritiker mit den Worten: „Vielleicht sind es gerade die Ambivalenzen und Unklarheiten des Begriffs 'Subsidiarität' .., die mit zur Wiederbelebung dieser Kategorie geführt haben. Gerade weil sie nicht eindeutig besetzt sind, eignen sie sich als Worthülsen, um bestimmte so-zialpolitische Maßnahmen zu legitimieren" (Heinze, 1986a, 18 vgl. auch Czyt-rich 1984, 6ff.).

Daß unter der konservativ-liberalen Koalition in hohem Maße sozialpolitische Aufgabenbereiche verlagert wurden, steht außer Zweifel. Der Stellenabbau im sozialen und gesundheitlichen Bereich und der Abbau der Bettenzahlen in den Krankenhäusern sind Beispiele für diese Strategie. Selbst in den propagierten Schwerpunktbereichen wie der Förderung der Familien, Frauen und Kinder in der Jahren 83-85 rd. 8 Mrd. DM eingespart (Grottian 1988, 43). Ob Selbsthilfe-aktivitäten als Mittel zur Kostenentlastung betrachtet werden können, ist nach dem heutigen Stand der empirischen Forschung jedoch mehr als strittig. Kurz-

---

11 vgl. zur weiteren Diskussion und Ausführung auch Bellermann 1977, 163 ff.; Fink 1986, 157 ff. Behrend u.a., 1981, 105; Badelt 1980, 19f, Merchel 1984: 301f.; Münder 1986, 418f.; Heinze (Hg), 1986; Krotz, 1988b, 21ff.

fristig entlastenden Wirkungen können nach den Ergebnissen diverser Studien durch eine Förderung von Selbsthilfeinitiativen nicht erzielt werden, da sich die Funktionen von Selbsthilfeinitiativen und professionellen Diensten nur im geringen Maße überschneiden und eine flächendeckende, dauerhafte Versorgung nicht garantiert werden (vgl. Asam/Heck 1983; Trojan 1986; Huber 1987). Die hohe Anzahl der dem professionellen System angelagerten Dienstleistungen macht zudem auf einen Umstand aufmerksam, der in der Literatur häufig als „komplementäre Funktion" beschrieben wird (vgl. z.B. Trojan 1986). Selbsthilfegruppen von Alkoholikern, Drogenberatungsstellen, Gesundheitsläden haben eines gemeinsam: sie sind in Gebieten aktiv, die von den staatlichen Versorgungssystemen bisher kaum berücksichtigt worden sind. In diesem Sinne stellen die Leistungen eine Ergänzung und Erweiterung des Dienstleistungsangebots dar, wobei ein relativ funktionierendes System sozialer Sicherung angewiesen ist. Kostenbremsende und -reduzierende Wirkungen sind infolge der präventiven Funktionen und der Verbesserung der Versorgungsqualität durch Selbsthilfeinitiativen erst längerfristig anzunehmen (Huber 1987, Trojan 1986, Thiemeyer 1981). Einer groß angelegten Reprivatisierung öffentlicher Aufgaben im Rahmen der Selbsthilfe-Förderung sind aus diesem Grund enge Grenzen gesetzt.

Die Grenzen für eine Substitution öffentlicher Aufgaben durch Leistungen von Selbsthilfeinitiativen dürften zwar recht schmal sein, im Einzelfall erscheint ein Ersatz des öffentlichen Angebots allerdings durchaus als möglich. Die finanzielle Förderung von Beratungsstellen von Initiativen bei gleichzeitigem Abbau ähnlich gelagerter Einrichtungen öffentlicher Einrichtungen wäre hierfür ein Beispiel.

Ein für diese Analyse bedeutsames Kriterium stellt das konservativ-liberal geleitete Verständnis von Selbsthilfe dar. „In der liberal-konservativen Einschätzung überwiegt der (falsche) Bedeutungsgehalt ‚billige, nichtstaatliche Fremdhilfe'" benennt Alf Trojan diesen Punkt (Trojan 1986, 290). Diese subsidiäre Interpretation von Selbsthilfe legt damit nahe, daß für die Unterstützung von Selbsthilfeinitiativen minimale Beträge zur Verfügung gestellt werden, die zudem vorwiegend an ehrenamtliche tätige Gruppen und traditionelle Selbsthilfe-Organisationen vergeben werden.

Selbsthilfeförderung als „Umbau" der sozialen Sicherung

In den Konzeptionen zur Förderung von Selbsthilfeaktivitäten als „Umbau" der sozialen Sicherung steht die Kritik an den Gestaltungs- und Strukturprinzipien der sozialstaatlichen Versorgung im Vordergrund. Die „etatistischen, zentralistischen und bürokratischen Strukturen (Gross 1986, 70) und die Ausweitung der sozialen Sicherung mit den Folgen der zunehmenden Bürokratisierung und Verrechtlichung, der steigenden Herrschaft und Kontrolle der alltäglichen Lebenszusammenhänge werden zunehmend beklagt. Von Seiten eines frühen Vordenkers der SPD heißt es hierzu: „Das herkömmliche System der sozialen Sicherung enthält nicht nur eine Dynamik, die einen ständig wachsenden Bedarf an sozialen Leistungen und damit immer mehr Kosten verursacht, sondern es tendiert auch dazu, die Menschen passiv und unselbstständig zu machen In beiden Punkten muß eine verbesserte sozialpolitische Konzeption Abhilfe schaffen: Sie muß das System der sozialen Sicherung aus der Abhängigkeit vom ökonomischen Wachstum lösen, und sie muß dem Bedürfnis der Menschen nach selbstverantworteter Lebensführung und Unabhängigkeit besser genügen." (Strasser 1985, 44). Die Kritik an dem auch in der Sozialpolitik herrschenden Wachstumsprinzip, nach dem Fortschritt im Zeichen der Hochkonjunktur mit der Bereitstellung eines vermehrten Angebots an Dienstleistungen gleichbedeutend war, gerät damit in das Zentrum der Darstellungen.

Die Selbsthilfestrategie gilt allerdings nicht nur als Ergänzung, sondern als Alternative zu sozialstaatlichen Leistungen. Besonders radikal formulieren die Vertreter eines Forschungsprojekts Anfang der 80er Jahre die Kritik: „Führte ... die sozialwissenschaftlich ausgerichtete Kritik am ökonomisch-juristischen Reduktionismus des institutionell verfaßten Sozialstaats zu der Forderung in und mit den sozialpolitischen Institutionen eine höhere sozialpolitische Rationalität zu realisieren, so setzt die Selbsthilfestrategie am Gegenpol an: Entstaatlichung, Stärkung der informellen kleinen sozialen Netze, kurz: Reaktivierung von Selbsthilfepotentialen lautet nun das Programm. Diese Konzeption geht, wie ersichtlich, an die Wurzel des etablierten Sozialstaats in zweifacher Weise. Zum einen behauptet die Selbsthilfestrategie, daß prinzipielle (nicht nur ökonomische) Leistungsschranken des überkommenen Sozialstaats erreicht seien. Und zum zweiten ist für sie die These zentral, daß die hoch-professinalisierte sozialpolitische Praxis, zumindest teilweise, erst die sozialpolitischen Bedürfnisse schaffe, auf die sie dann ... bürokratisch-institutionell reagiere und ... zugleich die Basis für die Selbstperpetuierung des deformierenden Sozialstaats schaffe, in dem sie (noch bestehende oder aktivierbare) Selbsthilfe-Potentiale entmutige und zerstöre (Badura et al. 1981, 10).

Zeigen sich auf der Ebene der Diagnose der sozialstaatlichen Defizite Berührungspunkte und Ähnlichkeiten gegenüber der neo-konservativen Kritik an der sozialstaatlichen Sicherung, so treten in ihrem Verhältnis zu den handelnden Personen und den übergreifenden Zielen die Unterschiede deutlich hervor. Gegenüber der vom Subsidiaritätsprinzip geleiteten „Entstaatlichung" des professionellen Versorgungsangebots bezieht sich die „Umbau"-Strategie weniger auf eine finanzielle Entlastung des Sozialstaats, als auf die Umverteilung und Verlagerung gesellschaftlicher Aufgaben unter Bezugnahme auf die andere Steuerungskategorie der sozialen Versorgung, die „Solidarität". Selbsthilfegruppen gelten als „gelebte Solidarität" (Oppl 1989), ihr Handeln wird als Symptom für das wachsende „Interesse an Unterstützung und eigener Kompetenz (Badura et al. 1981, 1) verstanden. Die Selbsthilfe wird vor dem Hintergrund der „neuen sozialen Bewegungen" der 70er und 80er Jahre als Streben nach Autonomie, Selbstbestimmung und Basisdemokratie gedeutet.

Die „Umbau"-Strategien stellen demgemäß einen Ansatzpunkt für eine umfassende Neugliederung der sozialen Versorgung dar. Einen wichtigen Stellenwert hat hierbei die „Dezentralisierung" und der „Abbau großorganisatorischer Systeme" (Gross 1986). So soll der „Beistand einer öffentlichen sozialen Sicherheit mit den nicht-institutionellen... Sozialgemeinschaften in einer Weise" verbunden werden, „daß das soziale Netz nicht nur reißfester und wachstumsunabhängiger, sondern auch menschlicher wird" (Gross 1982, 41). Zentrale Pfeiler sind eine veränderte Bewertung und Regelung des Arbeit, namentlich die „Neugestaltung des Verhältnisses von Erwerbs- und Eigenarbeit und die Reform des sozialen Sicherungssystems"(Hegner 1985b, 179). Daneben sollen noch eine Reihe weiterer Schritte wie die „Verbesserung der räumlich-baulichen Infrastruktur und Veränderung des sozialökologischen Umfelds", die „Verbesserung der rechtlichen Position und materiellen Ausstattung von selbstorganisierten Projekten", die „Verbesserung der sozialen Ressourcen" (ebd.) erfolgen.

Bis zu einem solchem Umbau ist es zwar ein weiter Weg, aber die Selbsthilfe-Förderungsprogramme stellen hierzu einen wichtigen Schritt dar. Sie sollen die „besondere Produktivität und den Eigensinn selbstorganisierter Gruppen und Projekte" erhalten und zugleich „den Verbreitungsgrad von Selbsthilfe und Selbstorganisation sozial und geographisch" ausweiten, „um die hilfreichen Effekte dieses spezifischen Hilfenetzes verallgemeinern zu können" (Heinze et al. 1988, 184). Die Verschränkung zwischen dem sog. informellen Hilfesektor und dem professionellen System gerät damit in den Mittelpunkt (Olk 1985). Auf der politischen Ebene werden diese Entwürfe am ehesten von den Grünen geteilt. Aber auch auf Seiten der SPD hat es Ansätze einer so verstandenen Selbsthilfe-Förderungspolitik gegeben (Strasser 1979; 1985).

Sollten sich die auf den Umbau und Weiterentwicklung gründenden Annahmen als plausibel erweisen, so müßten die bisher installierten Förderprogramme eine - wenigstens beschränkte - finanzielle Ausweitung und „neue" Beteiligungsformen erfahren, die in ihren Grundzügen vielleicht den Weg zu einer „unmittelbaren Demokratie" in sich enthält. Sie müßten der „Erhaltung des Eigensinns" (Heinze et al. 1988, 184) von selbstorganisierten Ansätzen Rechnung

nung tragen und erhebliche Partizipationsmöglichkeiten bei der Mittelvergabe bereitstellen. Bezogen auf die Adressaten der Selbsthilfe-Landschaft würde dies bedeuten, daß in erster Linie Selbsthilfegruppen und -projekte als Vertreter der „neuen sozialen Bewegungen" unterstützt werden.

Vorläufige Schlüsselfragen:

Die skizzierten Bewertungen und Einschätzungen der Selbsthilfe-Debatte eignen sich gut als Einstieg in eine empirische Studie. Die unterschiedlichen Positionen gehen davon aus, daß das System der sozialen Sicherung in erheblichem Maße verbesserungsbedürftig ist und die Stützung von Selbsthilfeaktivitäten für die gegenwärtige und zukünftige Entwicklung der sozialstaatlichen Versorgung eine hohe Bedeutung hat. Unterschiede bestehen dagegen in den zugrundeliegenden Intentionen und beabsichtigten Folgen der öffentlichen Unterstützung.

Während die „Umbau-Theoretiker" eine Stützung von Selbsthilfeaktivitäten als Erweiterung der Selbstbestimmung und Stützung von Eigeninitiative ansehen, sehen die Förderung von Selbsthilfeaktivitäten vor allem als Mittel zur möglichen „Entlastung" des Staates. Sollten sich die Einschätzungen auf der empirischen Ebene als zutreffend erweisen, so sind bei unterschiedlichen Konstellationen erhebliche Unterschiede in den Strukturen der einzelnen Programme zu erwarten.

Nach der „Entlastungs-Theorie" ließe sich vermuten, daß die Förderung in erster Linie traditionelle Organisationen und ehrenamtlich tätige Gruppen gestützt werden, während die „Umbau-Theorie" die Förderung von Selbsthilfeprojekten und -gruppen als neuen Formen von Selbsthilfeinitiativen nahelegt.

Ähnliche Unterschiede müßten sich auch in der Frage der Partizipation herausstellen. Während die „Entlastungsstrategie" den Mitbestimmungsmöglichkeiten von Gruppen nur einen geringen Raum zuspricht, läßt die „Umbau-Theorie" erwarten, daß in hohem Maße auch Vertreter von Gruppen an der Entscheidung beteiligt sind.

Sollten sich diese unterschiedlichen Präferenzen und ordnungspolitischen Optionen innerhalb der Parteien auch in der Praxis der Förderprogramme niederschlagen, so sind gravierende Unterschiede in den Strukturen der Programme zu erwarten. So müßten danach die unterschiedlich regierten Städte sich nicht nur in der Art der unterstützten Gruppen, sondern auch Höhe der zur Verfügung gestellten Mittel und den bereitgestellten Partizipationsmöglichkeiten gravierend unterscheiden.

Annäherungen an die
Förderung als Handlungsfeld der Politik

Die Förderung von
Selbsthilfeinitiativen durch die öffentlichen Haushalte

Bei der finanziellen Unterstützung von Selbsthilfeinitiativen handelt es sich um einen hoch differenzierten Bereich. Die öffentliche Förderung erfolgt in unterschiedlichen Ressorts in einer Vielzahl von Haushaltstiteln. Traditionelle Finanzierungsquelle sind die teilweise schon seit Jahrzehnten bestehenden fachspezifisch-problembezogenen Haushaltstitel im Bereich der nicht-staatlichen Wohlfahrtspflege. Hier finden sich Ansätze zur Gesundheitsförderung, im Behindertenbereich, der Förderung ehrenamtlichen Engagements u.v.a.m., aus denen unter bestimmten Voraussetzungen auch einzelne Gruppierungen von Selbsthilfeinitiativen bezuschußt werden können. „Da die meisten Titel oftmals schon lange bestehen, kein Rechtsanspruch auf diese Förderung gegeben ist und die jeweiligen Zweckbestimmungen dieser Haushaltstitel nur verwaltungsintern bekannt sind, herrscht .. ein hohes Maß an Intransparenz vor", meint hierzu Christan Wend, ehemaliger Mitarbeiter des BMJFFG (Wend 1987, 78). Die Zugangsbarrieren zu diesen Ressourcen sind gerade für gering formalisierte Gruppen hoch. Häufig sind an den Erhalt von finanziellen Mitteln rechtliche Voraussetzungen wie das Bestehen eines Vereins oder die Mitgliedschaft in einem Dachverband gebunden, die diese Initiativen gerade nicht erfüllen. Daß im Rahmen dieser Titel hauptsächlich die traditionellen Selbsthilfe-Organisationen unterstützt werden, unterstreicht dieses Bild (Beutin/Fehse 1987).

Einen vergleichsweise neuen Weg zur Unterstützung von Selbsthilfeinitiativen stellt die Förderung von sog. Selbsthilfe-Kontakt- und Informationsstellen dar. In der Fachpresse häufig als „infrastrukturelle Förderung" (vgl. z.B. Olk 1988; Trojan 1987) bezeichnet, soll mit diesen Einrichtungen die Arbeit von bestehenden und die Gründung von neuen Gruppen durch die Bereitstellung von Räumlichkeiten, fachlichen und finanziellen Hilfen allgemein gefördert werden. Daneben sollen diese Stellen als Bindeglied zwischen Selbsthilfeinitiativen und Fachleuten aus Politik, Wissenschaft und öffentlichem Dienstleistungssektor fungieren und einen Beitrag zur Vernetzung zwischen öffentlichem und informellem Hilfesektor leisten (Olk 1988). Ende der 80er Jahre existieren 80 solcher Kontakt- und Informationsstellen im alten Bundesgebiet. Meist finanziell schlecht ausgestattet, oft besetzt mit einer aus AB-Mitteln finanzierten Personalstelle, ergänzt um eine geringe Sachmittel-Ausstattung aus dem öffentlichen Haushalt, scheint die Tätigkeit dieser Einrichtungen jedoch nur in geringem Maße mit den an sie gerichteten Erwartungen zu korrespondieren (Thiel 1990).

Zudem bezieht sich die Förderung in erster Linie auf die kleinen gesprächs- und handlungsorientierten Selbsthilfegruppen aus dem Gesundheits- und Sozialbereich mit einem relativ geringen finanziellen Förderbedarf.

Eine weitere relativ neue Schiene der öffentlichen Förderung sind die vorwiegend in den 80er Jahren errichteten Förderprogramme für Selbsthilfeinitiativen. Die Neuerung gegenüber der traditionellen Förderung aus dem öffentlichen Haushalt besteht in der vorab festgesetzten Summe disponibler Mittel, die - zumindest theoretisch - nicht allein für die Unterstützung spezieller Formen von Selbsthilfeinitiativen, sondern für die Förderung von Selbsthilfezusammenschlüssen allgemein zur Verfügung steht. Die formalen Voraussetzungen für die Vergabe der Mittel sind gegenüber der „Regelförderung" des öffentlichen Haushalts prinzipiell geringer, so daß dem Bedarf von „neuen", im Verlauf eines Haushaltsjahres hinzutretenden Gruppen erheblich flexibler entsprochen werden. Ein weiterer Umstand prädestiniert die Förderprogramme für eine detaillierte Untersuchung hinsichtlich der Bedeutung des parteipolitischen Einflusses und der Folgen als mögliches künftiges Modell zwischen Umbau und Abbau der sozialstaatlichen Versorgung: ihre Entwicklung war häufig von publizitätsträchtigen parteipolitischen Auseinandersetzungen geprägt, die die unterschiedlichen sozialpolitischen Leitvorstellungen der einzelnen Parteien des öfteren in den Vordergrund treten ließen.

Nach den Ergebnissen einer Bestandsaufnahme existieren Mitte der 80er Jahre insgesamt 16 Förderprogramme bei Bund, Länder und Kommunen mit einem finanziellen Gesamtvolumen von rd. 15 Mio DM (Beutin/Fehse 1987). Ende der 80er Jahre verfügen alle Ministerien der Länder und 27 Städte und Gemeinden über spezielle Programme (Balke/Markworth 1989; Burkert 1990), die sich allerdings auf der Ebene der Förderstrukturen durch große Differenzen auszeichnen. Das gilt zum einen für das zur Verfügung gestellte Volumen. Zwischen 7500 DM und 7,5 Mio DM schwankt der Umfang der Mittel. Zum anderen trifft dies auf die geförderten Gruppen zu. So werden in einzelnen Kommunen nur gemeinnützige Vereine oder Mitglieder eines Wohlfahrtsverbands gefördert, andere nehmen eine Unterstützung des gesamten Spektrums von Selbsthilfeinitiativen unabhängig von der Rechtsform vor. Und schließlich gilt dies für die Beteiligungsformen. In den meisten Städten werden die Mittel zwar durch die Verwaltung und politischen Gremien vergeben. In einigen Fällen ist jedoch auch die Beteiligung an den Entscheidungsprozessen durch einen Beirat vorgesehen, an dem auch Vertreter von Selbsthilfeinitiativen mitwirken (vgl. Beutin et al. 1989, 219).

Der parteipolitische Einfluß allein vermag die Unterschiede zwischen den Programmen nur in geringem Maß zu klären. In CDU-regierten Städten wie Berlin und Münster läßt sich zwar die bereits im vorangegangenen Kapitel benannte, sich auf das Subsidiaritätsprinzip berufende Förderung von „Selbsthilfe" mit einer starken Ausrichtung auf die Mobilisierung ehrenamtlichen Engagements erkennen. Die Differenzen in den Förderstrukturen wie den zur Verfügung gestellten Mitteln und den Partizipationsmöglichkeiten bleiben allerdings zu den Programmen der SPD-regierten Länder, Städte und Gemeinden sehr schwach. Selbst bei Regierungen gleicher Zusammensetzung sind die Unterschiede hinsichtlich des Volumen der Fördermittel, der unterstützten Gruppen und den eingeräumten Partizipationsmöglichkeiten hoch.

Daß die „harten" ökonomischen Faktoren im Politikfeld Selbsthilfeförderung keine große Bedeutung haben, haben einzelne Untersuchungen bereits deutlich gemacht. So besteht zwischen dem Problemdruck als einem Ausdruck der finanziellen Situation, der Quote der Arbeitslosen und Sozialhilfeempfänger und dem finanziellen und sonstigen Engagement der einzelnen Städte kein eindeutiger Zusammenhang (vgl. z. B. Watzlawcik 1988). Das Politikfeld ist weit von „Handlungszwängen" entfernt, die ein Eingreifen zur Sicherung des Produktionsprozesses erforderlich machen.

Diese Umstände legen es nahe, im Rahmen einer Analyse des Politikbereichs weitere Faktoren mit einzubeziehen und die Fragestellungen in dieser Richtung zu differenzieren. Die Untersuchung der Selbsthilfeförderung als ein von unterschiedlichen Faktoren gebildetes Geflecht gewinnt damit einen zentralen Stellenwert.

Der Policy-Ansatz - die Selbsthilfeförderung als Produkt von Bedingungskonstellationen

Die Analyse der Selbsthilfeförderung als ein von unterschiedlichen Elementen gebildeter Zusammenhang macht es notwendig, die Einflußfaktoren zu bestimmen und zu kategorisieren. Sicherlich gibt es viele Wege für eine solche Systematisierung, die an den allgemeinen Rahmenbedingungen ebenso wie an den politisch-administrativen Strukturen ansetzen kann. So steuert bspw. die traditionelle politikwissenschaftliche Prozeß- und Institutionsanalyse einiges zur Klärung von Strukturen des politisch-administrativen Systems (v. Beyme 1982) bei. Die in den Sozialwissenschaften fundierte Staatstheorie vermag dagegen den Blick für die ökonomischen Ursachen und Rahmenbedingungen staatlichen Handelns (Offe 1975) zu schärfen. Beide verfügen sie trotz unterschiedlichen Erkenntnisinteresses über nicht zu leugnende Vorzüge: ihre Ergebnisse können vergleichsweise einfach verallgemeinert werden, ihr Beitrag zur Theoriebildung ist hoch. Für die Untersuchung der Selbsthilfeförderungsprogramme sind sie jedoch nur bedingt tauglich; denn sozioökonomische Faktoren spielen bei diesem Prozeß wie erwähnt nur eine geringe Rolle; die administrativen Strukturen vermögen die Entstehung und Wirkungsweise der Förderung nur bedingt zu erklären.

Ein hilfreiches methodisches Instrumentarium zur Charakterisierung der Einflußfaktoren im Politikgeflecht Selbsthilfeförderung bilden die Ansätze der „policy"-Forschung, die bekanntlich auf der Unterscheidung der drei in der englischen Sprache enthaltenen Komponenten von Politik basieren: der Politik im Sinne von „polity", dem Ordnungsgefüge des politischen Systems, der „policy", den „Politikinhalten", und den „politics" als den Formen der Austragung von Konflikten und der Durchsetzung von Inhalten (vgl. Jann 1981, 6). Im Gegensatz zur herkömmlichen materiellen Analyse von Problem- und Politikbereichen stehen die Eigenschaften der „Politiken" - im folgenden „policies" genannt - und die Frage der Umsetzung und der damit verbundenen Instrumente, Ergebnisse und Wirkungen im Vordergrund. In seinen Grundzügen geht es bereits auf das von Easton entwickelte vereinfachte Modell eines politischen Systems zurück, das zwischen dem „Input" und „Output" des politischen Systems unterscheidet (Easton 1965, 112). Unter „Input" werden meist die sozioökonomischen Bedingungen und Voraussetzungen einer Politik wie auch die Forderungen und Einflüsse von „außen" zugerechnet, während der „Output" im wesentlichen die Entscheidungen einer Politik umschreibt.

Dieses aus den amerikanischen Sozialwissenschaften stammende Konzept ist nun keinesfalls unumstritten. So handelt es sich bei den „Programmen" in der Regel um Konstrukte des Forschers, die zu einer Vielzahl häufig unterschiedlicher Definitionen mit einer Flut von Fragestellungen und Herangehensweisen geführt haben. Mal stehen die „Politikinhalte" im Vordergrund, mal die Phase der oft konfliktreichen Durchsetzung dieser Politik selbst. Je nach Erkenntnisinteresse gelten „politics", „policy" oder sogar „polity" als abhängige oder konstante Variablen. Dies hat nicht zuletzt in der Literatur auch immer wieder zu Klagen über die Beliebigkeit der Herangehensweisen, der verwandten Methoden und Theorielosigkeit der Untersuchungsansätze geführt (vgl. Hesse 1985). Teilweise wird dabei auch unterstellt, daß dieser Forschungsansatz der „politischen Wirklichkeit" wissenschaftliche Modellkonstruktionen" übergestülpt und damit „politologische Scheinwelten erzeugt" (Euchner 1985) werden. Trotz aller in der Literatur genannten sicherlich berechtigten Vorbehalte (vgl. Hesse 1985; Euchner 1985) dürfte die Unterscheidung nach den Inhalten, den Formen der Durchsetzung und den daraus folgenden Wirkungen für eine Analyse der Programme außerordentlich ergiebig sein, da sie eine differenzierte Analyse des Prozesses und der ihm zugrunde liegenden Strukturen erlaubt. Zudem können die „Akteure und Konflikte innerhalb der Verfahrensregelungen oder - allgemeiner gesagt - Macht und institutionelle Bedingungen ... problemlos in den Vordergrund gestellt werden" (Schmidt 1988a, 11).

Der Ansatz der durchaus fruchtbaren komparativen Politikforschung (Schmidt 1980; 1982; Grüner et al. 1988) findet hier keine Anwendung, obwohl auch in dieser Untersuchung ein Vergleich von Programmen unterschiedlicher parteipolitischer Konstellationen vorgenommen werden soll. Methoden und Verfahren sind mit einigen schwerwiegenden Nachteilen verbunden, die sie für die Untersuchung der Selbsthilfeförderung ungeeignet erscheinen lassen. Dies betrifft nicht so sehr die Tatsache, daß einzelne Faktoren aus einem Gesamtzusammenhang herausgelöst werden, und damit mehr als fraglich ist, ob sie tatsächlich für die Erklärung der dargestellten Tatbestände verantwortlich sind. Die Stärken der vergleichenden „policy"- Forschung und der mit ihnen verbundenen statistischen Verfahren zeigen sich vor allem dort, wo sozialökonomische Variablen mit politischen Strukturen verknüpft werden können. Die ersteren spielen wiederum - wie bereits betont - in diesem weit vom Akkumulationsprozeß entfernten Handlungsfeld keine große Rolle. Eine Untersuchung mittels ausgefeilter Kriterien und statistischer Verfahren läuft angesichts dieser Umstände ins Leere. Zudem beschränken sich die zum großen Teil auf Aggregatdaten beruhenden Studien notwendigerweise auf den jeweiligen „Output" des Politikerzeugungsprozesses. Der Prozeß der Durchsetzung von Politik bleibt ebenso ausgeklammert wie Tatbestände, die sich den statistischen Verfahren entziehen. Nicht zuletzt aus diesem Grund sind die vergleichenden Politikanalysen so oft von einem Hinweis auf die spezifischen lokalen Bedingungen gekennzeichnet (Münder/Hoffmann 1987, 372; Dittrich et al., o. J, 41; Grüner et al. 1988, 55).

Der geringe Stellenwert soziökonomischer Faktoren und die hohen Unterschiede in den Förderungsprogrammen legen dagegen nahe, daß gerade die lokalen Kräftekonstellationen in diesem Handlungsfeld einen entscheidenden Einfluß besitzen. Die Analyse der Förderung als Ausdruck eines von unterschiedlichen Akteuren gebildeten Politikgeflechts gerät damit in den Mittelpunkt.

Ansatzpunkte für die Charakterisierung dieses Zusammenhangs finden sich in dem von Adrienne Windhoff-Héritier in die deutsche Politikwissenschaft eingeführten Konzeption des „policy"-Netzes und der Politikarena (Windhoff-Héritier 1985, 19). Während das „policy"-Netz-Konzept in erster Linie die „objektive Struktur" (Windhoff-Héritier 1987, 61) einer Politik als Ausdruck der daran beteiligten gesellschaftlichen Gruppen und Institutionen bei der Entstehung und Durchführung eines bestimmten Politikinhalts darstellt, dient der Begriff der Politikarena vor allem der Skizzierung der subjektiven Erwartungen der Akteure und Betroffenen. Mit der Gegenüberstellung der Beteiligten und den politischen Reaktionen der jeweiligen Gruppierungen können die Wirkungen der jeweiligen Programme näher analysiert und damit die Unschärfen des Begriffspaares der „distributiven" und „redistributiven" Politik vermieden werden. Von besonderem Interesse ist dieser Ansatz deshalb, wenn die Akteure - wie dies bei der öffentlichen Förderung der Fall ist - als Faktoren politischer Konflikt- und Koalitionsprozesse auftauchen, die auf einzelne Maßnahmen sehr unterschiedlich reagieren. So ist es durchaus möglich, Selbsthilfegruppen-Förderung als Einwirken unterschiedlicher „policy"-Netze zu konzeptualisieren, in der sich Gruppen und Personen zusammenschließen, Diskussionen führen, Absprachen treffen, sich nach außen hin solidarisieren, während sie innerhalb des Netzes vielleicht rivalisieren (vgl. Windhoff-Héritier 1987, 46). Die im Rahmen des „policy"-Ansatzes angewandte Differenzierung von Politik nach den Wirkungen von Maßnahmen scheint auch für die Untersuchung der Selbsthilfeförderung äußerst fruchtbar zu sein, da die Sichtweisen und die jeweilige Akzeptanz der Maßnahmen auf Seiten der beteiligten Gruppen differenziert untersucht werden kann. Vorteilhaft ist dies insbesondere, wenn in diesem hoch segmentierten Handlungsfeld Akzeptanz und Erwartungen auf sich erheblich unterscheiden.

Der analytische Rahmen zur Erfassung der Veränderungen - oder besser gesagt: der Prozeßdynamik - bildet das sog. Phasen- oder Zyklusmodell. Freilich gibt es auch hier Bedenken, die vor allem der zu analytischen Zwecken vorgenommene Phasen-Unterteilung geschuldet sind. Wann fängt z. B. die Politikformulierung an, wann hört sie auf ? Beginnt sie erst, wenn ein gesellschaftliches Problem bereits einen Eingang in die Parlamente gefunden hat ? Oder hat sie ihren Ausgangspunkt bereits beim Treffen von Gleichgesinnten, die ihre Forderungen in kleiner Runde diskutieren ? Nicht immer lassen sie einzelne Phasen sich eindeutig voneinander trennen. Oft existieren sie nebeneinander oder gehen zu einem nicht näher bestimmbaren Zeitpunkt ineinander über.

Die Differenzierung zwischen den einzelnen Phasen von Politikformulierung und Politikdurchsetzung hat allerdings auch einen unbestreitbaren Vorteil: sie ermöglicht eine präzise Ermittlung der Zielvorstellungen und Strukturen der Förderung in den jeweiligen Abschnitten sowie die Beurteilung eventueller Veränderungen. Es ist damit möglich, Kontinuität oder Diskontinuitäten während des Prozesses zu erfassen und die Auswirkungen und Folgen der öffentlichen Unterstützungsmaßnahmen zu bewerten. Es erscheint daher sinnvoll, das Phasenmodell für die Analyse des Prozeßverlaufs zugrunde zu legen, während die Konzeption des „policy"-Netzes und der „policy"- Arena den Rahmen für die Kategorisierung der Akteure und der Ansprüche, Erwartungen und Wirkungen darstellt.

Politik, Verwaltung, Verbände und Initiativen - Selbsthilfeförderung als Netzwerk lokaler Faktoren

Welche Einflußfaktoren spielen nun angesichts der relativen Bedeutungslosigkeit der ökonomischen Faktoren bei der Entwicklung der Förderungsprogramme eine wesentliche Rolle ? Daß der Faktor der parteipolitischen Zusammensetzung allein nur eine geringe Erklärungskraft besitzt, wurde im vorangegangenen Abschnitt bereits ausgeführt. Es liegt daher nahe, am Interessengeflecht des Politikfeldes anzusetzen, die Förderung als ein Ausfluß des Bedingungsgefüges der beteiligten Interessengruppen von Politik, Verwaltung, Selbsthilfeinitiativen und Wohlfahrtsverbänden anzusehen.

Bei der politischen Konstellation scheint es nach neueren Studien weniger auf eine formale Unterscheidung in SPD- oder CDU-regierte Städte anzukommen als auf die Dominanz der jeweiligen Partei (Dittrich et al. o. J., 40; Schmidt 1980). So scheinen Parteien mit einer relativ schmalen Mehrheitsbasis eher zu experimentellen, neuen Formen der Steuerung bereit zu sein als solche mit gesicherter Wählerschaft. Der administrativen Ebene scheint in diesem Fall ein bedeutender Einfluß zuzukommen. Während sie im Fall einer dominierenden parteipolitischen Fraktion stärker bürokratisiert und der Mehrheitsmeinung der jeweiligen Regierung angepaßt sein dürfte, dürfte die Haltung im Falle einer instabilen politischen Mehrheit zwischen Resistenz gegenüber Erneuerungsbestrebungen bzw. Aufgreifen einzelner Ideen und Zielsetzungen schwanken (vgl. v. Beyme 1982). Neuere Programme wären unter diesen Bedingungen vergleichsweise schwerer durchzusetzen. Sie sind in erheblichem Maß vom Bemühungen einzelner Parteifraktionen oder Einzelner abhängig, die vorerst intern eine Entscheidung erzwingen müssen.

Die zweite Fraktion im „Spannungsfeld" Selbsthilfeförderung sind die etablierten Verbände selbst. Sie stellen in der Regel aufgrund der von der öffentlichen Hand subventionierten Leistungen auf dem Gebiet der gesundheitlichen und sozialen Versorgung ein bedeutendes Element dar. Im „korporatistischen Interessengeflecht" verfügen sie meist über ausgezeichnete, oft institutionalisierte Kontakte mit der öffentlichen Hand. Demnach dürfte entscheidend sein, welche Stellung die Verbände in den einzelnen Städten einnehmen, welche Kontakte mit Vertretern von Politik und Verwaltung und der dritten Gruppierung, den Selbsthilfeinitiativen, selbst bestehen.

„Das Trennende ist unsere Kraft" meinte einmal ein Mitglied einer Initiative auf der Abschlußveranstaltung einer Tagung (Jarre/Krebs 1987, 220). Ob es sich tatsächlich so verhält, sei erst mal dahingestellt. Zwischen den Polen „Vereinnahmung" und „Autonomie", notwendiger Vernetzung und drohender Bürokratisierung unterscheiden sich die Selbsthilfeinitiativen in ihren Handlungsformen nicht nur von den Gruppen der Neuen Sozialen Bewegungen, sondern auch untereinander. Auch in den finanziellen Ansprüchen bestehen erhebliche Differenzen. Benötigen einige Gruppen nur geringe finanzielle Mittel, sind andere auf eine wesentlich höhere geldliche Unterstützung angewiesen. Ein Förderungsprogramm kann damit von einer einzelnen Gruppierung positiv aufgenommen werden, während sie die Bedürfnisse anderer Teile der Selbsthilfeszenerie in keiner Weise berücksichtigt. Dieser Aspekt ist insbesondere im Hinblick auf den politischen Einfluß der Selbsthilfeinitiativen wichtig. So dürfte er bspw. sehr gering sein, wenn Kooperationszusammenhänge zwischen den einzelnen Formen von Gruppierungen und den Gruppen selbst kaum existieren.

Ein wesentlicher Faktor für den Verlauf eines Politikerzeugungsprozesses sind schließlich die Medien selbst. Berichte in der Presse, die Öffentlichkeitsarbeit, bietet oftmals die einzige Möglichkeit für die Selbsthilfeinitiativen, ihre Vorstellungen einem größeren Kreis bekannt zu machen und damit auch einen Einfluß vor allem in der Phase der Politikformulierung und evtl. -neugestaltung zu erlangen. Die Bedeutung der Presse sollte nun nicht überschätzt werden; denn Artikeln in den Massenmedien, Berichte im Hörfunk oder Fernsehen bewirken allein nur wenig. Als Transportmittel der Anliegen der Initiativen können sie jedoch zu einem - zumindest befristeten - „Machtzuwachs" beitragen.

Das Kräfteverhältnis der Interessengruppen wäre nach dieser Ausgangsbeschreibung für die unterschiedliche Ausgestaltung der Programme entscheidend. Zweifellos läßt dieses grobe Raster noch einige Fragen offen und beantwortet nicht die Frage nach einer Gewichtung der Einflußfaktoren. Der Ansatz dieses Konzepts legt sicherlich nahe, den Einfluß der politischen Parteien relativ hoch zu Gewichten. In diese Richtung geht auch Rolf Schwendter, wenn er davon schreibt, daß die „sogenannten sozialen und kulturellen Projekte ... im Wechselspiel der parlamentarischen Zufälligkeiten befangen bleiben" und aus einer „freundlich gesinnten Mehrheit... vorübergehenden Nutzen ziehen können" (Schwendter 1989, 21). Danach müßten unterschiedliche regierte Städte sich nicht nur im „policy-output", sondern auch in den „politics" erheblich unterscheiden. So ließe sich bspw. vermuten, daß nicht nur in der Frage der unterstützten Gruppierungen, sondern auch in den Verfahrenstechniken große Unterschiede bestehen, daß insbesondere SPD/AL regierte Städte den beteiligten Initiativgruppen höhere Mitspracherechte zukommen lassen, den Verfahrensablauf wie die Vergabe der Förderungsmittel entbürokratisieren, während CDU-regierte Städte eher eine Stützung ehrenamtlicher Arbeit und eine Begünstigung der Wohlfahrtsverbände bzw. den Verbänden nahestehender Gruppen vornehmen.

Die unterschiedlichen Fraktionen von Politik, Verwaltung, Verbänden und Selbsthilfeinitiativen bilden danach die „policy"-Netze, die - vermittelt über die

Medien - den Verlauf des Prozesses Selbsthilfeförderung und den Inhalt der Programme wesentlich prägen. Die Untersuchung der Selbsthilfeförderung im Rahmen von Fallbeispielen bezieht sich damit auf die Analyse des Stellenwerts der einzelnen Fraktionen von Politik und Verwaltung, Selbsthilfeinitiativen und Verbänden bei der Entwicklung und Umsetzung der Förderprogramme und der Darstellung der Wirkungen der öffentlichen Unterstützung auf Wohlfahrtsverbände und Selbsthilfeinitiativen, um auf dieser Basis eine Beurteilung der umfassenderen Folgen der Förderung entsprechend der bereits angeführten Theorien vornehmen zu können. Es gilt daher, die in den Debatten zur Bedeutung der Wohlfahrtsverbände und der Selbsthilfeinitiativen geäußerten Vermutungen über ihren Einfluß und die Wirkungsweise der Förderung in den Kontext dieser Untersuchung aufzunehmen und im weiteren Verlauf auf ihre Stichhaltigkeit zu überprüfen.

Wohlfahrtsverbände

Äußerungen von Verbandsvertretern und Beiträge in der Literatur lassen immer wieder die Vermutung aufkommen, daß durch den Prozeß Selbsthilfeförderung die Träger der Freien Wohlfahrtspflege in ihren Bestandsinteressen bedroht sind und Rivalitäten zwischen „neuen Selbsthilfeinitiativen" und den Wohlfahrtsverbänden vorherrschen. So berichten Veröffentlichungen aus Verbänden und Wissenschaft häufig von einem „zweifachen Druck", dem die Wohlfahrtsverbände ausgesetzt sind: einerseits durch die restriktive Sparpolitik der öffentlichen Hand und andererseits durch das Aufkommen der „neuen Selbsthilfebewegung". Es wird eine „doppelte Herausforderung" durch die Aktivitäten und Leistungen von Selbsthilfeinitiativen konstatiert: eine „Herausforderung" zum einen durch die fachliche Kritik und zum anderen durch das Auftauchen eines neuen „Konkurrenten bei der Aufteilung der Finanztöpfe" (Merchel 1986a, 240; vgl. auch Boll/Olk 1987). Rolf Schwendter spricht gar von einer Subventionskonkurrenz und einem Verdrängungswettbewerb (Schwendter 1981, 201 f.).

Nicht nur von Selbsthilfeinitiativen selbst, sondern auch von der Wissenschaft werden die Strukturen der Träger der Freien Wohlfahrtspflege als bürokratisch, zentralistisch und verrechtlicht attackiert. Die Wohlfahrtsverbände seien ein Kartell und übten ein gemeinsames Monopol aus, sie wären in ihrer Willensbildung „überwiegend nicht demokratisch von Seiten ihrer Klienten, Benutzer, Mitarbeiter oder Mitglieder bestimmt, sondern einerseits honorationenhaft-elitär, andererseits bürokratisch-administrativ", in „ihrem Finanzgebaren undurchsichtig", und entzögen sich weitgehend der Erfolgskontrolle der durchgeführten Maßnahmen. Trotz der gesetzlich abgesicherten Monopolstellung existierten keinerlei Vorschriften über das anzustellende Personal, was in einzelnen Regionen zu Diskriminierungen bestimmter Gruppen führen würde. Aufgrund der gesetzlich nicht geregelten, zwischen den Verbänden informell ausgehandelten Aufteilung unterschiedlicher zu betreuender Bevölkerungsgruppen gäbe es kein Wahlrecht für die „Klienten". Demgegenüber beständen enge Verbindungen zu staatlichen bzw. kommunalen Teilbürokratien wie der Sozialverwaltung, die das korporatistische Interessengeflecht geradezu erzeugen würden. So faßt bspw. einer der profiliertesten Verbandsexperten, Dietrich Thränhardt, seine Ergebnisse zusammen (Thränhardt 1984, 45f.).[12.]

Auf der anderen Seite wird ein „Imageverlust" der Träger der Freien Wohlfahrtspflege in der Sicht der Bevölkerung konstatiert mit einhergehenden Schwierigkeiten, ehrenamtliche Mitarbeiter zu gewinnen (Prognos 1984). „Die neuartigen Formen von Ehrenamtlichkeit gewinnen eine immer größere Attraktivität," meint Thomas Olk. Das „nicht gering zu veranschlagende Potential an freiwilliger und unentgeltlicher sozialer Arbeit, das in Initiativen erbracht wird, weist darauf hin, daß viele potentiell an ehrenamtlicher Arbeit interessierte Bürger, offensichtlich lieber in solchen selbstorganisierten und wenig hierarchisierten Institutionen arbeiten als in den verkrusteten Strukturen verbandlicher Wohlfahrtspflege" (Olk 1987, 159f.). Dieter Kreft spricht sogar davon, daß „selbstorganisierte (alternative) Projekte ... sich fachlich und politisch durchgesetzt" (Kreft 1987, 63) haben.

Distanz bis hin zu Konflikten bestimmt denn auch nach der Auffassung von einer Reihe von Autoren das Verhältnis von Selbsthilfeinitiativen und Verbänden (vgl. z.B. Dammann 1984, 131f; Deimer/Jaufmann 1986a, 139). Auch in den Stellungnahmen von Verbandsvertretern lassen sich dafür eine Reihe von Anhaltspunkten finden: „Unser Verhältnis zu Selbsthilfegruppen ist ... zwiespältig, das Prinzip Selbsthilfe (vor) Fremdhilfe wird akzeptiert, aber sozialkritische Einstellungen weithin abgelehnt", umreißt Joachim Löns die Sicht des Diakonischen Werks (Löns 1987, 87). Ein anderer Vertreter drückt die Besorgnis über eine mögliche Gefährdung der traditionellen Stellung folgendermaßen aus: „In den Sozialverwaltungen sitzt eine neue Generation von Sachbearbeitern und Referenten, die die Aufbauleistungen der freien Wohlfahrtspflege nicht mehr erlebt haben, die die freien Verbände weniger von ihren Leistungen als von ihren Ansprüchen her kennen. Es wird immer schwieriger, von Menschen Recht und Mittel zu bekommen, die z.T. nicht mehr wissen, von woher den Spitzen-

---

12   vgl. hierzu Heinze 1986a; Thränhardt et al. 1986, 13f.; Bauer/Dießenbacher 1984; Gerlach 1986, 191ff.; Olk 1987, 158

verbänden diese Ansprüche zugewachsen sind" (Seibert 1986, 209). Es liegt daher nahe, daß die Selbsthilfeförderung von Seiten der Verbände als „redistributive" , zu ihren Lasten umverteilende Politik erlebt wird, vor allem die Phase der Politikentwicklung damit von erheblichen Konflikten begleitet ist. Sollten diese Vermutungen zutreffend sein, so müßte sich das auch in den Fallstudien niederschlagen. So wäre es denkbar, daß die Förderungsprogramme erst gegen die Interessen der Träger der Freien Wohlfahrtspflege durchgesetzt und die finanzielle Unterstützung sogar zu ihren Lasten durchgeführt wird.

Für eine andere These spricht die hohe Machtposition, die die traditionellen Verbände im System gesundheitlicher und sozialer Versorgung nach wie vor innehaben. Sie sind zum einen ein Großanbieter sozialer Leistungen und nennen ca. 60. 000 Einrichtungen mit knapp 500.000 Mitarbeiter ihr eigen. Die Lohn- und Gehaltssummen belaufen sich auf etwa 20 Mrd. DM pro Jahr (Borgmann-Quade 1986, 152), wobei das Potential ihrer ehrenamtlichen Mitarbeiter auf etwa 1,5 - 2 Mio Menschen geschätzt wird (Heinze 1986a, 27). Andererseits sind sie in hohem Maße nicht nur an der Ausformulierung sozialpolitischer Programme und der Ausarbeitung von Subventionierungsmodalitäten und rechtlichen Bestimmungen beteiligt, sondern auch bei der Abwicklung der Programme mit einbezogen (Stratmann 1984, 11).

Nun mag die Konkurrenz im wirtschaftlich expandierenden Markt sozialer, gesundheitlicher oder psychischer Probleme objektiv „ideell und theoretisch" (Huber 1987, 138) sein, da Selbsthilfegruppen - und projekte - wie Joseph Huber richtig bemerkt - ja nicht „ Mehr von Gleichem" , sondern etwas „Neues" an Leistungen bereitstellen. In der Praxis stellt sich der Sachverhalt jedoch anders dar. Gerade in Zeiten knapper öffentlicher Kassen führt die Installierung von auch wie immer gearteten Programmen nicht an gesellschaftlichen Machteliten vorbei. Selbst die subjektiv geprägte Wahrnehmung einer möglichen Benachteiligung der ureigenen Interessen kann dabei die Formulierung und Entwicklung von politischen Maßnahmen hemmen oder gar zum Scheitern bringen. Das legt freilich die Einschätzung nahe, daß die Verbände - wie in anderen Feldern, in denen ihre Interessen berührt werden - den Politikerzeugungsprozeß wesentlich bestimmen[13] und dabei ein ihnen nahestehendes Konzept durchsetzen, an dem sie auch in der Implementationsphase partizipieren können. Dies dürfte insbesondere dann der Fall sein, wenn die Selbsthilfeförderung einen hohen oder zunehmenden Stellenwert im Kontext der sozialpolitischen Maßnahmen des jeweiligen Ortes hat.

---

13   In einzelnen Städten scheint dies zumindest der Fall zu sein; vgl. für das Beispiel München Fuß/Schubert 1985

Eine dritte, etwas differenziertere Schlußfolgerung legen die unterschiedlichen Handlungsorientierungen und Interessenlagen der Verbände nahe: sie besteht in gleichgültiger bis abwartender Reaktion und einer Teilhabe an der Umsetzungsphase der Programme, wo immer es ihnen möglich ist.

Thomas Olk unterscheidet zwischen drei Strategien der „offenen Konfrontation", der „abwartenden Tolerierung" und der „offensiven Integration" (Olk 1987, 162). Die Strategie einer offenen Bekämpfung sieht er zumindest auf höherer Ebene nicht mehr praktiziert, selbst wenn sie vielleicht auf der örtlichen Basis noch eine Rolle spielen kann. Der größte Teil der Verbände scheint die Selbsthilfeinitiativen „abwartend" zu tolerieren. So sind die Berührungspunkte zwischen den kirchlichen Verbänden und den Gruppen nur gering. Allein aus Satzungsgründen bleibt den nicht konfessionsgebundenen Selbsthilfeinitiativen der Weg in die Mitgliedschaft verschlossen.

Einzig der Deutsche Paritätische Wohlfahrtsverband (DPWV) vertritt das Konzept einer offensiven Integration.[14] Als finanziell gesehen kleinster aller Verbände ist er durch die Ausbreitung einer sich vernetzenden Selbsthilfe-Landschaft in seiner Position als Verhandlungspartner gegenüber der öffentlichen Hand und den Verbänden bedroht und versucht daher, die einzelnen Gruppen in seinen Verband einzubinden. Es ist ihm dadurch möglich, als Vertreter der Selbsthilfeszene aufzutreten. Problematisch wird es allerdings dann, wenn es weniger um eine Vertretung denn um eine Vereinnahmung von Selbsthilfeinitiativen für die Verbandsinteressen geht. „Wohlfahrtsverbände besetzen ein neues Feld", meint denn auch Klaus Balke und schildert am Beispiel der Kontakstellen-Förderung einige Fälle, in denen der DPWV gegen teilweise in seinem Verband als Mitglieder angeschlossene örtliche Initiativen seine Belange durchgesetzt hat (Balke 1987, 72f.).

So erscheint es möglich, daß in der Entwicklung und Umsetzung der Programme diese Differenzierungen bemerkbar werden. Gestützt wird diese Schlußfolgerung, wenn eine Behinderung der Entwicklung und Umsetzung des Programms von Seiten der Verbände nicht notwendig erscheint, da die Unterstützung von Selbsthilfeinitiativen ohne einen wesentlichen Einfluß auf ihren traditionellen Status bleibt.

---

14 Allein in Nordrhein-Westfalen hat sich die Zahl der dem DPWV angeschlossenen Mitgliedsorganisationen innerhalb von 6 Jahren verdoppelt. Ist sie seit der Gründung von 1949 - 1979 auf lediglich gut 700 gestiegen, so sind es 1985 bereits 1500 Mitgliedsvereine gewesen; vgl. Sengling 1986, 200; Bremen 1987,72

Selbsthilfeinitiativen

In der sozialwissenschaftlichen Literatur werden Selbsthilfe-Initativen in der Regel den „neuen sozialen Bewegungen" zugerechnet (vgl. z. B. Brand 1988; Olk 1987). Angesichts der Entstehungsgeschichte eines großen Teils der Gruppen ist dies sicherlich richtig. Eine Reihe von Selbsthilfeinitiativen wie die Anonymen Alkoholiker oder die zahlreiche Ortsgruppen umfassenden Selbsthilfe-Organisationen gibt es zwar seit Jahrzehnten. Ein großer Teil der Gruppen ist jedoch mit den „neuen sozialen Bewegungen" der Alternativ-Ökologie- und der in allen Strömungen vertretenen Frauenemanzipationsbewegung der 70er und 80er Jahre verbunden. Im Kontext oder als Folge entstanden, tragen auch sie die Kritik an den zerstörerischen Folgen einer auf Wachstum basierenden Industrialisierung, einer obrigkeitsstaatlichen Regulierung der Gesellschaft mit ihren alle Lebensbereiche durchdringenden Normen. Von Selbsthilfe ist allerdings weniger die Rede als von Selbstbestimmung, von staatlicher Versorgung weniger als von „Entstaatlichung". Ganz im Zeichen der Kritik der „Expertenherrschaft" (Illich 1979) wird die Stärkung von kleinen Netzen propagiert.

Im Rahmen der Theorien zum Umbau des Sozialstaats wird den Selbsthilfeinitiativen nicht zuletzt aus diesem Grund eine hohe Bedeutung beigemessen. „Selbsthilfegruppen als selbstorganisierte Betroffenenbewegungen sind in der Lage, soziale Ungleichgewichtigkeiten zu reduzieren. Sie sind daher ein relevanter Faktor für reformerische sozialpolitische Veränderungen", beschreibt Alf Trojan ihren Stellenwert (Trojan 1987, 149). „Während die Bürgerinitiativenbewegung und die übrigen ‚neuen sozialen Bewegungen' .... vornehmlich damit befaßt sind, solche sozialökonomischen Bevölkerungsgruppen und Interessen politisch (alternativ) zu organisieren, die im repräsentativ-parlamentarischen System weitgehend unter den Tisch fallen, artikuliert die neue Selbsthilfebewegung die Probleme, Interessen und Bedürfnisse der Bürger als Konsumenten und Mitproduzenten sozialer Leistungen", beschreibt Thomas Olk dieses Verhältnis (Olk 1987, 155). Selbsthilfeinitiativen sind so verstanden ein Teil der sozialen Bewegungen, der mit den anderen Strömungen zahlreiche Verflechtungen aufweist. Vielleicht ist aus diesem Grund auch die Charakterisierung von Selbsthilfe als eine „autonome" Handlungsform verständlich (vgl. Krotz 1987). Das ist nicht ganz falsch, es wird jedoch dann problematisch, wenn die Handlungsformen und Ziele unterschiedlicher Teile sozialer Bewegungen eins gesetzt und damit quasi gemeinsame Interessen und Berührungspunkte vorausgesetzt werden.

Nun sind selbst die Ziele und Handlungsformen der „neuen sozialen Bewegungen" keineswegs so eindeutig, wie es die vielleicht noch gemeinsamen Forderungen mutmaßen lassen. Die Bürokratiekritik ist ebenso zu finden wie eine massive Ablehnung nicht nur der Auswüchse, sondern auch an den Grundbedingungen der kapitalistischen Wirtschaft. Die von Frauen formulierte Patriarchatskritik bezieht sich nicht zuletzt auch auf das „Mackerverhalten" der Protagonisten in den Initiativen. Auseinandersetzungen über die Wege und Perspektiven sind ebenso an der Tagesordnung wie die Debatten - nicht nur in der Anti-AKW-Bewegung - über die Widerstandsformen. Ein einheitliches Handeln muß immer wieder neu hergestellt werden; selbst dann gelingt es oft nur in Ansätzen.

Die „sozialen Bewegungen" fallen zudem in eine Zeit zunehmend unsicherer werdender Beschäftigungschancen und kaum noch wahrnehmbarer Klassenkonflikte. Die Gewerkschaften mobilisieren Hand in Hand mit den Unternehmern bspw. gegen einen Abbau von Arbeitsplätzen in Atomkraftwerken. Die Verbindung zwischen Wohlfahrts- und Polizeistaat wird dabei mehr als einmal sichtbar. Ein großer Teil der Gruppen befindet sich zudem in einer Frontstellung gegenüber dem „Modell Deutschland" der 70er Jahre, das eine Entwicklung eigener Kommunikations- und Organisationsstrukturen erforderlich macht. Ist sie zu Beginn noch weitgehend anti-parlamentarisch eingestellt, so verschieben sich Ende der 70er Jahre die Zusammenhänge.[15] Während ein Teil sich in den Parlamenten innerhalb der Grünen und Alternativen Listen engagiert, leben die „anti-staatlichen" Ansätze in zahlreichen lokal begrenzten punktuellen Auseinandersetzungen weiter.

Ist angesichts der Fülle der unterschiedlichen Zielsetzungen und Handlungsformen die Einordnung der unterschiedlichen Gruppen unter den Begriff „soziale Bewegung" schon recht heikel, so gilt dies erst recht für die Selbsthilfeinitiativen, die sich in erheblichem Maß von den anderen Strömungen unterscheiden. So agieren die ersteren vor allem als politische Aktionsgruppen, während sich das Handeln der Selbsthilfeinitiativen in erster Linie auf die gestaltende, gemeinsame Verbesserung der unmittelbaren Lebenssituation richtet. Zwar sind „exit" und „voice", der Rückzug und Auszug sowie der Widerspruch und die Einflußnahme keine unbedingten Gegensätze. Es hängt von vielerlei Faktoren ab, welcher Strategie letztendlich der Vorzug gegeben wird (vgl. Brand 1988, 82f.). Auch Selbsthilfegruppen können durchaus als „pressure-group" handeln, selbst wenn sich der Wirkungsbereich hauptsächlich auf „fachliche Interventionen" (Huber 1987, 55) bezieht. Die Gleichsetzung von Selbsthilfeinitiativen und „neuen sozialen Bewegungen", von „Selbsthilfe" und „autonomen Han-

---

15 Einen interessanten Einblick in die Diskussionen zwischen „parlamentarischen Ritual" und „politischen Alternativen" Ende der 70er Jahre gibt das gleichnamige, von Roland Roth herausgegebene Sammelwerk, vgl. Roth 1980; Peters 1979; Roth/ Rucht 1987; Geronimo 1990

deln" birgt allerdings die Gefahr, die sozialpolitische Bedeutung von Selbsthilfeinitiativen erheblich zu überschätzen.

So zeigt die Entwicklung des letzten Jahrzehnts auf diesem Sektor recht widersprüchliche Tendenzen: während einerseits die Attraktivität der „Selbsthilfe" entdeckt und das Engagement für den Aufbau von Projekten steigt, geht andererseits die Bereitschaft zurück, sich in Widerspruchs-Initiativen zu bewegen. Dieses Anzeichen läßt sich, obgleich in der Literatur kaum thematisiert, leicht auf der empirischen Ebene ablesen. Sieht man einmal von der Entwicklung alternativ-ökonomischen Projekte ab, ist insbesondere nach dem Höhepunkt der Bürgerinitiativbewegung Anfang der 80er Jahre die Zahl der Selbsthilfe-Gruppierungen rapide angestiegen. Insofern ist die Herausbildung der Vielzahl unterschiedlicher Selbsthilfegruppen auch eine Reaktion auf die Auflösung der „Ein-Punkt-Bewegungen", wobei sie andererseits auf deren Einfluß verzichten müssen. Mag angesichts dieser Umstände die Einflußnahme von Selbsthilfeinitiativen auf gesellschaftliche Entwicklungen schon erschwert sein, so dürfte ihr Einfluß sich bei den bereits benannten hohen Differenzen in den Handlungsformen und finanziellen Ansprüchen bei einem Fehlen einer Kooperation zwischen den einzelnen Gruppen weiter erheblich reduzieren.

Ein anderer Aspekt wird in der sozialwissenschaftlichen Debatte mit den Einschätzungen zu den Wirkungen und Folgen der öffentlichen Förderung auf die Entwicklung von Selbsthilfeinitiativen angesprochen. So sieht Joseph Huber bereits ein Netz von „neuen sozialen Diensten" entstehen und die Betreiber als „High-Touch-Avantgarde" in die Fußstapfen der Wohlfahrtsverbände treten (Huber 1987, 50). Auch Rudolph Bauer entdeckt bei einem Rückblick auf die Geschichte der Wohlfahrtsverbände erstaunliche Parallelen zwischen den Verbänden und den Gruppen des Selbsthilfe- und Alternativsektors. Die Wohlfahrtsverbände sind ebenfalls aus sozialen Bewegungen entstanden und verstehen sich in der Anfangsphase als „organisierter Ausdruck und Träger derselben" (Bauer 1988, 57). Sie haben neue Aufgabenfelder erschlossen und zu diesem Zeitpunkt bestehende Konzepte in Frage gestellt. Selbst in den anderen Feldern ihrer „dezentralen Struktur, in ihrer lokalen Verzweigung und den örtlichen Besonderheiten" besteht eine weitgehende Übereinstimmung mit den heutigen Vertretern der sozialen Bewegungen. Er sieht die Gruppen daher eine ähnliche Entwicklung wie die Verbände nehmen, wenn ihre „Zielperspektiven und Handlungsintentionen nicht mehr die von sozialen Bewegungen sind... organisatorisch-betriebliche und fachlich-professionelle Probleme ein Übergewicht erhalten, ... die Leitungsbefugnisse hierarchisch gegliedert ... und die Gruppen... in das System der Institutionen Sozialer Dienstleistungen und der Sozialpolitik" (ebd.) eingebunden sind.

Etwas vorsichtiger analysiert Alf Trojan diese Entwicklung. Er geht von einem langfristigen Prozeß der „gegenseitigen Annäherung von staatlich/professionellem System und Selbsthilfeinitiativen" (Trojan 1985, 221) aus, die sich beide verändern und damit zu einem sozialen Wandel führen können. Ähnliches vermutet auch Thomas Olk, wenn er davon schreibt, daß „die Selbsthilfeförderungspolitik eine komplexe Logik des 'Gebens' und 'Nehmens' etabliert, die auf lange Sicht dazu führt, daß sich beide Seiten tendenziell beeinflussen und verändern" (Olk 1987, 34).

Nun ist die Überprüfung der Identität von Zielen angesichts der Vielfalt der in den „sozialen Bewegungen" befindlichen Zielsetzungen relativ kompliziert. Am ehesten kommt dies in dem räumlichen Verbund und dem Diskussionszusammenhang, in der Offenheit für Veränderungen in diesem Bereich zum Ausdruck (vgl. Roth 1987, 69f.). Ob dabei die „alten Plätze" der „Alternativbewegung" die neuen Anforderungen erfüllen werden, ist in diesem Rahmen nur schwerlich befriedigend abzuklären.

Eine Reihe von Tendenzen in den letzten Jahre scheint zumindest die Behauptungen einer allgemeinen Transformation zu höhergradigen Organisationsformen und einer Angleichung zwischen Gruppen und System zu stützen. So ist die Herausbildung von der kleinen Gesprächsgruppe zur größeren Beratungsstelle zwar nicht zwangsläufig, aber schon relativ häufig. Eine zunehmende Professionalisierung, die schließlich die Verlagerung auf „organisatorisch-betriebliche und fachliche-professionelle" (Bauer 1988, 57) Probleme und die Entstehung von „Betroffenen"-Funktionären zur Folge hat, die die Interessen der von ihnen vertretenen Personen bündeln, hat ebenfalls stattgefunden.

Jetzt soll hier nicht abgeschätzt werden, ob in Zukunft Selbsthilfeinitiativen eine bedeutende Rolle spielen und möglicherweise sogar als „Sozialtechnokraten" in einer künftigen „Dienstleistungsgesellschaft" das Steuer übernehmen (Huber 1987, 148f.). Der Zeitraum von 10 Jahren finanzieller Unterstützung reicht mit Sicherheit nicht aus, um diese Frage erschöpfend zu beantworten. Als „Sozialprophet" arbeitet man zudem meist mit „Netz und doppeltem Boden", indem als „Menetekel eine zweite negative Zukunft inszeniert wird, die eintritt, wenn den Empfehlungen und Warnungen nicht gefolgt werden sollte" (Schaper, 1987, 165). Obgleich es also nicht die vordringliche Aufgabe dieser Arbeit sein kann, die weitere Entwicklung von Selbsthilfeinitiativen detailliert zu untersuchen, so werden im Rahmen der Analyse der Wirkungen der Programme auf die beteiligten Gruppen Aspekte davon mit einfließen. Sollten sich die Behauptungen einer Transformation bzw. einer Angleichung zwischen Gruppen und politisch-administrativem System als zutreffend erweisen, so müßte das seinen Ausdruck in den einzelnen Phasen der Fördermodelle finden. Im Verlauf des

Prozesses Selbsthilfeförderung müßte demnach in den einzelnen Städten ein ständiger Wandel und Etablierung auf einem höheren Niveau erfolgen.

Selbst wenn die Diagnose über die Auflösung der traditionellen Netze von Familie, Nachbarschaft und Gemeinde und die Feststellung des sinkenden Leistungsvermögen sozialstaatlicher Angebote zutreffend sein mag, muß dies allerdings keinesfalls für die damit verbundene Schlußfolgerung hinsichtlich der gesellschaftlichen Rolle von Selbsthilfeaktivitäten und der Wirkung der öffentlichen Förderung als ein Instrumentarium der Stabilisierung und Etablierung gelten. Genauso begründet läßt sich demgegenüber eine andere These vertreten: die Rede ist von einer Überfrachtung der Diskussion, die die Durchsetzungschancen ignoriert und die Entwicklungsmöglichkeiten von Selbsthilfeinitiativen im Kontext der gesellschaftlichen Bedingungen bei weitem überschätzt. Daß eine Ausweitung von Selbsthilfeansätzen nicht zwingend einen Einfluß auf die Gestaltung der Sozialpolitik haben muß, zeigt trotz aller Problematik eines solchen Vergleichs die Entwicklung von Selbsthilfegruppen in den USA.[16] Als Staat mit der höchsten Selbsthilfegruppen-Dichte gibt es mittlerweile für fast jeden Zweck und Aktivität, Krankheit und seelische Notlage Selbsthilfegruppen. Ihre Bedeutung im Rahmen einer gesellschaftsgestaltenden Strukturpolitik ist allerdings gering. So scheint es möglich, daß Selbsthilfeansätze allenfalls als marginaler Randbereich gestützt werden, der weder die grundsätzlichen Strukturen der Sozialpolitik antastet noch eine Stabilisierung der unterschiedlichen Formen von Gruppen ermöglicht.

Forschungsleitende Fragestellungen

Die vorangegangenen Ausführungen haben zahlreiche sich zum Teil ergänzende, sich zum Teil widersprechende Schlußfolgerungen und Ansichten zur Themenstellung zutage gefördert. Die Bewertung der fachpolitischen Diskussionen unterscheiden sich hinsichtlich des Einflusses der Faktoren im Politikgeflecht Selbsthilfeförderung: So sind danach bei unterschiedlichen **parteipolitischen**

---

16 Gartner/Riesmann 1978, 112 schätzen den Bestand von Selbsthilfegruppen in den USA auf etwa 500.000 Gruppen mit 5 Mio Mitgliedern. Dies ist mit einem Anteil von etwa drei Prozent der erwachsenen Bevölkerung das Dreifache des hiesigen Verbreitungsgrads. Die Entwicklung ist dort mittlerweile so vorangeschritten, daß für nahezu jedes Problem Selbsthilfegruppen bestehen. „Schon jetzt gibt es kaum eine gesellschaftliche Gruppe ohne eigene Selbsthilfe, ob es amerikanische Bürger mit Hasenscharte, Frauen in den Wechseljahren, Spieler, Depressive oder Impotente sind", heißt es hierzu in einem Bericht (vgl. NAKOS-Rundbrief Nr. 19/1989, 30f.).

Konstellationen erhebliche Differenzen in der Förderungspraxis zu erwarten. Bestehen nun tatsächlich gravierende Unterschiede in den Förderstrukturen zwischen den unterschiedlich regierten Städten ? Und wenn ja, sind sie vornehmlich dem Einfluß der politischen Parteien oder anderen Faktoren geschuldet ?

Ähnliches gilt auch für die **Stellung der Wohlfahrtsverbände**. Prägen sie nun in einem wesentlichen Maß die Formulierung und Umsetzung der Programme oder reagieren sie weitgehend teilnahmslos ?

Auch hinsichtlich der **Rolle der Selbsthilfeinitiativen** besteht eine weitgehende Uneinigkeit. Sind ihre Handlungsformen nun weitgehend von gemeinsamen Interessen bestimmt und mit den Zielperspektiven sozialer Bewegungen weitgehend deckungsgleich oder erweist sich dies als Ausfluß einer eher nach gemeinsamen Berührungspunkten suchenden Typologie ?

Die Ansichten variieren weiterhin hinsichtlich der **Beurteilung der Auswirkungen** der Förderung auf die Selbsthilfeinitiativen-Landschaft und die Wohlfahrtsverbände. Eine Etablierung von „neuen sozialen Diensten", eine Angleichung zwischen Gruppen und politisch-administrativem System im Sinne eines Sozialen Wandels oder sogar eine Herausbildung zu Nachfolgern der Wohlfahrtsverbände und erhebliche Herausforderung bis Erschütterung der Stellung der traditionellen Verbände wird dabei vermutet. Hat die öffentliche Unterstützung über Förderprogramme nun diese Entwicklung gefördert oder handelt es sich aufgrund der realen Bedeutung der Programme um eine überfrachtete und die in der Selbsthilfe-Landschaft stattfindenden Entwicklungen überschätzende Debatte ?

Sie unterscheiden sich ferner in der **Bewertung der umfassenderen Folgen** der Förderung. Wird die Selbsthilfeförderung von der Intention eines Mehr an Selbstbestimmung angetrieben oder dient sie - trotz aller beschriebenen Grenzen - eher einem Abbau von Sozialleistungen durch die bevorzugte Förderung von ehrenamtlich erbrachten Dienstleistungen ? Oder trifft auch hier das Argument zu, daß angesichts des eher geringen Stellenwerts der Programme dies eine Diskussion ist, die die Tragweite der Selbsthilfeförderung bei weitem überhöht.

Unterschiede zwischen den Programmen können sich in allen Phasen des Politikerzeugungsprozesses ausdrücken. Dies bezieht sich zum einen auf den „Output" der Politikformulierung, also dem formulierten Förderungsprogramm selbst, und dem Ergebnis der Implementationsphase, den speziellen Wirkungen auf die Selbsthilfeinitiativen und Wohlfahrtsverbände auf der einen Seite und den umfassenderen Folgen auf das gesellschaftliche System andererseits.

Es läßt sich idealtypisch zwischen zwei politischen Förderkonstellationen unterscheiden, zwischen denen die Differenzen besonders deutlich hervortreten müßten: Da wäre zum einen die SPD/AL-regierte Stadt, in der die Selbsthilfeinitiativen über entsprechende Kooperationsformen verfügen und die Wohlfahrtsverbände eine freundlich gesonnene Haltung einnehmen oder die Politikformulierungs- und Implementationsphase zumindest nicht behindern. Auf der anderen Seite steht die CDU-regierte Stadt, die eine Förderung von vorwiegend ehrenamtlich tätigen Gruppen mit starker Orientierung an den Wohlfahrtsverbänden vornimmt.

Die Auswahl der Fallstudien

Die Ausführungen zum Beziehungsgeflecht Selbsthilfeförderung bleiben nicht ohne Konsequenzen auf die Auswahl der Fallstudien. Um Aussagen über den Einfluß von politischen Konstellationen auf den Verlauf von Prozessen im allgemeinen und der Selbsthilfeförderung im besonderen treffen zu können, müssen die Förderungsprogramme sowohl Gemeinsamkeiten als auch Unterschiede aufweisen. Im einzelnen sollen sie folgende Kriterien erfüllen:

- in allen Fällen soll eine **relativ vielschichtige Selbsthilfe-Landschaft** vorliegen;

- das Selbsthilfeförderungsprogramm soll eine **angemessene Größe** erreichen, d.h. nicht nur symbolische Beträge von wenigen Tausend Mark zur Verfügung stellen, sondern einen Haushaltstitel mit einer Gesamtsumme von mindestens 100.000 DM übersteigen;

- die Programme sollen zumindest potentiell eine **Reihe von Gruppierungen der Selbsthilfeinitiativen ansprechen**, also nicht ausschließlich die Subventionierung bspw. von sog. Beschäftigungsinitiativen oder Gesprächsgruppen vornehmen;

- die **politische Konstellation der Regierungen** sollte **variieren**, d.h. es soll eine Stadt mit jeweils unterschiedlichen dominierenden parteipolitischen Fraktionen sowie eine Stadt mit wechselnden Mehrheiten vorhanden sein. Unter Dominanz wird die traditionelle Vorherrschaft einer Partei verstanden (vgl. Schmidt 19880);

- die **Einbindung und Stellung der Wohlfahrtsverbände** soll sich erheblich **voneinander unterscheiden**.

Die Maßstäbe bringen einige Schwierigkeiten für die Auswahl der Fallstudien mit sich; denn die Förderprogramme zur Unterstützung von Selbsthilfeinitiaven sind keineswegs so zahlreich. Wie bereits an einer anderen Stelle erwähnt wurde, hat es 1986 lediglich 16 solcher Programme im Gesundheits- und Sozialbereich bei den kommununalen und staatlichen Behörden gegeben. Nach einer neueren Befragung verfügen alle Ministerien der alten Bundesländer über besondere Fonds zur Unterstützung (Balke/Markworth 1989, 20f.). Die Titel sind in der Regel allerdings für spezielle Gruppierungen bestimmt. So werden in einem Fall ausschließlich gesprächs- und handlungsorientierte Selbsthilfegruppen, im anderen Fall die ehrenamtliche Mitarbeit oder Arbeitsloseninititavien gestützt. Lediglich das Land Bremen mit seinem 1988 installierten Förderprogramm, das Ministerium des Saarlandes und das Land Berlin sehen in ihren Titeln auch eine Unterstützung von unterschiedlichen Formen von Selbsthilfeinitiativen vor.

Auf kommunaler Ebene sieht es ähnlich aus. Ein großer Teil der Unterstützungsfonds ist ausschließlich für einen engen Adressatenkreis. So nehmen bspw. die Städte Wuppertal und Aachen ausschließlich eine finanzielle Unterstützung von kleinen gesprächs- und handlungsorientierten Selbsthilfegruppen vor. Düsseldorf und Osnabrück begünstigen dagegen vornehmlich Vereine und Initiativen im Sozialbereich, die schon längere Zeit tätig sind und nach den gesetzlichen Grundlagen als Träger der Sozial- und Jugendhilfe anerkannt sind. Zudem ist der Umfang der vergebenen Mittel in der Regel sehr gering. Nur 4 Kommunen, namentlich die Städte Münster, München, Nürnberg und Hannover stellen Beträge über 100.000 DM zur Verfügung. In dieser Gruppe sind die sozialdemokratisch regierten Städte überrepräsentiert. Als einzige Stadt wird Münster von der christdemokratischen Partei dominiert.

Diese Gegebenheiten machen es daher erforderlich, die Auswahl nicht auf eine Gruppe wie die der kommunalen oder staatlichen Programme zu beschränken, selbst wenn damit ein Vergleich der administrativen Strukturen erschwert ist. Wird nun als zusätzliches Kriterium die Frage nach der Bedeutung innerhalb der sozialpolitischen Diskussion eingeführt, so fällt die Auslese vergleichsweise leicht: Da ist zum einen das Förderungsprogramm des Landes Berlin, das allein von seiner Größe eine Ausnahmestellung einnimmt und bei der Entwicklung von einer Reihe von kommunalen Fonds Pate gestanden hat. Es bietet daneben eine gute Basis, um den politischen Einfluß unterschiedlicher Konstellationen auf die Gestaltung und Umsetzung von Maßnahmen zu untersuchen. Einstmals unter einem CDU-Senat konzipiert kann es eine SPD-AL-Regierung und eine „Große Koalition" vorweisen. Das Gegenstück zu diesem Förderungsmodell stellt in vielerlei Hinsicht Bremen dar. Ebenfalls Stadtstaat, aber traditionell sozialdemokratisch regiert, hat die dominierende sozialdemokratische Partei sich bei der Politikformulierung erheblich vom konservativ dominierten Programm abgegrenzt. Als traditionell christdemokratisch regierte Stadt verbleibt Münster mit dem Fördermodell einer Stiftung. Die gesetzten Konditionen sind damit allesamt eingelöst. Dies gilt auch für die Stellung der Träger der Wohlfahrtspflege, die nach den Erkenntnissen der Verbände-Forschung in traditionell konservativ dominierten, katholischen Regionen eine wesentlich höhere Bedeutung bei der Bereitstellung von sozialen Dienstleistungsangeboten haben als die Träger in den eher zu kommunalen Angeboten neigenden sozialdemokratisch regierten Orten (Thränhardt 1984, 48f.).

Die Auswahl der Fallstudien erlaubt damit einen Einblick in die Entwicklung und Umsetzung von Förderungsprogrammen unter Regierungen unterschiedlicher dominierender parteipolitischer Fraktionen und wechselnden Bündnissen mit ihren gegenwärtigen und möglichen zukünftigen Wirkungen und Folgen auf die Versorgungslandschaft der Bundesrepublik. Auf einen sich aus der Auswahl der Fallstudien ergebenden Nachteil soll an dieser Stelle allerdings hingewiesen werden: Die Fallbeispiele repräsentieren die derzeit führenden Programme in der Selbsthilfe-Landschaft der Bundesrepublik, was allein der Blick auf die zur Verfügung stehenden Mittel im Rahmen der Selbsthilfeförderung deutlich macht: Beläuft sich das gesamte Fördervolumen der 30 bestehenden Fonds zur Unterstützung von Selbsthilfeinitiativen Ende der 80er Jahre auf insgesamt ca. 20 Mio DM (Burkert 1990, Balke Markworth 1989; Beutin/Fehse 1987), so erreicht der Etat drei ausgewählter Programme mit insgesamt 13,5 Mio DM drei Viertel des gesamten Ansatzes. Die Gefahr einer möglichen positiven Verzerrung der Situation auf diesem Gebiet ist damit durchaus gegeben.

Zur Methodik

Die dieser Arbeit zugrunde liegenden Untersuchungen wurden vom Mai 90 bis Dezember 91 durchgeführt. Der Verlauf der Förderprogramme bis zum Zeitpunkt der Drucklegung dieser Studie wurde durch ergänzende Informationen allerdings mit berücksichtigt so daß diese Arbeit den Stand dieser drei führenden Programme bis zum Jahre 94 dokumentiert und analysiert. Ohne das Fazit im einzelnen vorwegnehmen zu wollen, sei an dieser Stelle allerdings erwähnt, daß auch die neueren Entwicklungen die bis dato gewonnenen Resultate voll und ganz bestätigen.

Dokumenten- und Presseanalyse sowie Interviews mit Gesprächsleitfaden waren dabei die angewandten Methoden. Im speziellen umfaßt diese Untersuchung die

- Inhaltsanalyse der Förderungsprogramme hinsichtlich der genannten Fragestellungen

- Interviews mit am Förderprozeß beteiligten Akteuren von Selbsthil-feinitiativen und Verwaltung

- ergänzende Interviews mit Experten aus der Praxis und der For-schung

- Dokumentenanalyse über den Zeitraum der Entwicklung und Um-setzung von Fördermaßnahmen, namentlich die Auswertung von Presseveröffentlichungen und Materialien von und über Selbsthil-feinitiativen, Politik und Verwaltung in den einzelnen Städten

- Haushaltsbudgetanalyse bezogen auf die Förderungsprogramme und die finanzielle Unterstützung der Träger der Freien Wohl-fahrtspflege

- vergleichende Untersuchung von empirischen Untersuchungen zur gleichen Thematik.

Analytisch unterteilt sie sich dabei in folgende Schritte:

Der erste Schritt gilt der Betrachtung des „issue" Selbsthilfeförderungspro-gramm. Im Mittelpunkt der Betrachtung steht die Auswertung der Förderungs-bestimmungen, die Klärung der angelegten Förderungsstrukturen, die im we-sentlichen die Adressaten entsprechend der entwickelten Typologie, die zu ver-gebenen Mittel und die eingeräumten Partizipationsmöglichkeiten umfaßt.

Der zweite Schritt betrifft den Verlauf des mittlerweile schon einige Jahre an-dauernden Prozesses. Angelehnt an das Phasen-Modell werden die Sequenzen von der Politikformulierung über die -implementation bis zur evtl. Neuformulie-rung vorerst deskriptiv erfaßt, um Veränderungen innerhalb der einzelnen Pha-sen festzuhalten.

Der dritte Schritt bezieht sich auf die Erfassung der „policy"-Netze als prägen-de Einflußfaktoren auf den Prozeß der Förderung. Ihre Beschaffenheit und die Kooperationsformen der Akteure werden hier genauer untersucht. Art und Wei-se der formalisierten Beziehungen untereinander sind dabei ebenso bedeutend wie bspw. die Veränderungen ihrer Handlungsformen in der Politikarena selbst.

Der nächste Schritt gilt den Prozeßstrukturen, den Verfahrensregeln, festgeleg-ten Prozeduren und Entscheidungstechniken. Die spezifischen Auswirkungen der Programme auf die Adressaten sind hier besonders von Interesse.

Der fünfte Schritt stellt das Bindeglied zwischen den zwei vorangegangenen Abschnitten dar. Die Abhängigkeit zwischen politisch-administrativen System und Selbsthilfeinitiativen wird hier dokumentiert und einer Bewertung unterzo-gen, die subjektiven und umfassenderen Folgen der Förderungsprogramme aufgezeigt und die spezifischen sowie allgemeinen Strukturen und Prozesse der Selbsthilfeförderung in den unterschiedlichen Städten herausgestellt, was letztendlich die Gegenüberstellung zu den in der Selbsthilfe-Diskussion genannten Thesen erlaubt.

Eine wesentlich Stütze der Untersuchung waren die 15 Tiefen-Interviews mit den an der Politikformulierung und -umsetzung beteiligten Vertretern von Gruppen, Verwaltung und Wohlfahrtsverbänden. In den jeweiligen Orten wurden fünf z.T. mehrstündige Gespräche mit meist an allen Phasen des Politikprozesses beteiligten Personen geführt. Die Interviews wurden per Tonband aufgezeichnet, transkribiert und nach den angeführten Untersuchungskategorien ausgewertet.

Die vorliegende Studie bezieht sich in erster Linie auf die Dokumentation und Analyse von **Förderprogrammen**. Andere Unterstützungsmöglichkeiten der einzelnen Stadtverwaltungen bleiben damit zwar nicht außer Betracht, sie geraten damit an den Rand des Untersuchungsfeldes. Die bereits angeführte hohe Bedeutung der einzelnen Programme im Kontext einer Förderung des „informellen Sektors" läßt eine solche Beschränkung allerdings vertretbar erscheinen, da erst in diesem Rahmen eine differenzierte Analyse ermöglicht wird.

Beschränkungen ergeben sich aus Kapazitätsgründen dennoch in vielerlei Hinsicht: So zielt die Untersuchung nicht darauf ab, sämtliche Phasen des Politikerzeugungsprozesses differenziert zu analysieren und bspw. den Prozeß der partei-internen Konsensbildung detailliert zu erfassen. In dieser Hinsicht ist die Studie eher „output"-orientiert, auch wenn die Konflikte innerhalb der einzelnen Abschnitte nicht unerwähnt bleiben. Ähnliches gilt für die Analyse der Wirkungen der Förderungsprogramme auf die beteiligten Gruppierungen von Verbänden und Initiativen. Einzelne Tiefeninterviews und die Haushaltsbudgetanalyse als Indikator der Wirkungen des Programms auf die Wohlfahrtsverbände können differenzierte Analysen wie standardisierte Erhebungsmethoden sicherlich nur bedingt ersetzen. Daß es dennoch gelingt, ein relativ differenziertes Bild von der Akzeptanz der Programme auf Seiten der Gruppen zu zeichnen, ist vor allem den im Rahmen der Vorstudie (vgl. hierzu Beutin/Fehse, 1987a) gewonnenen Kontakte, den durchaus offenherzigen Antworten der Interviewpartner und den langjährigen Erfahrungen des Verfassers zu verdanken, die in dieser Untersuchung mit wissenschaftlichen Methoden zusammenfließen.

Das „Berliner Modell" - Vergangenheit und Gegenwart eines Förderungsprogramms

Den Anfang der Fallstudien macht das „Berliner Modell". Es steht nicht nur hier am Beginn. Es war auch das erste Förderungsprogramm für so bezeichnete Selbsthilfegruppen, das von staatlicher bzw. kommunaler Seite initiiert wurde.

Die Geschichte seiner Entstehung ist weit über die Stadt hinaus bekannt. Sie ist das Thema zahlreicher wissenschaftlicher und journalistischer Abhandlungen, von vielerlei Aufsätzen und Berichten. Die nachfolgenden Programme bestimmen sich zum großen Teil nach ihrem Verhältnis zu diesem „Modell", positiv wie negativ. Entweder sie setzen sich von ihm ab oder versuchen es nachzuahmen.[1]

Seine Entstehung ist eng mit zwei Namen verknüpft: dem „Arbeitskreis Staatsknete" als dem Zusammenschluß von Alternativprojekten auf der einen und dem damaligen CDU-Sozialsenator Fink auf der anderen Seite. Wenn man so will, spielen sie die Hauptrolle in diesem Stück, in dem es zu Beginn oft laut und lärmend zugeht. Parlamentsdebatten und öffentliche Auseinandersetzungen, an denen auch die anderen Akteure mitwirken dürfen, sind an der Tagesordnung.

Bühnenbilder und Darsteller haben sich seitdem geändert. Die alten Hauptdarsteller sind abgetreten und Neue erschienen. Das bietet sogar noch die Möglichkeit, die Folgen eines Szenewechsels näher zu beleuchten. Oder anders herum formuliert: Gibt es einen Unterschied in den Förderungsstrukturen zwischen CDU und SPD/AL ? Ist der politische Einfluß auf die Ausgestaltung des Förderungsprogramms, die Frage der Nutznießer und der Art der vergebenen Mittel, der damit zusammenhängenden Kriterien und der eingeräumten Partizipationsformen tatsächlich so erheblich, wie es die vielfach unterschiedlichen Verlautbarungen anzeigen ? Oder machen letztendlich ganz andere Faktoren die Differenzen aus ?

Ein Blick zurück - oder die Geschichte seiner Entstehung

Die Entwicklungsgeschichte des Berliner Programms reicht bis in die 70er Jahre zurück. Das damalige Berlin ist zum einen die Hochburg der Alternativszene, die Ende der 70er Jahre zwischen Resignation und Aufbruch schwankt. Die

---

1   vgl. hierzu die Entwicklung der jeweiligen Programme in Bremen und Münster.

Erfahrungen des „Deutschen Herbstes" 1977 und der linken Kaderpolitik der Ausläufer der Studentenbewegung haben hier deutlicher als anderswo ihre Spuren hinterlassen. Die Desillusionierung mit bisherigen Politikformen führt zu einer Welle von Neugründungen von Projekten und Initiativen. „Die Sache in die eigenen Hände nehmen", lautet die Botschaft, die von den Medien der „Gegenöffentlichkeit" transportiert und von zahlreichen Gruppen im Gesundheits- Ökologie- und Sozialbereich befolgt wird. Dem staatlichen Machtmonopol soll die Selbstorganisation in „kleinen Netzen" entgegengesetzt werden. So finden auch die bekanntesten Gründungen der „alternativen Szene" in dieser Zeit statt. Als eine Reaktion auf die Berufsverbote der sozialliberalen Ära wird im Herbst 78 als eigenes Finanzierungsinstrument das „Netzwerk Selbsthilfe" gegründet. Zum gleichen Zeitpunkt schicken sich Einzelpersonen und Mitglieder von Bürgerinitiativen an, mit versprengten Kadern der „K-Gruppen" die „Alternative Liste für Demokratie und Umweltschutz" als „Spielbein der Bewegung" zu gründen und eine „Gegenöffentlichkeit" auch in den Parlamenten herzustellen. Als Antwort auf die faktische Nachrichtensperre während der Schleyer-Entführung wird schließlich auch das Projekt einer „linken Tageszeitung" begründet, aus dem schließlich die taz hervorgeht.[2]

Auf diesem Hintergrund versucht der damalige SPD-Senator für Wissenschaft und Forschung, Glotz, in Zusammenarbeit mit dem Bundesministerium für Bildung und Wissenschaft und dem Umweltbundesamt im Frühjahr 1980 Angebote an die „Alternativbewegung" zu formulieren.[3] Er sieht den Dialog zwischen der „Ersten" und „Zweiten Kultur" gefährdet (vgl. Glotz 1978) und will einen Teil der genehmen Projekte in staatliche Unterstützung überführen. Um auf die Diskussionen Einfluß zu nehmen, gründet sich zwar zum gleichen Zeitpunkt ein Diskussionskreis. Er bleibt jedoch auf Fachleute und Einzelpersonen aus Alternativprojekten beschränkt (Grottian 1983, 289) und findet vorerst wenig Widerhall in den meisten Projekten; denn die lehnen eine Förderung weitgehend ab, da sie einen Verlust von „Autonomie" bei einer staatlichen Unterstützung befürchten.

Das Konzeptpapier des im Herbst 1980 gegründeten „Arbeitskreis zur Finanzierung von Alternativprojekten", in dem „Steuergelder für die politische Alternativbewegung" gefordert wird, „nur, wenn die Autonomie nicht flöten geht"

---

2   Insofern erweist sich die von Novy getroffene Feststellung im Zusammenhang mit der Genossenschaftsbewegung auch für die Alternativbewegung als zutreffend. Er spricht davon, daß die meisten „Schübe", also die Hochphasen von Projektgründungen den „Phasen politischer Niederlagen und Desillusionierung" folgen (Novy 1981, 149)

3   zur Entstehungsgeschichte des „Berliner Modells" vgl. auch Krotz 1986, 22ff.; Nesemann/Scheinert 1987, 3ff.

(Arbeitskreis 1980) ist ein Ausdruck dieser Zeit. Es handelt sich dabei weniger um Forderungen an den Senat als um den Versuch, die „Szene" doch noch zu überzeugen. So sollen alle „politischen Strömungen der politischen Alternativbewegung (BIs, Selbsthilfeprojekte, Bürgerrechtskomitees u.a.) trotz verschiedener Interessenlagen den Konflikt um die Staatsknete als gemeinsamen Politisierungsprozeß verstehen und regional entsprechende Kommunikationsvoraussetzungen schaffen" (ebd.). Zu diesen Zweck soll die Forderung nach einem Programm zur Schaffung von Arbeitsplätzen in Höhe von 25- 50 Mio DM zur Finanzierung von etwa 1000 Arbeitsplätzen gestellt und die Mittel durch einen noch zu bildenden Trägerkreis ohne jede Auflagen verteilt werden.

Bei einem Teil der Projekte trifft das Papier in der folgenden Zeit auf Resonanz. So nehmen im November 1980 35 Projekte an den Treffen teil, die sich vorerst in internen Diskussionen erschöpfen. Im April 81 kurz vor der Wahl fordern zwar 64 Alternativprojekte 12,3 Mio DM für die Finanzierung ihrer Arbeit. Der sozialliberale Senat kommt jedoch nicht mehr dazu, ein Förderungsprogramm zu installieren. Skandale in den Eigenbetrieben, Garski-Affäre und vor allem die massiv auftretenden Hausbesetzungen führen zur Paralysierung. Nach der Wahl im Mai 81 muß er schließlich der Koalition von CDU und FDP die Regierung überlassen.

Oberstes Ziel der neuen konservativ-liberalen Koalition ist die Sanierung der haushaltspolitischen Finanzen. Auf welchem Wege das durchgesetzt werden soll, ist auch in der Reihen der CDU umstritten. Während die konservative Linie die alte Variante eines drastischen Abbaus sozialstaatlicher Leistungen auch gegen einen heftigen Widerstand von Gewerkschaften und „Betroffenen" favorisiert, versucht der „liberale" Kreis um Senator Fink und dem damaligen Regierenden Bürgermeister Weizsäcker, dies mit Forderungen nach einem qualitativen Umbau des Sozialstaats zu verbinden. Ausgerüstet mit der Programmatik einer „neuen sozialen Frage" und dem daraus abgeleiteten Subsidiaritätsprinzip heißt die Devise „Sparen und Gestalten". Das etablierte Versorgungssystem soll entprofessionalisiert und entbürokratisiert, „Überkapazitäten" abgebaut und die Selbstverantwortung in den „kleinen Netzen" einer „Solidargemeinschaft" gestärkt werden, kurzum: der Abbau des öffentlichen Dienstleistungsangebots mit seiner Humanisierung verbunden werden. Dabei kann sich die Koalition auf die Vorhaben der alten Regierung stützen. Die Pläne werden jetzt allerdings zielbewußt umgesetzt (vgl. Lütke 1988). So erfolgt der Abbau von Bettenkapazitäten in den Krankenhäusern und der Ausbau der Ambulanten Dienste; zahlreiche Sparbeschlüsse im Rahmen der „Operation 82" werden im Schatten der Hausbesetzungen realisiert.

Die „Lösung der Hausbesetzungen" ist auch das beherrschende Thema der parlamentarischen und öffentlichen Diskussion. Anläßlich von Demonstrationen gegen die Räumung von besetzten Häusern und der Amnestie für inhaftierte Demonstranten kommt es immer wieder zu Straßenschlachten, die die „Gewaltfrage" in den Mittelpunkt stellen. Neubesetzungen von Gebäuden werden seitens des Senats rigoros unterbunden. Die kriminalstatistische Erfassung nimmt immense Formen an. Mitte 81 sind 5000 Personen von Ermittlungsverfahren betroffen. Die polizeiliche Räumung von 8 besetzten Häusern und der Tod eines Demonstranten am 22. September 1981 markiert schließlich das Ende dieser „Bewegung". An diesem Tag erreicht sie zwar durch die Unterstützung der gesamten städtischen Linken und linksliberalen Öffentlichkeit ihre größtmögliche Ausdehnung. Die nachfolgenden Protestaktionen bleiben jedoch auf den „harten Kern" beschränkt. Vor die Alternative „Legalisierung oder Räumung" gestellt, zerfällt sie wieder in ihre Bestandteile: die aus dem Spektrum der Stadtteilarbeit und engeren Alternativszene kommenden „Verhandler", die „Instandbesetzungen" in erster Linie als einen Protest gegen Wohnraumzerstörung praktizieren und die Häuser zum gemeinsamen „Leben und Arbeiten" nutzen wollen, und die „autonomen Nicht-Verhandler", die die besetzten Häuser als Ausgangsbasis für einen „gemeinsamen Kampf" gegen das „Schweinesystem" ansehen (Geronimo 1990).

An diesem aktuellen Konflikt werden auch die unterschiedlichen Strömungen der CDU-Politik deutlich. Während als Vertreter der „harten Linie" Innensenator Lummer angetreten ist, keine „rechtsfreien Räume" zu dulden und besetzte Häuser im Sinne der schon von der SPD formulierten, leicht abgewandelten „Berliner Linie" räumen läßt, sucht Bausenator Rastemborski in der Anfangsphase das Gespräch mit den „Instandbesetzern". Senator Fink bemüht sich derweil um eine Annäherung an die unter dem Eindruck der Hausbesetzungen mächtig erscheinende Alternativbewegung. Im Oktober desselben Jahres ergreift er mit der von ihm vorbereiteten, von der CDU-Fraktion eingebrachten Anfrage zum Thema „Alternatives Leben" (Abgeordnetenhaus 1982a) die Initiative.

Die Antwort auf die „Große Anfrage" im Februar 82 stellt ein Kooperationsangebot an einen Teil der „Szene" dar. Der Sozialsenator spricht darin von einer Verwandtschaft zwischen der Alternativbewegung, ihrer Suche nach „mehr Autonomie, mehr Selbstständigkeit, mehr Selbsthilfe und Selbstverantwortung in der Gesellschaft" und den Prinzipien der Gesellschaftspolitik seiner eigenen Partei, nimmt die Kritik an der Bürokratisierung des Sozialstaats auf und befürwortet die Förderung von „Selbsthilfegruppen" im Sinne des Subsidiaritätsprinzips" (Abgeordnetenhaus 1982a, 5). „Anders als die studentische Protestbewegung der 60er Jahre verfolgt sie nicht mehr das Ziel, die Gesellschaft im Großen und Ganzen zu verändern sie bemüht sich stattdessen, die Lebensverhältnisse im kleinen und besonderen zu verbessern, menschlicher zu machen" (ebd.).

Die Antwort ist in den folgenden Wochen Gegenstand heftiger Diskussionen. Im Parlament wird die beabsichtigte Förderung zu einem Streit um die Grundlagen und Zielsetzungen der von der CDU betriebenen Sozialpolitik. Es ist viel von falscher Nähe zu den „Alternativen", Spaltung in „gewalttätige und friedliche Alternative" und „falscher Auslegung" des Subsidiaritätsprinzips die Rede (vgl. Abgeordnetenhaus 1982b, 948ff). Auch der reaktivierte Arbeitskreis als Verbund der Projekte spricht in diesen Tagen von „Vereinnahmung" und „Befriedung" der „Bewegung". Herhalten muß dafür die in der Antwort angeführte Trennung in „gute" und „gewalttätige" Alternative, der Hinweis darauf, daß „Selbsthilfe und Mitverantwortung im Sinne des Subsidiaritätsprinzips Gewaltanwendung und Rechtsbruch ausschließen" (Abgeordnetenhaus 1982a, 6).

Nun kann dem CDU-Senat gewiß nicht die Spaltung der „Bewegung" vorgehalten werden. Eine Einheitlichkeit hat zu keinem Zeitpunkt in irgendeinem Teil der sozialen Bewegungen bestanden, sie ist eher der Ausdruck eines Mythos, eines Wunschdenkens, als der Realität des Handelns. „Der damalige Senat hat diese Fraktionierung ja nicht erfunden, sondern vorgefunden", schreibt hierzu Joseph Huber, „alle Zweige der neuen sozialen Bewegungen sind von solchen Fraktionierungen geprägt zum Beispiel in der 68er Zeit noch die 'Systemveränderer' und die 'Selbstveränderer' die strammen Organisationsfreaks und die lokkeren Haschrebellen; die K-Gruppen und die Psychospontis; ... in der Alternativbewegung die Dilettanten und die Professionellen" (Huber 1987, 109). Kein „Extremist" im „alternativen Gewand" - so Senator Fink in der Sitzung des Abgeordnetenhauses - würde zudem einen Förderungsantrag an den Senat stellen. Für eine Entscheidung im Rahmen der Förderpraxis wäre es also ohne Belang.

Daß diese Behauptungen dennoch bei den „Betroffenen" einen derart großen Widerhall finden, liegt am Selbstbild, dem zugrunde liegenden Politikverständnis und dem komplizierten Verhältnis zur Hausbesetzerbewegung der im Arbeitskreis versammelten Projekte. Sie fühlen sich zwar mit den Zielen dieser Teile sozialer Bewegungen verbunden und üben eine Zeitlang praktische Solidarität, indem sie in Zeiten des Verhandlungsstopps der Hausbesetzer erklärtermaßen keine Gespräche mit den Politisch Verantwortlichen führen. Die wechselnden Phasen von Kooperation und Verhandlungsstopp in den Jahren 81/82 geben so die Handlungsleitlinien ab. Faktisch gehören sie allerdings weniger dem „Störerpotential" als dem kooperationsbereiten Teil an; denn sie befinden sich in dem Dilemma, sich entweder ihrer Arbeit finanzieren zu lassen oder auf „Staatsknete" zugunsten der „Autonomie" zu verzichten. Bereits im Frühjahr 81 hat es an dieser Frage eine Reihe interner Auseinandersetzungen gegeben, die einen Teil der Projekte dazu veranlaßt haben, aus dem Arbeitskreis auszuscheiden. In der folgenden Zeit ist er weitgehend handlungsunfähig. Mißtrauisch beäugt von den einen, möchten sie sich nicht nachsagen lassen, Profiteur der Hausbesetzerbewegung zu sein. So gesehen sind die Reaktionen auf die Äußerungen ein Ausdruck dieses zwiespältigen Verhältnisses, das einerseits die Verbundenheit demonstrieren will und auf der anderen Seite eine Förderung der eigenen Dienstleistungen erhofft.

Die andere in der Antwort des Senats enthaltene Zielrichtung ist trotz ihrer hohen Bedeutung für den Politikerzeugungsprozeß weit weniger ein Gegenstand öffentlicher und fachlicher Kontroversen. Die Auftrennung in „gute" und „böse Alternative" dient in erster Linie dazu, die in den eigenen Reihen heftig umstrittene Subsidiaritätsprogrammatik gegen die parteiinternen Kritiker durchzusetzen. Sie richtet sich gegen die konservativen Teile der eigenen Partei, die die gesamte „Alternativbewegung" als gewalttätiges, mit den „kriminellen Hausbesetzern" verschwistertes Potential einschätzen und es rundweg ablehnen, eine ihnen nicht nahestehende Klientel mit Zuwendungen zu bedenken. Auf dem Hintergrund der Besetzungen ist das Vorgehen des Senators, durchgeführt mit dem Beistand des damaligen Regierenden Bürgermeister Weizsäcker und anderer liberaler Politiker, erfolgreich. Das begeisterte Echo der Tageszeitungen und anderer öffentlicher Medien über den Vorstoß des „Alternativsenator" Fink trägt im wesentlichen dazu bei, daß die parteiinternen Kritiker schweigen (vgl. Krotz 1988, 88).

Ohne die Kenntnis dieses speziellen Hintergrundes bleibt die Entwicklungsgeschichte und die zahlreichen Auseinandersetzungen in der Anfangszeit nur bruchstückhaft und unverständlich. Hausbesetzungen und „Jugendprotest" haben erst ein Klima geschaffen, das vermeintlich neue Initiativen begünstigt. Sie haben auf Seiten der CDU die Austragung von Richtungskonflikten begünstigt und damit der „Selbsthilfeförderung" zu einem entscheidendem Durchbruch verholfen. In diesem Sinne ist das spätere Förderprogramm ein „Abfallprodukt" der Hausbesetzungen, die Projekte trotz aller Unzulänglichkeiten „Gewinnler" dieser Bewegung.[4] Auch in anderen Bereichen wie der Wohnungsbauförderung sind zu diesem Zeitpunkt neue Ideen ebenfalls gefragt. Es werden zahlreiche „alternative" Träger und Beratungsstellen im Zuge der Besetzungen begründet: Der Sanierungsträger Stattbau und der Träger „Ausnahme und Regel" des So-

---

4   Diese Auseinandersetzungen haben schließlich auch ihr Ergebnis in der Legalisierung von etwa 60 ehemals besetzten Häusern. Auch hier waren wieder mehr die Rahmenbedingungen dieser Zeit und weniger die „harten Verhandlungen" (Runge/Vilmar, 1987, 185) zwischen Staat und Ex-Besetzern dafür verantwortlich.

zialpädagogischen Instituts (SPI), das Büro für soziale Stadterneuerung
u.v.a.m..

Vom „Alternativtopf" ...

In der folgenden Zeit wird die „Selbsthilfegruppen-Förderung" zu einer Aus-
einandersetzung zwischen dem Sozialsenator und dem wieder aufgeblühten Arbeitskreis, die vorzugsweise über die Medien ausgetragen wird. Die Rollen in
diesem Konflikt sind klar verteilt. Mit seinen Vorschlägen zur Förderung von
Gruppen der Alternativbewegung hat der Sozialsenator die Initiative ergriffen.
Der Arbeitskreis versucht seinerseits auf die Diskussionen Einfluß zu nehmen.
Unterstützt wird er dabei nach wie vor von Fachleuten aus dem Spektrum der
Freien Universität, bei denen es sich, um es mit Huber auszudrücken, zum Teil
um „Schlüsselpersonen" handelt, die zwischen „Establishment" und „Subkul-
tur" vermitteln (Huber 1980, 110).[5] Ab Februar 82 finden deshalb wieder regel-
mäßige Projektetreffen statt. In den politischen Entscheidungsprozeß ist er jedoch zu keinem Zeitpunkt formal eingebunden. Domäne seiner Tätigkeit ist die
Öffentlichkeitsarbeit, die er in der folgenden Zeit relativ intensiv betreibt. Er
profitiert dabei von der Aufmerksamkeit der öffentlichen Medien, die dem
Thema infolge der Hausbesetzerbewegung zukommt.

Auch von Seiten des politischen Entscheidungsträgers erfolgt die Nutzung der
öffentlichen Medien. Über diese Kanäle werden bspw. die Angaben zur bestehenden Förderung von „Selbsthilfegruppen" kolportiert. Danach werden in den
Bereichen Gesundheit, Soziales und Familie, Bauen und Wohnen, Schule, Jugend und Sport 1982 Selbsthilfeprojekte in Höhe von 52 Mio DM (Abgeordnetenhaus 1982c) gefördert, während es unter der SPD-Herrschaft lediglich 28
Mio DM gewesen seien. Später stellt sich dann heraus, daß es sich dabei in erster Linie um traditionelle Träger oder Gelder für Selbsthilfe-Maßnahmen im
Baubereich handelt. Fast sämtliche Frauen- und Alternativprojekte erhalten keine finanziellen Mittel (Nesemann/Scheinert 1987, 9). Der Popularität des Senators tut dies allerdings keinen Abbruch.

---

5   Wie sehr diese Experten als „Schlüsselpersonen" das Bild des Arbeitskreises auch auf
    Seiten der Politik prägen, zeigt ein Ausspruch des CDU-Abgeordneten Diepgen als
    Vorsitzender des Hauptausschusses des Abgeordnetenhauses. Er spricht vom „AK
    Staatsknete" als der „Kampfgruppe Grottian"; vgl. Protokoll des Hauptausschusses v.
    18.Nov.1982

Die öffentlichen Medien sind auch das Transportmittel für das, was sich am besten mit „Begriffsbesetzung" umschreiben läßt. Sämtliche Formen nichtstaatlicher Hilfen gelten nunmehr als „Selbsthilfe". Auch die Gruppen der Alternativbewegung üben sich in Einklang.[6] In dieser Zeit beginnt die wundersame Wandlung der „autonomen Frauen und Alternativprojekte" zu „Selbsthilfegruppen", der später legalisierten besetzten Häuser zu „Selbsthilfeprojekten".

Dem Sozialsenator gelingt es im Laufe der Auseinandersetzungen, mit dem Problem Selbsthilfegruppen-Förderung identifiziert zu werden, also das, was Astrid Wender einmal so beschrieben hat: „Das Problem verhilft dem Politiker zu einem Image, er wird mit einem bestimmten Problem, dann einer Problemsicht, einem bestimmten set von Problemen identifizierbar und umgekehrt bildet das Problem und im Endeffekt seine Lösung das Ziel seiner Aktionen" (Wender 1984, 19).

Die Lösung des Problems muß freilich nicht mit den Wünschen der Zielgruppe übereinstimmen: denn Senat und Gruppen sind mit jeweils unterschiedlichen Vorstellungen angetreten. Während die einen die Förderung von Gruppen der „Alternativbewegung" im Sinne des Subsidiaritätsprinzips mit dem Abbau der professionalisierten sozialen Dienstleistungen verbinden wollen, fordern die anderen ein Beschäftigungsprogramm zur Stützung ihrer Arbeit in Höhe von 50 Mio DM für die Stützung ihrer Arbeit.[7]

Nach den Vorstellungen des Arbeitskreises soll dieses 50-Millionen-Programm über eine Umschichtung der Steuermittel finanziert und die Verteilung der Gelder von einem von den Gruppen und Projekten gegründeten Trägerverein übernommen werden. Zu diesem Zweck wird schließlich der „Verein zur Förderung

---

6   Das ist an sich nichts Ungewöhnliches. Auch Politiker anderer Fraktionen wenden dieses Verfahren der Legitimation und Imagepflege gerne an. So heißt es bspw. in einer Pressemitteilung der Landesregierung Nordrhein Westfalen(SPD): „Land gibt Millionen-Beträge für Selbsthilfe-Projekte" (Information der Landesregierung NRW v. 28.3.85, Düsseldorf). Im folgenden werden dann „Kindergarten-Elterninitiativen „ mit einem Zuschußbetrag von ca. 19 Mio DM und „Selbsthilfegruppen im Rahmen des Gesamthaushaltsansatzs zur Wohnungsmodernisierung" aufgeführt Der Unterschied liegt allerdings darin, daß dies nicht in allen Fällen zu einer öffentlichkeitswirksamen Diskussion führt, sondern eine Vielzahl von zusätzlichen Gegebenheiten dafür erforderlich ist.

7   Engagement im „Selbsthilfebereich" und „Erwerbs- und Einkommensmotive" sind von Anfang an eine enge Verbindung eingegangen. Insofern irrt Adalbert Evers, wenn er 1988 davon schreibt, daß sich im Selbsthilfebereich ein „neuartiger Mechanismus der Schaffung von Arbeit und Einkommen herausbildet" (Evers 1988, 198). Diese Entwicklung hat bereits zu Anfang stattgefunden, was bereits Joseph Huber (Huber 1987, 112) in seiner Studie richtig herausstellt.

autonomer Frauenprojekte, Bürgerinitiativen und Alternativprojekte", kurz „AK Staatsknete", gegründet. Der Name ist eigentlich irreführend; denn politische Initiativen wie Bürgerinitiativen sind bis auf wenige Ausnahmen auch zu diesem Zeitpunkt nicht dabei. Der Höhepunkt der Initiativbewegung ist in Berlin in den Jahren 82/83 bereits überschritten. Ein großer Teil der Engagierten ist zu diesem Zeitpunkt entweder in parteipolitischen Zusammenhängen wie der AL oder bei den Hausbesetzern involviert. Auf Seite dieser Initiativen ist es zudem mehr als umstritten, sich die politische Arbeit von ihrem oftmaligen Gegner finanzieren zu lassen.

Etwas zeigt der Name jedoch richtig an: es geht um die Förderung von Alternativprojekten **und** Frauenprojekten. Im Verlauf teilweise konfliktreicher interner Auseinandersetzungen haben sich zwei Gruppen von Projekten mit jeweils eigenen Vollversammlungen herausgebildet: die reinen Frauenprojekte und die sog. gemischten Projekte, in denen sowohl Frauen als auch Männer mitarbeiten. Die Frauenprojekte verfügen dabei über den kontinuierlicheren Diskussionszusammenhang. Gesellschaftliche Diskriminierung und feministischer Ansatz sind die Berührungspunkte, die ein gemeinsames Handeln eher ermöglichen. Für die sog. gemischten Projekte ist es da ungleich schwerer. Sie arbeiten in nahezu allen Bereichen, sei es nun Ausländer, Behinderte, Vor- und Nachsorge, Drogen, Schule u.a. Sie stellen auch bei weitem das Gros der im AK vertretenen Projekte, ihr gemeinsames Interesse beschränkt sich jedoch zum großen Teil auf die Finanzierung ihrer Arbeit.

zum Förderungsprogramm für Selbsthilfegruppen

„The times 're changing" oder „Nichts bleibt, wie es ist !" (Bertolt Brecht). In der Zwischenzeit wird klar, daß eine Integration der „Alternativbewegung" nicht mehr nötig ist. Die Hausbesetzerbewegung, Anlaß der Großen Anfrage, erschöpft sich zum großen Teil in internen Auseinandersetzungen. „Bei Einbringung der Großen Anfrage im vergangenen Herbst war das politische Klima in Berlin ein völlig anderes als heute: In seinen beiden Gesellschaftshälften war es ungleich schwüler und explosiver. Alles sprach für einen gewaltsamen Dauerkonflikt... Aber heute hat es sich beruhigt und entschärft. Eine Ernüchterung ist eingetreten... Arbeitslosigkeit, der Zwang zum Sparen, haben das Thema entzaubert, in gesamtgesellschaftliche Zusammenhänge eingeordnet und ihm ein Stück Exklusivität genommen". Mit diesen Worten spricht der CDU-Abgeordnete Lehmann-Brauns den Zusammenhang zu den Auseinandersetzungen dieser Zeit an (Abgeordnetenhaus, 1982b, 947). Die noch in der Antwort des Senats enthaltenen, wenn auch vom angesprochenen Teil der Alternativbewegung überschätzten Anregungen werden in der Zwischenzeit realpolitisch kleingearbeitet.

In der im August 82 vorgelegten Senatsvorlage über die Förderungsgrundsätze ist von einer Förderung von Bürgerinitiativen oder Alternativprojekten nicht mehr die Rede. Vielmehr heißt es jetzt Stützung von „Selbsthilfeaktivitäten" oder „freien sozialen Diensten", die auf die Ressorts Gesundheit und Soziales beschränkt ist. 10 Mio DM will der Senat dafür zur Verfügung stellen, wobei die Wohlfahrtsverbände daraus noch Mittel für „Angebote des 'freiwilligen Sozialen Jahres'‚, (SenGesSozFam 1982, 2) erhalten sollen. Dabei ist es beabsichtigt, die Verteilung der Gelder aus der Verwaltung auszulagern. Sie soll dem „Berliner Zentralausschuß für soziale Aufgaben" (BZA) übertragen werden, dem Zusammenschluß der Wohlfahrtsverbände, der sich zur Zeit des Wiederaufbaus und der Blockade Berlins bei der Versorgung der Bevölkerung hervorgetan hat und zum gegenwärtigen Zeitpunkt vor allem für die Organisation im Behindertenbereich zuständig ist.

Diese Vorschläge rufen beim „AK Staatsknete" Entrüstung hervor. Insbesondere die Eingrenzung der Mittel auf die Bereiche Gesundheit und Soziales und die Verteilung der Mittel durch den BZA wird kritisiert. Es wird ein alternatives Vergabemodell entwickelt, das eine selbstverwaltete Verteilung der Gelder durch einen mehrheitlich mit Frauen besetzten „gemischten" Beirat und einen „autonomen" Frauenbeirat mit einem Drittel des Förderungsetats vorsieht. Unterstützt werden sollten sie durch Vertreter von Gewerkschaften, der Wohlfahrtsverbände, der Kirche und „aus dem öffentlichen Leben" (ebd. 13) sowie durch Haushaltsexperten, die eine „haushaltsrechtlich einwandfreie Vergabe der Haushaltsmittel" (Abgeordnetenhaus 1982e, 53) garantieren sollten. Dieses Modell wird auch von den beiden Oppositionsparteien SPD und AL befürwortet. Der SPD-Vertreter Momper spricht sich im Hauptausschuß für Vergabe der Mittel durch den Arbeitskreis aus (ebd). Die AL hat sogar einen diesbezüglichen Antrag eingebracht (Abgeordnetenhaus 1982d). Selbst der Koalitionspartner FDP favorisiert eine andere Form der Verteilung (vgl. ebd., 61f). Auch bei den Verbandsvertretern stößt die vom Senat beabsichtigte Regelung der Mittelvergabe nicht auf einhellige Zustimmung. Ein Teil der Vertreter sieht erhebliche Interessenkonflikte auf sich zukommen, wenn sie einerseits die Verteilung der Gelder übernehmen sollten, andererseits sich selbst ständig neue Finanzierungsquellen besorgen müßten. Sie wollen es schließlich doch noch übernehmen, wenn Kriterien und Rahmenbedingungen klar definiert sind. Doch dazu kommt es nicht mehr. In der Zwischenzeit kann dem BZA ein unsauberer Umgang mit Steuergeldern nachgewiesen werden. Kurz vor Beginn des Förderungsverfahrens wird schließlich ein anderes Modell, die Verteilung der Gelder durch die Verwaltung selbst, verwirklicht. Dieses Verfahrensmodell soll von einem Beirat begleitet und gestützt werden.

Auch die Besetzung und Funktion dieses zweiten entscheidenden Gremiums des „Berliner Modells" ist zwischen dem Projektverbund und dem Senat heftig umstritten. Während der Projekteverbund sein bekanntes Vergabemodell in die politische Diskussion bringt, das eine mehrheitliche Beteiligung von Projektevertretern vorsieht, favorisiert der Senat ein Gremium von „Persönlichkeiten des öffentlichen Lebens". Faktisch sind damit Vertreter von Wohlfahrtsverbänden und traditionellen Institutionen gemeint, der Projekteverbund soll allenfalls ein bis zwei Vertreter des siebenköpfigen Beirats benennen. Der im Dezember 82 vorgelegte endgültige Entwurf zur „Förderung von Selbsthilfegruppen" beendet die Phase der Politikformulierung und schreibt die Richtlinien in diesem Sinne fest.

Die Bestimmungen des Modellversuchs

Für die Förderung ist ein vergleichsweise hoher Betrag von 7,5 Mio DM im Rahmen eines auf 5 Jahre befristeten Modellversuchs vorgesehen. Der restliche Anteil des Haushaltstitels in Höhe von 2,5 Mio DM kommt den Wohlfahrtsverbänden zur Förderung des „Freiwilligen Sozialen Jahres" zugute.

Prinzip des Programms ist die Förderung von „Hilfe zur Selbsthilfe". Mit einer generellen Unterstützung von Alternativprojekten, geschweige denn mit einer Förderung für alternativ-ökonomische Projekte hat dies nicht mehr viel zu tun. Es ist ein, wie der „AK Staatsknete" meint, „ganz normales staatliches Programm mit einem Selbsthilfetouch" (AK 1982). Adressaten der öffentlichen Zuwendungen sind denn auch „Selbsthilfegruppen" und „freie soziale Dienste". Hierzu können nach Auffassung des Senats auch Projekte „alternativer" Herkunft gehören. Allerdings wird nicht mehr die Arbeit in den Projekten als ganzes gefördert, sondern nur noch Teilbereiche der Tätigkeiten, die der „Selbsthilfe" dienlich sind. Auch Projekte mit einem ressortübergreifenden Ansatz bekommen Schwierigkeiten; denn eine über den Bereich Gesundheit und Soziales hinausgehende Förderung ist nicht eingeplant. Vor der Tür bleiben auch Selbsthilfeinitiativen aus den Bereichen Bildung, Umwelt, Kultur, Forschung u.ä. Sie müssen sich an die jeweils maßgeblichen Ressorts halten, um Mittel zu erhalten.

Es sind sog. Förderschwerpunkte vorgesehen, weil hier die „Not, aber auch die Kompetenz dieser Gruppen am größten" (Abgeordnetenhaus 1982e, 62) sei: die Bereiche Gesundheit, Soziales, Behinderte, Ausländer und Frauen. Für jeden dieser Bereiche werden explizit Ziele definiert. So ist im Sozialbereich die Stützung der „Selbsthilfe für Familien mit pflegebedürftigen Angehörigen", generationsverbindende Projekte und die Seniorenarbeit vorgesehen. Im Gesundheitsbereich sollen Gruppen in den Bereichen chronische und psychische Krankheiten, Sucht, Prävention und Rehabilitation tätig sein. Die Gruppe der Behindertenprojekte sollten „das Selbstverständnis bestimmter Behindertengruppen stärken und die Akzeptanz der eigenen Behinderung erreichen" und die Ausländergruppen integrationsfördernd sein. Im Frauenbereich sollen dagegen die Projekte nicht „an Teilfunktionen (wie Mutter, Ehefrau, Hausfrau), sondern an besonderen Problemlagen (Schwangerschaft, Arbeitslosigkeit, „Grüne Witwen") und typischen Lebenslaufsituationen von Frauen orientiert" (SenGesSozFam 1982d; vgl. auch Krotz 1988, 89f) sein.

Diese Zielsetzungen kann man als einen Ausdruck neokonservativer Politik kritisieren, mit der „Lücken" in der sozialstaatlichen Versorgung geschlossen werden sollen. Es sollte aber nicht vergessen werden, daß gerade in diesen „Lücken" zahlreiche Gruppierungen von Selbsthilfeinitiativen tätig sind und mit dieser Festsetzung auch ihren Interessen entsprochen wird.[8] Die kleinen, originären Selbsthilfegruppen im Gesundheitsbereich sind hauptsächlich in den Bereichen Vor- und Nachsorge von psychischen und chronischen Erkrankungen zu finden. Auch für die Senioren-, Behinderten- und Ausländergruppen dürften die angegebenen Prüfsteine weitgehend unproblematisch sein. Wesentlich prekärer stellt sich allerdings die Situation für die Frauenprojekte dar, deren Tätigkeitsbereich auf besondere Problemlagen in der Tradition ehrenamtlichen Engagements reduziert wird.

Besonders deutlich kommt die Leitlinie der sich auf das Subsidiaritätsprinzip berufenden Mobilisierung ehrenamtlichen Engagements in den vergebenen finanziellen Mitteln zum Ausdruck. Diese sollen grundsätzlich aus Sach- und Honorargeldern im Rahmen der sog. projektbezogenen Finanzierung bestehen. In besonderen Fällen werden auch Personalkosten bis zu einer gewissen Pauschale übernommen werden, wenn damit eine zusätzliche Mobilisierung freiwilliger Hilfeleistungen und die fachliche Betreuung von Selbsthilfemaßnahmen verbunden ist.

Die Unterstützung ist vom Grundgedanken einer „Anschubfinanzierung" geprägt, die auf höchstens drei Jahre befristet sein soll. Danach sollen die geförderten Gruppierungen von öffentlichen Mitteln unabhängig sein. Um dieses Ziel

---

8   Eine Reihe von Autoren haben das „Berliner Modell gerade unter diesem Blickwinkel kritisiert vgl. Heinze 1986a; Krotz 1988; Grottian u.a., 1986; Beywl 1984, 32 ff; Kück 1983; Lütke 1985

zu erreichen, soll der Eigenanteil an den Bewirtschaftungskosten sukzessive auf 10 % im zweiten und auf 20 % im dritten Förderungsjahr angehoben werden.[9] Trotz der vergleichsweise geringen Fördermittel sind die Anforderungen an eine Legitimation der Aufwendungen hoch. Es müssen eine Reihe von Voraussetzungen für den Erhalt der Gelder erfüllt werden. So sollen die geförderten Gruppen über eine „demokratische Selbstverwaltung verfügen", möglichst „kleinräumig organisiert" und auf „Dauer angelegt sein" (ebd.), regelmäßige Berichte über ihre Arbeit schreiben u.v.a.m. Braun/Röhrig sprechen anläßlich einer Befragung von Mitarbeitern aus dem kommunalen Sozial- und Gesundheitsbereich von administrativen und politischen Kontrollinteressen (Braun/ Röhrig 1987, 210). „Die Bedeutung, die die Experten Kontrollverpflichtungen der Gruppen über die Mittelverwendung beimessen, steht im Gegensatz zu den vergleichsweise geringen Beträgen, mit denen soziale Selbsthilfegruppen in der Regel gefördert werden. ... Die Steuerungsinteressen der öffentlichen Hand lassen sich an der besonderen Bedeutung erkennen, die Vertreter der Stadtverwaltung und kommunale Sozialpolitiker dem Einblick in die Gruppenarbeit beimessen. Sie hielten es häufiger als Vertreter von Wohlfahrtsverbänden, Selbsthilfeorganisationen und sonstige Selbsthilfeunterstützer für erforderlich, daß geförderte Gruppen ihre Finanzen offenlegen und dem Zuwendungsgeber regelmäßig Einblick in ihre Tätigkeit verschaffen. Die öffentliche Hand erwartet durch die Selbsthilfeförderung sowohl eine Entlastung infolge der Multiplikatorwirkung von Fördermitteln als auch die Möglichkeit, die Leistungserstellung in Selbsthilfeorganisationen zu beeinflussen" (Braun/Röhrig 1987, 210f.) „Überträgt man diese Kriterien auf die sonst staatlich recht unbesehen geförderte Wirtschaftsansiedlung, an die lediglich die Forderung nach Arbeitsplätzen geknüpft ist, so läßt sich erwarten, daß der Berliner CDU- Senat in Zukunft nur noch demokratische und selbstverwaltete Betriebe fördern wird", meint dazu Friedrich Krotz (Krotz 1988, 90).

Ein viel umstrittenes „Herzstück" des Förderungsprogramms ist bekanntlich die Instanz der Mittelvergabe, die die Gelder „unbürokratisch" zu vergeben habe. Für die Abwicklung des Verfahrens wird schließlich eine verwaltungsinterne Arbeitsgruppe mit 6 Mitarbeitern eingerichtet, die ebenfalls aus dem Etat des Förderungsprogramms bezahlt wird. Diese Arbeitsgruppe prüft die Eingaben, spricht eine Förder- oder Nicht-Förderempfehlung aus und gibt sie anschließend an den Beirat weiter, der dann seine Empfehlungen abgibt.

---

9 Auch anderen Bereichen sind solche Überlegungen nicht fremd. So wurden bspw. Anfang der 70er Jahre die Subventionen im Sozialen Wohnungsbau in der Hoffnung umgestellt, daß nach 15 Jahren die Mieter endlich die „Kostenmiete" von 20 DM bis 30 DM pro qm bezahlen könnten

Das letztendlich verabschiedete Förderungsprogramm bildet also keine „Synthese aus etablierten Thesen und subkulturellen Antithesen" der „Alternativbewegung" (Huber 1980, 110).[10] Geprägt wurde sie durch die in den Medien ausgetragenen Auseinandersetzungen zwischen den beiden gegensätzlichen, auch untereinander rivalisierenden „policy-Netzen" des Projekteverbunds einerseits und des Senator Fink sowie der CDU andererseits. Der Projekteverbund kann sich mit keiner seiner Vorstellungen durchsetzen, auch wenn mit den Fachleuten aus dem Kreis der Freien Universität „Schlüsselpersonen" in hohem Maße mitbeteiligt sind. Die Entwicklungsgeschichte des „Berliner Modells" macht vor allem auf die gesellschaftlichen Verflechtungen und Bedingungen seiner Zeit aufmerksam. So weist die Entstehung auf die enge Verbindung zur Hausbesetzerbewegung, die spätere Formulierung auf die starke Stellung der traditionellen Verbände hin.

Die Wohlfahrtsverbände behindern nicht aktiv den Politikerzeugungsprozeß. Sie sind in hohem Maße in die Formulierung und Umsetzung eingebunden. Gegenseitige Konkurrenz und Kompetenzstreitigkeiten auf dem Gebiet der sozialen Versorgung erschweren zudem einheitliche Umgangsformen gegenüber den Selbsthilfeinitiativen, wie es sich leicht bei den Kontroversen um das Vergabemodell erkennen läßt. Wird beispielsweise bei der Verteilung neuer Gelder ihnen bereits ein Viertel des angesetzten Etats für ihre Zwecke zugebilligt, so dürfen sie auch in der Implementationsphase über die Vergabe der Mittel mitentscheiden. Der Beirat soll dementsprechend die Wohlfahrtsverbände in den Prozeß der Förderung einbinden und die Entscheidungen gegenüber dem eher konservativen Teil der Partei legitimieren.

Bei den Auseinandersetzungen zwischen Regierung und Opposition wird dagegen immer wieder die politische Funktion des Programms deutlich. In diese Richtung geht es, wenn von Seiten der CDU das „Versagen" der Sozialdemokratie und die eigenen Anstrengungen bei der Krankenhausbedarfsplanung und dem Aufbau von Sozialstationen, des Familiengeldes u.v.a.m. (Abgeordnetenhaus 1982f, 2135f) angesprochen werden: es sollen eigene Modelle aufgebaut werden, mit denen die sozialpolitische Kompetenz der CDU gegenüber der in diesem Bereich traditionell stärker eingeschätzten Sozialdemokratie nachgewiesen werden kann.

---

10 Insofern ist es schon ein Ausdruck von Sarkasmus, wenn der gleiche Autor die Konflikte zwischen den Gruppen und Senat auf Streitigkeiten zwischen „Vater Staat" und seinen „Stiefkindern" reduziert (vgl. Huber 1987, 98f.).

Die langen Wege der Umsetzung

Nutznießer und Adressaten

Nahezu alle Formen von Selbsthilfeinitiativen werden bezuschußt. Das ist die erste Aussage, die sich bei einem Blick auf die unterstützten Gruppierungen treffen läßt. Eine Begrenzung auf eine traditionelle oder christdemokratische Klientel läßt sich - entgegen den Ausführungen der „Entlastungs-Strategie" - nicht nachweisen. Getreu den Schwerpunktbereichen werden Frauenprojekte und Drogenberatungsstellen, Arbeitslosen-Initiativen und Ausländervereinigungen, Behinderten und Seniorengruppen u.v.a.m. bezuschußt. Auch Schwulen- und Lesbengruppen erfahren daneben eine öffentliche Unterstützung.

Die kleinen gesprächs- und handlungsorientierten Selbsthilfegruppen erhalten nur in Ausnahmefällen direkte finanzielle Zuschüsse. Sie werden in der Regel auf die Unterstützungsmöglichkeiten der Kontaktstellen hingewiesen. Selbst die ehrenamtlich arbeitenden Helfergruppen wie z. B. die diversen Laienhelferkreise im Bereich der Strafentlassenhilfe und der Psychiatrie haben im Rahmen der Förderung keine große Bedeutung. Lediglich 6 Gruppen, das entspricht noch nicht einmal 4 % der geförderten Gruppierungen sind 1983 diesem Kreis zuzurechnen. Sie erhalten aus dem Topf geringe Aufwandsentschädigungen für ihre Tätigkeit. Daß der Senat die Arbeit dieser Gruppierungen grundsätzlich für unterstützenswert hält, beweist die Einrichtung eines Haushaltstitels eigens zur Mobilisierung ehrenamtlichen Engagements. 1985 wird er mit einem Etat von 1 Mio DM eingerichtet.

Die Mitgliedschaft in traditionellen Selbsthilfeorganisationen erhöht in keiner Weise die Chancen auf eine öffentliche Unterstützung. Es zeigt sich vielmehr bereits im ersten Haushaltsjahr eine Tendenz, die sich auch in den nächsten Jahren fortsetzt: im Gegensatz zu anderen Ländern und Kommunen spielt die Förderung von Mitgliedsvereinigungen der Selbsthilfe-Organisationen keine große Rolle (vgl. Beutin/ Fehse 1987a). Lediglich 12 % der unterstützten Gruppen erhalten aus dem Topf eine direkte finanzielle Unterstützung. Der Beirat sieht sich genötigt, für sie in die „Bresche zu springen. [11] Sie beobachten bei

---

11 Dieses Beispiel zeigt vor allem die Verbundenheit des Beirats zu diesem Spektrum der Selbsthilfe-Landschaft. Huber benutzt es fälschlich für eine Aussage, nach der „Selbsthilfegruppen, die den Institutionalisierungs und Professionalisierungsprozeß nicht durchlaufen, ... zu benachteiligten Gruppen" (1987, 77) werden. Die Entwicklung der Selbsthilfe-Organisationen, um die es hier geht, beweist allerdings mehr das Gegenteil. Sie gehören im Bundesdurchschnitt - wenn auch im finanziell bescheidenen Maß - zu den hauptsächlichen Nutznießern öffentlicher Förderung (vgl. Beutin/Fehse 1987).

diesen Organisationen ein „'Auseinandergehen der Schere'... sie verfügen meist über sehr geringe Eigeneinnahmen in Form von Mitgliedsbeiträgen.... Die Möglichkeit einer Stellenfinanzierung ist ihnen ebenso unbekannt wie das Stellen eines fundierten Antrags" (SenGesSoz 1985, Anlage 3,1). In der Praxis werden sie meist an die zentralen und die später installierten regionalen Kontakt- und Informationsstellen verwiesen.

Absoluter Schwerpunkt sind dagegen ihrer Zahl nach die Selbsthilfeprojekte, die zum großen Teil im Umkreis der Alternativbewegung entstanden sind. Mehr als die Hälfte der bewilligten Anträge entfällt auf diese Gruppen.

Daneben muß das Förderungsprogramm für die Subvention von Maßnahmen herhalten, die nur bei großzügiger Interpretation etwas mit Selbsthilfe zu tun haben, aber aus anderen Ansätzen des Haushalts nur schwerlich bezuschußt werden können. „Innovationstopf" nennt es die Verwaltung. Insbesondere die durchweg professionell geführten Einrichtungen vornehmlich im Psychiatriebereich wie die Therapeutischen Tagesstätten, Wohngemeinschaften und Rehabilitationseinrichtungen werden damit finanziert.

Besonderes Anliegen ist insbesondere der Aufbau zentraler und regionaler Unterstützungsstellen für Selbsthilfegruppen aus dem Gesundheitsbereich. Dabei werden auch dem konservativ-liberalen Ansatz nicht unbedingt nahestehende Denkansätze übernommen und für förderungswürdig befunden. Die ursprünglich von einem in Gießen angesiedelten Fachverbund institutionskritischer professioneller Unterstützer entwickelte Idee einer bundesweiten Ansprechstelle für Selbsthilfegruppen und Interessierte wird vom Senat 1984 als „Nationale Kontakt und Informationsstelle zur Anregung und Unterstützung von Selbsthilfegruppen" (NAKOS) in das Förderungsprogramm aufgenommen. Auch Versatzstücke eines aus dem Milieu der Gesundheitsladen-Initiativen stammenden Konzepts werden schließlich als „Selbsthilfe-Kontakt- und Informationsstelle" (SEKIS) installiert und bezuschußt.

Mittel und Wege der Unterstützung

In den ersten drei Jahren wurden insgesamt 730 Förderungsanträge gestellt. (vgl. Tabelle 1). Davon wurden etwa zwei Drittel der Anträge bewilligt und etwa 13 % ausdrücklich abgelehnt. In den anderen Fällen wurden sie zurückgezogen, weil sich die Gruppe aufgelöst hat oder die Aussichtslosigkeit des Unterfangens erkannt wurde. Zum großen Teil konnten sie wegen fehlender Unterlagen nicht bearbeitet werden und kamen dann erst im nächsten Haushaltsjahr

Tabelle 1: Das "Berliner Modell"
- Anträge und Bewilligungen 1983-85 -

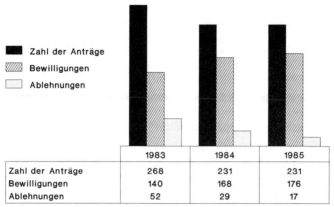

	1983	1984	1985
Zahl der Anträge	268	231	231
Bewilligungen	140	168	176
Ablehnungen	52	29	17

Quelle: Jahresendberichte SenGesSoz(Fam)1984a;1985a;1986; eigene Zusammenstellung

Tabelle 2: Das "Berliner Modell"
- Anträge und Bewilligungen in DM -

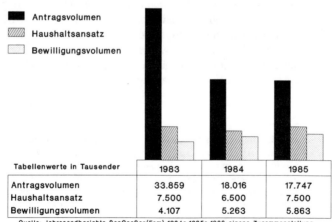

Tabellenwerte in Tausender	1983	1984	1985
Antragsvolumen	33.859	18.016	17.747
Haushaltsansatz	7.500	6.500	7.500
Bewilligungsvolumen	4.107	5.263	5.863

Quelle: Jahresendberichte SenGesSoz(Fam) 1984a;1985a;1986; eigene Zusammenstellung

zur Abrechnung. In Einzelfällen wurde die bewilligte Förderungssumme auch im nachhinein von den antragstellenden Gruppen nicht angenommen.[12]

Insbesondere im ersten Förderungsjahr ist die Diskrepanz zwischen den Anträgen und Bewilligungen beträchtlich. Von den 268 Anträgen wurde nur gut die Hälfte befürwortet. Langwierige Antrags- und Beratungsverfahren sind nach Auffassung der Verwaltung dafür verantwortlich, aber auch die Bestrebungen des „AK Staatsknete", durch Sammelanträge den finanziellen Bedarf der Gruppen zu dokumentieren. Mittel für Personalstellen sind zu diesem Zweck entsprechend den BAT-Tarifen des Öffentlichen Dienstes und der aufgewandten Arbeitszeit beantragt worden. Die Erwartungen erfüllen sich jedoch nicht. Allein 52 Gruppen werden abgelehnt, 34 ziehen ihren Antrag wieder zurück, so viel wie nie mehr in den folgenden Jahren.

Die Vorstellung von Seiten der Projekte an das Programm als ein Beschäftigungsprogramm mögen vielleicht überzogen sein. Ein Blick auf die Tabelle verrät allerdings auch die relativ rigide Mittelvergabe im Rahmen der Selbsthilfeförderung. Der 7,5 Millionen-Topf hat zu keinem Zeitpunkt seinen Namen verdient. In keinem dieser Jahre wird trotz eines weitaus höheren Antragvolumens die 7-Millionen- Grenze erreicht.[13] Der Haushaltsausschuß kürzt aus diesem Grund den Ansatz für 1984 um den Betrag von 1 Mio DM.

Nun erfahren nicht alle Formen von Selbsthilfeinitiativen die gleiche Förderung. Einzelne Projekte werden vergleichsweise aufwendig gefördert, während andere Gruppen fast leer ausgehen. Insbesondere die beiden Unterstützungsstellen von Selbsthilfegruppen aus dem Gesundheitsbereich, SEKIS und NAKOS, erhalten eine relativ hohe finanzielle Unterstützung. Die Mitarbeiter und Mitarbeiterinnnen dieser beiden Einrichtungen werden als einzige tarifgerecht bezahlt, während sich die anderen mit einer mageren Personalkosten-Pauschale von anfänglich 2800 DM Arbeitgeber-Brutto begnügen müssen.

---

12 Bei dieser und den folgenden tabellarischen Darstellungen wurden lediglich die Zahl der ausdrücklichen Ablehnungen aufgenommen. Die Anzahl der zurückgezogenen oder aus sonstigen Gründen nicht bewilligten Anträge errechnet sich aus der Antragszahl abzüglich der Summe der Ablehnungen und Bewilligungen. Der Betrag ist in insgesamt drei unterschiedliche Haushaltstitel aufgesplittet, die die Vergabe der investiven, konsumtiven und Personalmittel für die Abwicklung der Förderung regeln. Lediglich die investiven Beträge sind übertragbar.

13 Bei der Aufstellung handelt es sich um die bewilligten und im gleichen Haushaltsjahr ausgezahlten Beträge. Die Verwaltungskosten in Höhe von etwa 350.000 DM jährlich sowie die ab 1985 gesondert gezahlten Unterstützungsbeträge für Seniorengruppen sind hierbei nicht berücksichtigt.

Durchschnittlich hat eine Gruppe rd. 27.500 DM erhalten. Dieser Wert allein besagt noch nicht viel. Wenn man beispielsweise die 20 besser geförderten Gruppen bei dieser Betrachtung außen vor läßt, kommt man auf einen Förderbetrag von 12.000 DM jährlich (Krotz 1988, 99; vgl. auch Huber 1987, 167). Das ist noch mehr, als Selbsthilfeinitiativen in den meisten anderen Städten erhalten, aber viel zu wenig, um bspw. feste Kräfte davon zu bezahlen.[14]

Folglich liegt auch gerade bei den Personalmitteln einiges im Argen. Zwar hat sich entgegen der erklärten Absicht der Initiatoren des Förderprogramms der Anteil von Sach- und Personalmitteln im Lauf der Haushaltsjahre zugunsten der letzteren kontinuierlich verschoben. Betrug 1983 der Anteil der Personalmittel 41 % der gesamten Zuschüsse, so beläuft er sich 1985 bereits auf 63 %. Dennoch sind es nach der Berechnung Nesemann/Scheinert nur ganze 60 Stellen für 138 geförderte Projekte, die mit dem Programm finanziert wurden. Für das Jahr 1985 schätzen sie ihre Anzahl auf 85 ein (Nesemann/ Scheinert 1987, 27). Hauptsächliche Finanzierungsquelle bleiben damit die prekären Bedingungen der Bundesanstalt für Arbeit. Befristete, wenig abgesicherte ABM-Arbeitsplätze sind die Regel.

Bestimmungen und Kriterien

Daß die Kriterien im engeren Sinne keineswegs die Grenzlinie zwischen Bewilligung und Ablehnung darstellen, hat sich schon an den einzelnen Präferenzen für die unterschiedlichen Formen von Gruppen angedeutet. Für das Förderungsverfahren spielt in erster Linie die Festsetzung des Adressatenkreises und nicht Vorgaben wie „demokratische Selbstverwaltung" oder der „Modellcharakter" eines Projekts eine Rolle. Es handelt sich, wie schon Joseph Huber bemerkt, um eine Gemengelage von „Selbstverständnis-Idealen" der Selbsthilfeinitiativen und den „Normvorgaben aus Verwaltung und Politik" (Huber 1987, 25).[15] Deutlich wird dies noch einmal an der Bestimmung, daß die Gruppen „für alle Betroffenen und Interessenten zugänglich" und „dauerhaft ange-

---

14 Diese Summe errechnet sich aus der Gesamtsumme der gezahlten Personal- und Sachmittel. Die Aufwendungen für die beiden „Großprojekte" SEKIS und NAKOS wurden dabei nicht berücksichtigt.

15 Ob dann „so gut wie keine Gruppe übrig bleiben" würde, wenn „man die Selbstverständnis-Kriterien der Gruppen wie auch die staatlichen Förderkriterien buchstabengetreu" (ebd.) anlegt, steht allerdings auf einem anderen Blatt. Auch dies ist letztlich eine Frage der Interpretation.

legt sein" müssen. Für die originären Selbsthilfegruppen ist das eine durchweg hinderliche Vorschrift; denn sie sind grundsätzlich weder „auf Dauer angelegt" noch sind sie offen für jeden Mann oder jede Frau. Idealtypisch bestimmen sie ihre neuen, zu ihnen passenden Mitglieder selbst. Sie dürften daher, wenn man dieses Kriterium buchstabengetreu anlegt, aus diesem Programm keine Unterstützung erfahren. Ihre Förderung ist dennoch vergleichsweise unproblematisch. Sie erhalten - ihrem finanziellen Unterstützungsbedarf gemäß - geringe Sach- und Honorarmittel. Eigens zu ihrer Unterstützung werden mit den zentralen Kontakt- und Informationsstellen SEKIS und NAKOS zwei professionell tätige Einrichtungen in die Förderung aufgenommen, an die sie zum großen Teil verwiesen werden.

Die Grenzlinie der Förderung wird vielmehr an dem finanziellen Bedarf der einzelnen Gruppen gezogen. Ist eine Subventionierung von Gruppen mit geringen fiskalischen Ansprüchen relativ problemlos, so wird es schwieriger, wenn Personalstellen beantragt werden. Hier kommt die ideologische Leitlinie der neokonservativen Politik klar zum Tragen; denn die Bewilligung der Gelder ist im hohen Maße an die Mobilisierung ehrenamtlichen Engagements geknüpft.

Friedrich Krotz meint daher, die Zielsetzungen der CDU-Politik an der unterschiedlichen Höhe der Zuschüsse und den Zielen der Gruppen identifizieren zu können. Hierzu unterscheidet er in seiner Studie neben der bereits erwähnten Unterstützung der sog. Kontakt- und Informationsstellen fünf weitere Arten von Projekten: Einmal Projekte wie Frauen- und Seniorengruppen, die „zwar gefördert, aber auf jedem Fall im Rahmen der ehrenamtlichen Arbeit belassen werden sollen". Zum zweiten bspw. Arbeitslosen- und Drogenprojekte, deren „Arbeit im Gesellschaftsverständnis der Union nicht im Vordergrund steht", die aber unterstützt werden, „weil der Staat damit in Bereichen Präsenz zeigt, die von manchen christdemokratischen Wählern gefordert wird, und sicherlich auch aus Gründen der Liberalität". Zum dritten die Schwulen und Lesbengruppen, die seiner Meinung nach aus dem gleichen Grund eine Unterstützung erfahren. Dann noch die relativ gut finanzierten Projekte wie die Ambulanten Dienste, die „Dienste anbieten, die bei Fortsetzung des bisherigen Sozialstaatsausbaus als staatliche Leistung oder der institutionalisierten Wohlfahrtsverbände organisiert worden wären" (Krotz 1988, 100): „Selbsthilfe meint hier meint hier von Staats wegen nur, daß die Bedingungen der Selbsthilfeförderung angewandt werden, die Angelegenheit also billig kommen soll." (ebd.). Und weiter werden seiner Meinung nach alle Gruppen ausgegrenzt, die sich um eine „Innovation von Gesundheits- und Sozialsystem bemühen, auch dann, wenn sie nicht nur politisch, sondern ganz konkret und praktisch vorgehen" (ebd, 102).

Sicherlich hat er in einigen Punkten nicht ganz unrecht, wenn er bspw. die Frage der Unterstützung der Ambulanten Dienste aus dem Förderprogramm anspricht. Daß die Politik der „neuen Subsidiarität" in diesen klaren, politisch festgelegten Konturen zutage tritt, ist jedoch zu bezweifeln. Es gibt zwar hin und wieder Projekte, die zwischen die Flügelkämpfe der christdemokratischen Union geraten oder ob ihres sonstigen Engagements aus der öffentlichen Unterstützung ausgegrenzt werden, wie z. B. der Arbeitslosenladen Naunynstraße oder die Kontakt- und Beratungsstelle für Ausländer. Sie bleiben allerdings Einzelfälle. Ein systematischer Ausschluß von „politisch-praktischen Projekten" (Krotz 1988, 102) - was immer das auch heißen mag - ist nicht zu erkennen und sicherlich auch nicht notwendig. Hauptsächliches Interesse ist in den meisten Fällen die Etablierung des jeweiligen Projekts oder die Arbeit in der Gruppe, die Erfüllung einigermaßen begrenzter persönlicher Interessen. Insofern ist es wirklich „wahlweise trivial oder Unfug", „Selbsthilfegruppen als politische Gruppen zu definieren" (Huber 1987, 24). Auch Friedrich Krotz scheint daher an einem Bewegungsmythos mitzustricken oder ihm selbst vielleicht aufzusitzen, wenn er von „typisch alternativen, also regelübertretenden Kampfformen"(ebd. 94) schreibt, dabei die Handlungsformen unterschiedlicher Teile sozialer Bewegungen in eins setzt und die Abhängigkeit des Förderungsprogramms von den spezifischen Konstellationen seiner Entstehungsgeschichte vernachlässigt.

Das Antragsverfahren

Das Neue am Förderungsprogramm sollte die unbürokratische Vergabe der Förderungsmittel sein. Gegenüber einer Finanzierung über die problemspezifischen Haushaltstitel, also die eher traditionellen Einzelgruppen-Förderung, ist sie das sicherlich auch. Die einzelnen Gruppen müssen keinesfalls „als kleine freie Träger" nach den gesetzlichen Grundlagen bspw. des KJHG anerkannt sein, um öffentliche Gelder zu erhalten. Die langen Vorlaufzeiten, die ansonsten bei einer Aufnahme in die öffentliche Finanzierung erforderlich sind, entfallen. Unbürokratisch im Sinne eines transparenten und wenig aufwendigen Prozedur ist sie allerdings nicht.

Bei der Antragstellung von Projekten führt die Arbeitsgruppe der Verwaltung - mittlerweile zu einem eigenständigen Referat ausgewachsen - Gespräche mit einzelnen Vertretern von Gruppen, holt dann Stellungnahmen der Bezirksämter, anderer Senatsdienststellen, Fachverwaltungen und ggfs. der Wohlfahrtsverbände ein. Darauf wird in ggfs. weiteren Verhandlungen der Verwaltung mit den Selbsthilfeinitiativen der Antrag entscheidungsgerecht bearbeitet, mit einer Förder- bzw. Nicht-Förderempfehlung versehen, an das zweite dieses Programm prägende Gremium, den Beirat, weitergeleitet (vgl. Übersicht II).

Der Beirat berät in seinen Sitzungen meist ganze Pakete von 20-25 Anträgen und spricht darauf seine Empfehlungen aus. Er entscheidet ausschließlich nach Aktenlage. In nahezu allen Fällen wird den Empfehlungen der Verwaltung entsprochen. Entscheidungsgründe der Verwaltung wie des Beirats sind den Projekten jedoch in der Regel nicht einsichtig. Die Antragsteller selbst haben kein Anhörungsrecht. Diese Umstände veranlaßten zwei den Projekten nahestehende Vertreter schließlich, aus dem Gremium auszuscheiden. In einem Sinne erweist sich der Beirat jedoch als besonders effektiv: nach der Formulierung des Förderungsprogramms gibt es auch in den Reihen der herrschenden christdemokratischen Partei kaum öffentliche Konflikte, selbst da, wo es sich um Zuschüsse an eine keineswegs der CDU nahestehende Klientel handelt.

Übersicht II: Das Berliner Modell
- Antrag - und Bewilligungsverfahren -

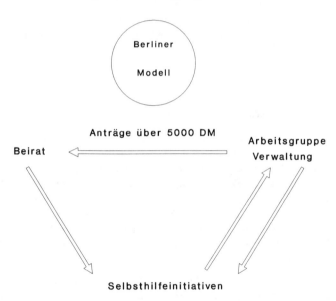

Bereits der erste Abschnitt des Verfahrens wird von einer Reihe von Gruppierungen nicht durchgestanden, was nicht nur die hohe Zahl der während des Verfahrens zurückgezogenen Anträge zeigt. Etliche Ansprüche erreichen erst gar nicht das Stadium eines Antrags und werden bereits im Vorfeld erledigt. Verfehlt wäre es allerdings, dies ausschließlich dem Selektionsinteresse der

Verwaltung anzulasten, was sie als den politischen Zielsetzungen des Senats verbundene Abteilung natürlich auch hat (vgl. Krotz 1988, 98). Es finden sich auch auf Seiten der Gruppen Vorstellungen, die sich nur schwerlich aus dem Förderungsprogramm finanzieren lassen.

Die Stufen, die eine Eingabe durchlaufen muß, weisen bereits auf die zum Teil lange Dauer des Förderungsverfahrens an. Es dauert unter Umständen mehr als ein halbes Jahr, bis die Gelder endlich ausgezahlt werden. Die einzelnen Gruppen müssen die Nachteile dieses Verfahrens tragen. Oftmals werden die Mittel erst ab dem Zeitpunkt der Bewilligung gezahlt. In jedem Fall sind sie allerdings gezwungen, die z.T. erheblichen Bewirtschaftungskosten vorzufinanzieren.

Stark beklagt wird von Seiten der Projekte auch der Aufwand für „so wenig Geld". Jährliche Rechenschaftsberichte, kleinliche Abrechnung und allerlei bürokratischer Kleinkrieg", (Krotz 1988, 102; vgl. Huber, 1987, 101ff.) machen das Vergabeverfahren aufwendig und kompliziert.

Dennoch sind nach Ansicht der Verwaltung die einzelnen Selbsthilfeinitiativen den vielfach bemängelten Anforderungen gut nachgekommen. „Es gab 82/83 innerhalb der Verwaltung Bedenken und Zweifel, ob denn diese Gruppen und Alternativprojekte den Anforderungen der Landeshaushaltsordnung genügen würden. Und da hat sich herausgestellt, daß diese Projekte oft bessere Bürokraten sind als die traditionellen Wohlfahrtsverbände" (Interview/Verwaltung).

Wirkungen und Folgen der Unterstützung

Das Programm führe zur Vereinzelung der Selbsthilfeinitiativen, es sei eine „Billig-Förderung" mit hohem bürokratischen Aufwand, ein „Sparprogramm", das den Abbau der sozialstaatlichen Leistungen ermögliche - dies sind die heftigsten Kritikpunkte, die gegen das „Berliner Modell" in den öffentlichen Auseinandersetzungen geäußert und auch in der Fachdiskussion kolportiert werden (Kück 1983; Grottian et al. 1986; Krotz 1988). Auch die Oppositionsparteien SPD und AL haben in dieser Hinsicht das Vorhaben des CDU-Senats heftig kritisiert. Angesichts dieser Kritik könnte man vielleicht meinen, daß auf Seiten der Initiativen Ablehnung und Widerspruch vorherrschen. Dem ist allerdings nicht so.

Nicht für alle Gruppen ist die Förderung gleich. Sehr unterschiedlich ist daher auch die Akzeptanz des Programms durch die einzelnen Selbsthilfeinitiativen. Von dem größten Teil aller Gruppen wird der bürokratische Aufwand bemängelt. Von den kleinen gesprächs- und handlungsorientierten Selbsthilfegruppen und auch den Vertreter der traditionellen Selbsthilfe-Organisationen wird das

Programm jedoch vergleichsweise gut aufgenommen. Die finanziell geringen Ansprüche und Anforderungen an einen fachlichen Unterstützungsbedarf können mit der Konzeption des „Berliner Modells", der Aufteilung in eine finanzielle Förderung und eine fachliche Unterstützung durch die Kontakt- und Informationsstellen in der Regel befriedigt werden. Die Handlungsformen, Interessen und Ansprüche der einzelnen Gruppierungen sind zudem derart unterschiedlich, daß ein gemeinsames Vorgehen kaum herzustellen ist.

Es gibt zwar eine Reihe von Selbsthilfeprojekten, die aus Selbsthilfegruppen entstanden sind. Es existieren daher auch die in der Literatur vielfach konstatierten Verbindungen zwischen den einzelnen Gruppierungen. Von einer Identität der Interessen zu sprechen, wäre allerdings völlig abwegig. So sind auch die „originären" Selbsthilfegruppen und Selbsthilfe-Organisationen wie auch Bürgerinitiativen nur vereinzelt im Projektverbund vertreten. Er ist im starken Maße von sozialen Dienstleistungsprojekten dominiert. Insofern hat die Rede von den nachteiligen Auswirkungen auf die „Selbsthilfegruppen" in der wissenschaftliche Diskussion auch etwas mit dem Mythos von einer Einheitlichkeit zu tun. Sie trifft in erster Linie auf die Selbsthilfeprojekte zu, für deren wesentlich höheren finanziellen Bedarf das Programm tatsächlich unzureichend ist.

Hier kommt allerdings ein Widerspruch zum Tragen, der in der Phase der Politikformulierung noch verschleiert war. Getragen wurde die Diskussionen seitens der Projekte in dieser Zeit vom Arbeitskreis „Staatsknete", der sich als Organ der politischen Auseinandersetzung verstand und zu bestimmten Anlässen immer wieder einen großen Teil der Projekteszene mobilisieren konnte. Nachdem es nicht mehr viel zu verhandeln gab, zerfällt der Handlungszusammenhang zwischen den Gruppen. Der größte Teil der Projekte ist in erster Linie an einer materiellen Förderung der Projektarbeit interessiert. Der Arbeitskreis geht einen ähnlichen Weg wie zahlreiche Koordinationsstellen der Initiativbewegung, wie z. B. der „Arbeitskreis Selbsthilfe", ein ursprünglich unbezahlt arbeitender Zusammenschluß einzelner Projekte im Baubereich, der Bundesverband der Bürgerinitiativen (BBU), usw., usf.. Es gibt zwar noch Bemühungen, gemeinsame Handlungsformen wie die interne Vergabe von Geldern an abgelehnte Projekte zu organisieren. Insgesamt ist der Zerfallsprozeß aber unausweichlich. Während die Frauenprojekte noch einen kontinuierlichen Diskussionszusammenhang pflegen, existiert das Plenum der „gemischten Projekte" bald nur noch als „Bürogruppe" und aus dem Förderungsprogramm finanzierte Projektberatung weiter. Die Vertreter der Projekte machen sich zum großen Teil vereinzelt in die Amtsstuben auf und pflegen den Kontakt mit den jeweiligen Ansprechpartnern.

Daß auf Seiten der Verbände die Strategie der „abwartenden Tolerierung" (Olk 1987) vorherrscht, dürfte schon in der Phase der Politikformulierung deutlich geworden sein. Es hat zwar vor allem in der Anfangszeit vereinzelt Widerstände gegen die Förderung von Alternativprojekten gegeben, insgesamt gesehen kann allerdings kaum von einer Behinderung der Entwicklung und Umsetzung des Förderprogramms durch die Verbandsvertreter gesprochen werden. Hierbei kommt gewiß zum Tragen, daß sie in jede Phase des Politikerzeugungsprozesses eingebunden sind, bei der Formulierung des Programms eine ebenso große Rolle spielen wie später bei der Entscheidung über die Förderanträge im Rahmen des Beirats.

Es läßt sich aber kein Anzeichen erkennen, daß die Wohlfahrtsverbände sich „schon aus organisatorischen Interessen der Fördermittel bedienen" oder sogar „bei der Vergabe der Mittel bevorzugt werden, da diese bereits auf eine eingespielte Kooperation verweisen können", wie es Heinze/Olk vermuten (Heinze/ Olk 1984, 186). Die Vergabepraxis durch den eher traditionell geprägten Beirat kann die Behauptung einer etwaigen Bevorzugung der Träger der Freien Wohlfahrtspflege kaum stützen. Er legt zwar hin und wieder ein Augenmerk auf die spezielle Klientel der traditionellen Selbsthilfe-Organisationen. Die Förderung dieser Gruppierungen spielt allerdings ebenso wie die Stützung der Dachverbände keine besondere Rolle. Die Mittel des Selbsthilfeförderungsprogramms werden offensichtlich zusätzlich vergeben, die Wohlfahrtsverbände können mit denen ihnen angeschlossenen Gruppierungen an dieser Förderung profitieren.

Die unter der konservativ-liberalen Koalition praktizierte Förderung von Selbsthilfeinitiativen mag ebenfalls nur in geringem Maße die in der sozialwissenschaftlichen Diskussion konstatierte These eines Zusammenhangs zwischen Selbsthilfe und Abbau des sozialen Dienstleistungsangebots stützen. Entgegen der in der „Entlastungsstrategie" ausgeführten Thesen beschränkt sich die Unterstützung nicht auf eine „subsidiäre", den Ersatz der öffentlichen Dienste gestattende Unterstützung ehrenamtlicher Tätigkeit. In keinem Fall hat die Bereitstellung von öffentlichen Mitteln zu einem Abbau eines gleichgelagerten Angebots von öffentlichen oder freien Trägern der Wohlfahrtspflege geführt.[16] Das Berliner Programm hat in dieser Hinsicht einen viel zu geringen finanziellen Stellenwert, als daß es eine kurz- oder mittelfristige Entlastung in größerem Ausmaß erlauben könnte. Ähnlich sehen es auch die Autorinnen des Zwischenberichts des AK Staatsknete: „Obgleich in Berlin in dem Zeitraum von 1981-1986 4.700 Stellen abgebaut wurden, von denen ein Teil der gesundheitli-

---

16   vgl. hierzu ISAB 1990. Damit scheint sich auch die in Studien zu ähnlichen Handlungsfeldern getroffene Feststellung zu bestätigen. So stellen Fuchs/Rucht/ Treutner, 1987, 3 in einer Untersuchung von Programmen des „Zweiten Arbeitsmarkts" keine Verbindung zwischen Beschäftigung von ABM-Kräften und dem Abbau kommunaler Stellen fest ; vgl. auch Riedmüller 1986.

chen und sozialen Versorgung zuzurechnen ist (vgl. ÖTV 1987,3) können diese Zahlen weder mit der Anzahl noch mit den Inhalten der geförderten Projekte unmittelbar korreliert werden. Die genannten Arbeitsplätze und damit die Leistungen im Gesundheitswesen sind vielmehr ersatzlos gestrichen worden und können auch durch Projekte nicht erbracht werden" (Nesemann/ Scheinert 1987, 107f.). Ein kausaler Zusammenhang zwischen der Selbsthilfe-Förderung und dem in diesen Jahren erfolgten Abbau sozialstaatlicher Leistungen erscheint damit mehr als fraglich.

Der Wert des Förderprogramms liegt so vor allem weniger im Instrumentarium einer möglichen Entlastung oder sogar eines Abbaus der sozialen Versorgung als auf ideologischem Gebiet. Gemeinsam mit anderen Maßnahmen im sozialpolitischen Bereich, wie dem Aufbau der Ambulanten Dienste und der Werbung für einen ehrenamtlichen Einsatz kann mit der Selbsthilfeförderung der sozialstaatliche Abbau in anderen Gebieten „dethematisiert" werden. Mit einem Verweis auf die Bemühungen in Teilbereichen der Sozialpolitik gelingt es, die öffentliche Aufmerksamkeit zu binden und gleichzeitig die eigene Politik und Person als kompetent darzustellen. Die Besetzung des Begriffs „Selbsthilfegruppe" ist nicht zuletzt hiervon ein Ausdruck. Dies ist die Besonderheit, die das „Berliner Modell" als Variante einer neokonservativen Politik in den ersten Jahren so bedeutend macht.

Kontinuität und Diskontinuitäten

1985 steht das Förderungsprogramm vor einer neuen Situation. Einerseits ist die Zahl der neuen Anträge und auch der Übernahmen von geförderten Selbsthilfeinitiativen in das nächste Haushaltsjahr kontinuierlich gesunken (vgl. SenGesSoz(Fam) 1984; 1985; 1986; Nesemann/Scheinert 1987). Abnehmende Projektgründungen sind dafür u.a. verantwortlich; die Hochphase ist vorbei. Mit Ausnahme des Projekts „Wildwasser"[17] erfolgen keine spektakulären Neugründungen. Aber auch die ausschließlich auf die Förderung von Selbsthilfe gerichtete Förderungspraxis spielt dabei eine Rolle.

Andererseits haben 84 Gruppen, überwiegend Projekte aus dem Frauen- und Sozialbereich, vereinzelt auch Selbsthilfe-Organisationen und Therapeutische Wohngemeinschaften aus der Psychiatrie, zu diesem Zeitpunkt die dreijährige

---

17 „Wildwasser" ist ein Projekt gegen den Sexuellen Mißbrauch von Frauen und Mädchen, das von Frauen der autonomen Frauenszene begründet wurde.

„Anschubphase" durchlaufen.[18] Nach der bisherigen Konzeption des Senats sollten sie danach unabhängig von öffentlichen Zuschüssen ihrer Tätigkeit nachgehen. Diese Vorstellungen erweisen sich als ein Trugbild. Wie alle öffentlichen Dienstleistungen im sozialen Bereich sind auch die Angebote der Selbsthilfeinitiativen auf eine dauerhafte öffentliche Finanzierung angewiesen. Auf dem Hintergrund der Eigeninteressen des Sozialsenats setzt sich schließlich als Lösung des Problems eine vorerst auf zwei Jahre begrenzte weitere finanzielle Unterstützung durch. Sie soll für Projekte gelten, „die sich in ihrer Arbeit in besonderem Maße bewährt haben und an deren Angebot das Land Berlin ein besonderes Interesse hat" (SenGesSoz 1986, 2). Neben dem ursprünglichen Programm zur Förderung von Selbsthilfeaktivitäten wird damit eine weitere Schiene der finanziellen Unterstützung eingeführt: die „Weiterförderung".

Der Bruch mit den Vorstellungen -
die Einführung der „Weiterförderung"

Im Haushaltsjahr 1986 werden erstmalig 2,56 Mio DM zur weiteren Finanzierung von Gruppen und Projekten zur Verfügung gestellt (vgl. Tabelle 4). Insgesamt 56 der bisher aus den Förderungsprogramm bezuschußten Gruppierungen erhalten den Zuschlag. Weitere 8 Projekte werden in andere Titel des öffentlichen Haushalts aufgenommen.

Statisch entfällt damit ein Zuschußbetrag von durchschnittlich 45.000 DM jährlich auf eine Gruppe. Durchschnittlich wird damit eine halbe Stelle und Sachmittel bezuschußt. Eine volle Finanzierung der Projekte ist nicht beabsichtigt. Sogar die Vorschläge der einzelnen Fachabteilungen, die die Empfehlungen für die weitere Finanzierung aussprechen, liegen zum Teil höher. In einer Reihe von Fällen werden daher die noch zu diesem Zeitpunkt bestehenden Stellen gekürzt. Anstatt der Personalkostenpauschalen wird jetzt allerdings eine einheitliche Stellenbewertung nach dem BAT-Tarif einer Sozialarbeiterstelle vorgenommen. Dies entspricht höchstens einer Bezahlung bis zu BAT Vb, auch wenn höher qualifizierte Kräfte tätig sind. Der Eigenanteil an den Bewirtschaftungskosten wird ebenfalls erhöht. Statt 10% müssen nunmehr 20 % von den Gruppen selbst getragen werden.

---

18   Huber 1987, 101, der es allerdings des öfteren mit den Details nicht so genau nimmt, spricht hier von 140 Gruppen; richtig und differenziert dagegen Nesemann/ Scheinert 1987, 38ff.

An den Erhalt der Mittel ist die Erfüllung einer Reihe von Kriterien gekoppelt. So müssen die Projekte neben einer dreijährigen Förderungsdauer „fachlich geeignet" sein, ein „fachlicher Bedarf" für die Leistung und ein „regionaler Bedarf" vorhanden sein. Daneben soll eine Abstimmung mit anderen Angeboten erfolgen. Gerade letzteres Kriterium liefert dabei des öfteren das Argument für einen Ausschluß aus der Förderung. So werden einzelne Projekte nicht mehr weiter bezuschußt, da nach Ansicht des Senats der Bedarf bereits durch andere Projekte abgedeckt ist. Auch sonst spielt die allseits demonstrierte „Allmächtigkeit" von Staat und Verwaltung eine Rolle. In den einzelnen Fachverwaltungen werden zwar Vorschlagslisten für die „Stufe II" der Selbsthilfeförderung ausgearbeitet, die einzelnen Gruppen werden allerdings nicht beteiligt. Die Entscheidungen über die Übernahme werden allein durch die Senatsverwaltung getroffen. Der Beirat hat in diesen Fällen nichts mitzureden.

Die „Weiterförderung" verfolgt zumindest konzeptionell keineswegs das Ziel einer dauerhaften Absicherung der Tätigkeiten. Sie bedeutet keine Neuorganisation der gesundheitlichen und sozialen Versorgung im Sinne der in der „Umbaustrategie" erörterten selbsthilfeunterstützenden Strukturpolitik. Sie unterliegt in starkem Maße zeitlichen und finanziellen Restriktionen. Dennoch ist diese „Lösung" nicht nur bei den Projekten, sondern vor allem innerhalb der CDU heftig umstritten; denn sie stellt einen deutlichen Bruch mit den bisherigen Vorstellungen dar. Die wiederholten Hinweise auf einen „strengen Maßstab" bei der Übernahme in die „Weiterförderung" (SenGesSoz 1986, 10; 1987, 11) sprechen in dieser Hinsicht eine deutliche Sprache.

Unter diesem Blickwinkel wird die Aussage des Senators besonders verständlich : „Nach Ablauf dieser ersten drei Jahre war klar, daß eine Reihe von qualifizierten Projekten ohne staatliche Unterstützung nicht würde weiterarbeiten können. Der Berliner Senat hat daher neben der Anschubfinanzierung eine sogenannte Weiterförderung eingerichtet ... Die Weiterförderung ist eher die Ausnahme; denn die Regel. 1986 wurden rund 40% der 1983 erstmals geförderten Projekte in die Weiterförderung genommen. 60 % konnten aus eigener Kraft weiterarbeiten oder sich andersweitig finanzieren" (Fink 1987, 56).

Wenn man bedenkt, daß 56 von 84 Gruppen, also nahezu 80 % der dreijährig unterstützten Projekte, weiter in den öffentlichen Haushalt aufgenommen werden, wird vor allem das erste Ziel der Aussagen deutlich: es ist die eigene Partei, die unter keinen Umständen ein noch so beschränktes Beschäftigungsprogramm oder eine dauerhafte Finanzierung von Alternativprojekten sicherstellen will. Die „Dauerförderung darf nicht zur Regel werden", heißt hierzu die stereotype Formulierung der herrschenden konservativ-liberalen Mehrheit im Abgeordnetenhaus.[19] Die Förderung soll daher mit einem Sparen an anderer Stelle - wie den öffentlichen und verbandlichen Trägern - verbunden werden. Die zeitliche Begrenzung der Förderung ist eine Konzession an diese Meinung.

Daß sich allerdings 60 % der Projekte problemlos anderweitig finanzieren konnten, scheint eher dem Willen zu entsprechen, die eigene Politik in einem vorteilhaften Licht erscheinen zu lassen. Es ist zwar keineswegs so, daß etwa sämtliche mißliebige Gruppen aus der Förderung ausgeschlossen wurden, wie es bei einzelnen Autoren anklingt (Grottian et al. 1986; Nesemann/ Scheinert 1987, 47f.). Die Art der Nutznießer und der vergebenen Mittel ist viel zu hete-rogen, als daß sie eine solide Basis für eine solche Schlußfolgerung erlaubt. Neben einer Vielzahl von Selbsthilfeprojekten aus dem alternativen Bereich sind in der „Anschubfinanzierung" auch Gruppierungen wie die Herzliga, Fort-bildungsinstitute, Gemeindeaufbauprojekte und Therapeutische Wohngemein-schaften unterstützt worden. Daneben gibt es eine Reihe von Einrichtungen, die ausschließlich einmalige Sachmittel erhalten haben. Mit der Orientierung der Selbsthilfeförderung an der Ergänzung bestehender öffentlicher Versorgungs-angebote durch z. T. ehrenamtlich geleistete Dienstleistungen wird die öffentli-che Unterstützung allerdings auf einem sehr niedrigen Niveau festgeschrieben.

Die Modalitäten der „Weiterförderung", Stellenstreichungen und Ausgrenzung von Projekten rufen bei einer Reihe von Gruppen Empörung hervor. Anfang des Jahres 86 folgen Sympathieerklärungen mit den ausgegrenzten Projekten und Aktionstage seitens der Projekte. Unterstützt werden die Forderungen der Gruppen nach einer dauerhaften Finanzierung durch SPD und AL (vgl. Nese-mann/Scheinert 1987, 51f). Der bereits nach Ende der Politikformulierungspha-se eingesetzte Zerfallsprozeß der „gemischten" Projekte ist jedoch nicht zu übersehen. Getragen werden die Auseinandersetzungen vor allem von den Ak-tivistinnen der Frauenprojekte.

Die besondere Abhängigkeit des Themas zur Hausbesetzerbewegung wird in diesem Rahmen noch einmal deutlich. Im Gegensatz zur Entstehungsphase des Programms erreichen die Kontroversen keine große öffentliche Aufmerksam-keit. Zudem fehlt auf Seiten der Projekte ein Träger, der zwischen Medien und Projekten vermittelt. Der in der Implementationsphase stattgefundene Wechsel innerhalb der Politikarena vom öffentlich diskutierten Thema zur Ebene der „regulativ-individuellen Politik", die „relativ abgeschirmt von der Öffentlichkeit auf der Ausschußebene unter Mitwirkung spezieller Interessensgruppen ent-schieden wird" (Windhoff-Héritier 1982, 63) hat seine Auswirkungen. Die For-

---

19   vgl. hierzu die Selbsthilfe-Berichte des Senators für Gesundheit und Soziales 1983-89

derungen der Initiativen erzeugen in der Öffentlichkeit nur eine punktuelle Betroffenheit.

Die Entwicklung in der „Anschubfinanzierung"

Das ursprüngliche Förderungsprogramm erfährt nur geringe Veränderungen. So wird die Unterstützung auf soziokulturelle Aktivitäten ausgedehnt und das zur Verfügung stehende Volumen in den ersten beiden Jahren zugunsten der „Weiterförderung" um 0,5 Mio DM gekürzt (vgl. Tabelle 3/4).

Die Förderung von Seniorengruppen wird nunmehr als eigener Schwerpunkt mit geringen Unterstützungsbeträgen betrieben. Mehr als 100 Gruppen erhalten in diesem Rahmen jährlich Unterstützungsbeträge von knapp 1000 DM.[20] In der „Anschubfinanzierung sind nach wie vor der Zahl nach die Selbsthilfeprojekte die hauptsächlichen Nutznießer der öffentlichen Unterstützung. In zunehmenden Maß rücken allerdings bereits in den ersten Jahren vorhandene Tendenzen in den Vordergrund: die Nutzung des Programms als „Feuerwehrfonds" und als „frei stehender Innovationstopf" (Interview/Verwaltung). „Feuerwehrfonds" im Sinne eines relativ flexiblen Förderinstrumentariums ist das Programm eigentlich immer gewesen. Im Gegensatz zu dieser allgemeinen Umschreibung ist hier allerdings die Finanzierung von Aktivitäten gemeint, die eher behelfsmäßig aus diesem Titel bezuschußt werden. Die Unterstützung von AIDS-Gruppen wäre hier ein Beispiel. Die in den Jahren 85-87 erfolgte Finanzierung wird schließlich im Haushaltsjahr 88 in andere Titel ausgelagert.

Der sog. Innovationstopf hat dagegen weniger mit der Stützung von Selbsthilfe zu tun als mit den allgemeinen administrativen Hemmnissen bei der Aufnahme von „neuen Gruppen" in die Haushaltsförderung. Er dient einem Probelauf neuer professioneller Ansätze wie z. B. einer Reihe von Modellvorhaben zur Betreuung psychisch Behinderter. Das Programm wird benutzt, um diese „Projekte anzufinanzieren und zu prüfen, inwieweit so ein Antrag trägt. Bei einem normalen Vorlauf braucht es fünfzehn bis achtzehn Monate. Und wir konnten noch in demselben Jahr eine Finanzierung sicherstellen", meint hierzu ein Mitarbeiter der Verwaltung.

Ein weiterer Schwerpunkt ist der zügige Ausbau von regionalen Kontakt- und Informationsstellen. 1987 werden bereits 9 solcher Stellen in den einzelnen

---

20 1986 wurden insgesamt 141 Seniorengruppen mit einer Fördersumme von 124.000 DM bezuschußt, i.e. 880 DM/pro Gruppe jährlich. Diese Beträge sind auch in den nächsten Jahren nur unwesentlich erhöht worden.

Tabelle 3: Das Berliner Programm
- Anträge und Bewilligungen 1986-89 -

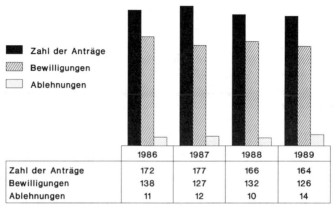

		Zahl der Anträge
		Bewilligungen
		Ablehnungen

	1986	1987	1988	1989
Zahl der Anträge	172	177	166	164
Bewilligungen	138	127	132	126
Ablehnungen	11	12	10	14

Quelle: Jahresendberichte SenGesSoz 1987b;1988;1989;1990c; eigene Zusammenstellung

Tabelle 4: Das Berliner Programm
- Anträge und Bewilligungen in DM -

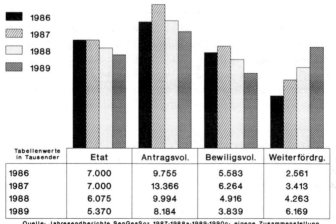

		1986
		1987
		1988
		1989

Tabellenwerte in Tausender	Etat	Antragsvol.	Bewiligsvol.	Weiterfördrg.
1986	7.000	9.755	5.583	2.561
1987	7.000	13.366	6.264	3.413
1988	6.075	9.994	4.916	4.263
1989	5.370	8.184	3.839	6.169

Quelle: Jahresendberichte SenGesSoz 1987;1988a;1989;1990c; eigene Zusammenstellung

Bezirken bezuschußt, die als Anlaufstellen für Selbsthilfegruppen aus dem Gesundheitsbereich für die Beratung, Räumlichkeiten, Hilfestellungen bei Gruppengründungen etc. fungieren. Die Aufteilung dieser Einrichtungen entspricht der starken Stellung der Wohlfahrtsverbände. Neben einzelnen nicht verbandlich organisierten Trägern erhalten die Arbeiterwohlfahrt mit dem Sozialpädagogischen Institut, das Diakonische Werk und vor allem der DPWV mit den ihm angeschlossenen Vereinigungen den Zuschlag für die Trägerschaft. „Auf Seiten der Träger der Freien Wohlfahrtspflege ist das Interesse an der Einrichtung dieser regionalen Servicestellen ja sehr unterschiedlich. Wo dieses Interesse allerdings besteht, wurde ihm von Seiten der Senatsverwaltung allerdings auch entsprochen" heißt es hierzu von Seiten eines Verbandsvertreters (Interview).

Auch hinsichtlich der vergebenen Mittel setzt sich die ursprüngliche Richtung fort. So entfallen bspw. 1986 von der gesamten Fördersumme von 5,8 Mio DM allein knapp 2 Mio DM auf 9 Projekte. Damit verbleibt den restlichen 125 Gruppen ein Betrag von 3,8 Mio DM. Im folgenden Jahr ist dieses Verhältnis noch krasser. 11 Infrastruktureinrichtungen erhalten zusammen 2,2 Mio DM, während die übrigen 105 Gruppierungen sich die gleiche Summe teilen müssen (vgl. Tabelle 3/4). Es werden weit weniger Anträge als in den ersten Jahren grundsätzlich abgelehnt. Vorgespräche, in denen bereits die Aussichtslosigkeit des Unterfangens dargestellt wird, zeigen ihre Wirkung. Die Anträge werden nicht mehr wiederholt und erscheinen auch nicht mehr in der Statistik.

Eine der wesentlichen Änderungen bezieht sich schließlich auf die Geschäftsverteilung innerhalb der Verwaltung.[21] Insbesondere die Prüfung der Anträge von Frauenprojekten wird an das damalige Senatsressort Jugend und Familie übertragen. Es erhält nunmehr die Möglichkeit, die Anträge auf eine „Anschubfinanzierung" und später auch der „Weiterförderung" zu begutachten und die entsprechenden Empfehlungen zu geben. Spannungen bleiben bei dieser Verlagerung nicht aus. Die Senatsverwaltung für Jugend und Familie kommt im hö-

---

22   Daß eine politische oder administrative Entscheidung nicht immer ein Ausfluß von diffizilen politischen oder anderen Faktoren sein muß, sondern auch mal der Ausdruck eines „Kuhhandels" sein kann, zeigt die Vorgeschichte dieses Falls. Vorangegangen ist hier das vergebliche Bemühen dieses Senatsressorts, einen dem Förderungsprogramm vergleichbaren Haushaltstitel zu erhalten. „Dafür gab es keine Notwendigkeit. Und dann ist wenigstens als Kompromiß beim Mittagessen zwischen Fink und Schmalz-Jacobsen (die damalige Senatorin für Frauen, Jugend und Familie, Anm. d. Verf.) ausgetrudelt worden, dann dürfen sie etwas mit zu sagen haben bei der Verteilung von Wohltaten" (Interview/Verwaltung). 1990 wurde übrigens im Senatsressort für Jugend und Familie ein „Experimentierfonds" in Höhe von 500.000 DM eingerichtet.

heren Maße den Anträgen der Gruppen nach, was den Unmut des federführenden Referats beim Gesundheits und Sozialsenat erregt. „Sie (SenJugFam) können alles befürworten, manches Unsinnige auch, und wir haben dann die Aufgabe, teilweise Anträge abzulehnen" (Interview/Verwaltung).

Selbsthilfeförderung in der Normalität - die Jahre 87-89

Nach zwei Jahren wird die sog. Weiterförderung quasi zu einer „Dauerförderung". Von einer zeitlichen Befristung ist entgegen den Beschlüssen des Abgeordnetenhauses nicht mehr die Rede. Systematisch werden die Beträge für die „Weiterfinanzierung" zu Lasten des Förderungsprogramms gesteigert. Stehen 1987 für die Förderung 3,4 Mio DM zur Verfügung, so sind es im Jahre 1989 bereits über 6 Mio DM. Zusammengerechnet erhöht sich der Haushaltsansatz für beide Förderungsschienen von 9,6 Mio im Jahre 86 auf rd. 11,5 Mio DM (vgl. Tabelle 4).[22]

Die Reduzierung der „Anschubfinanzierung" kann ohne größere negative Folgen vorgenommen werden; denn sie entspricht weitgehend der Abnahme der Neuanträge. Dies findet seinen Ausdruck in der Quote der Ablehnungen. Es werden weit weniger Anträge als in den ersten Jahren abgelehnt. Insbesondere die beantragten Personalstellen unterliegen jedoch weiterhin kräftigen Kürzungen.

Auch die in den Jahren 86 noch heftig umstrittene Übernahme von Projekten wird ohne größeres Aufsehen bewerkstelligt. Nach und nach werden eine Reihe von Projekten in die „Weiterförderung" aufgenommen. Die durchweg professionell geführten Infrastruktureinrichtungen verbleiben jedoch im Ansatz der sog. Anschubfinanzierung, wo sie den größten Teil der vergebenen Mittel binden. Deutlich wird jetzt auch deren sozialpolitische Einbindung. „Sie sind strukturiert als Stellen, an die bestimmte Problempatienten überwiesen werden können", meint Friedrich Krotz schon in seiner Mitte der 80er Jahre erstellten Untersuchung des Berliner Förderungsprogramms (Krotz 1987, 103). Auch wenn er teilweise die in den kleinen gesprächs- und handlungsorientierten Selbsthilfegruppen geleisteten Hilfestellungen mit der klassischen ehrenamt-

---

22   Die Förderung von AIDS-Projekten und anderen Gruppierungen, die in andere Haushaltsstellen übernommen wurden, bleibt dabei außer Betracht. Sämtliche Angaben zum Volumen der „Weiterförderung" sind den Haushaltsplänen der jeweiligen Jahre entnommen. Zusätzlich kamen in Einzelfällen auch investive Mittel zur Auszahlung, die in den vorherigen Haushaltsjahren bewilligt wurden, ansonsten vgl. Fußnote 12

lichen Hilfe fälschlich gleichsetzt, bewahrheitet sich doch diese Aussage. In zunehmenden Maß werden Selbsthilfegruppen und Kapazitäten der Unterstützungsstellen von Professionellen wie Ärzten, Sozialarbeitern und Psychologen für die Überweisung und Betreuung von „Problemfällen" genutzt (vgl. NAKOS 1989).

Auf Seiten der Selbsthilfeprojekte setzt sich der Trend der individuellen Absicherung und Etablierung der jeweiligen Einrichtung fort. Die internen Verhandlungen zwischen Vertretern der Verwaltung und Gruppen bleiben die hauptsächlichen Kommunikationsschienen.

Zur Absicherung und Etablierung der jeweiligen Einrichtung werden in erhöhtem Maß AB-Stellen in Anspruch genommen. Begünstigt wird dies durch eine neue „Programmphilosophie" für die Vergabe von AFG-Mitteln im Land Berlin, nach denen die ABM-Projekte eine Pilotfuktion in der Erschließung neuer Beschäftigungsfelder wie den sozialen Dienstleistungen und dem Umwelt- und Naturschutz erfüllen sollten. Im Zuge dieser Änderungen wurden zunehmend Beschäftigungs- und Qualifizierungsmaßnahmen auf „freie Träger" verlagert. Eine annäherungsweise Bestimmung der vergebenen Mittel macht diesen Sachverhalt deutlich: Hat 1982 der Anteil der staatlichen Verwaltungen an den vergebenen 6000 AB-Stellen noch 80 % betragen, so ist er 1987 mit 3600 der vergebenen Maßnahmen auf rd. 60 %. gesunken (LAA 1991). Der Rest von knapp 2000 Stellen entfällt damit auf den Kreis der sehr heterogenen „Freien Träger". Neben den „kleinen freien Trägern" wie den Projekten rechnen hierzu die Spitzenverbände der Freien Wohlfahrtspflege und die Bundesbehörden wie das Bundesgesundheits- und das Umweltbundesamt. Ca. 40 % der bewilligten Maßnahmen der „Freien Träger" entfallen 1986 auf die Gruppe der „kleinen freien Träger", zu denen auch die Selbsthilfeprojekte aus dem sozialen und gesundheitlichen Bereich gehören. Sind es Mitte der 80er Jahre noch etwa 500 Stellen, so ist dieser Anteil in der folgenden Zeit kontinuierlich gestiegen.[23]

Die Wahl von SPD/AL -
Neue Leitlinien oder Fortsetzung der alten Politik ?

Im Januar 1989 wird die SPD/AL-Koalition überraschender Wahlsieger. Dies ruft auf Seiten der Projekte Hoffnungen auf gravierende Änderungen der För-

---

23 Eine Bestimmung der durch die Arbeitsämter bewilligten AB-Maßnahmen ist nur im näherungsweisen Verfahren möglich, da eine Trennung nach Trägern der Maßnahmen nicht vorgenommen wird; vgl. auch Fehse/Garms 1992

derrichtlinien hervor. Die „Subsidiaritätsprogrammatik" der CDU ist in der Vergangenheit heftig von Vertretern der beiden Parteien angegriffen worden (vgl. z.B. Abgeordnetenhaus 1982b; SPD 1984a; b). Mehrmals war das Förderprogramm Anlaß von Anfragen und Debatten im Parlament. Außerdem ist eine Änderung der Bestimmungen und die Beteiligung der Gruppen bei der Entscheidung über die Mittelvergabe in den Koalitionsvereinbarungen festgeschrieben (vgl. SPD 1989, 68).

Im Mai 1989 findet das erste Mal nach drei Jahren wieder ein gemeinsames Plenum von Frauen- und „gemischten" Projekten statt, an dem 150 Vertreter und Vertreterinnen der Selbsthilfeinitiativen teilnehmen. Von Seiten der beteiligten Gruppen werden vor allem die auf die Unterstützung von sozialen Aktivitäten angelegten Förderungskriterien kritisiert und eine Reform des Vergabemodells gefordert. Die Vertreter der Verbände sollten nicht mehr im Beirat vertreten sein, den Projekten sollten vielmehr „entscheidende Einflußmöglichkeiten" (Bartsch 1989a, 8) eingeräumt werden. Es bildet sich eine Arbeitsgruppe aus Mitgliedern unterschiedlicher Gruppen, die nach mehreren Verhandlungsrunden einen Katalog von Forderungen vorlegen. Von einem Beschäftigungsprogramm für Projekte ist nicht mehr die Rede. Essentials sind vielmehr neben einer „Neuorientierung der Sozialpolitik u.a. durch die verstärkte Förderung von (kleinen) freien Trägern ... und freien Institutionen der Frauenbewegung" eine „Entbürokratisierung" des Förderungsverfahrens mit einer „maßgeblichen Beteiligung von Vertretern der Gruppen und einer „Quotierung der Mittel" (Bartsch 1989b, 21f). Die Hälfte der zur Verfügung stehenden Gelder sollte dabei den Frauenprojekten zugute kommen und durch eine zu diesem Zweck einzurichtende „Frauenförderkommission", einen unabhängigen Frauenbeirat, vergeben werden. Unterstützt wird sie dabei von der Regierungspartei AL, die die Forderungen der Projekte grundsätzlich anerkennt.

Im September des gleichen Jahres wird dieses Konzept auch in einer Pressekonferenz vorgestellt, die allerdings keine große Resonanz erreicht. Die nachfolgenden Schritte gelten vor allem der Lobbyarbeit im politisch-administrativen Geflecht. Es werden auf informeller Ebene Kontakte geknüpft und Verhandlungen mit Vertretern von Verwaltung und Politik geführt.

Bei einem Gespräch mit der Sozialsenatorin stellt sich heraus, daß in einigen Punkten wie der Neufassung der Kriterien und der Ausweitung der finanziellen Unterstützung Neuerungen geplant sind, eine grundsätzliche Änderung des Vergabeverfahrens jedoch nicht in Betracht kommt. Es ist beabsichtigt, die Mittel nach wie vor durch die Verwaltung zu vergeben. Die Funktion des Beirats sollte allerdings keinesfalls grundlegend erneuert werden. Es ist allenfalls an eine Änderung der Besetzung gedacht. So sollte das Gremium im Sinne einer Quotenregelung um 4-5 Frauen ergänzt werden. Außerdem soll den Projekten künftig ein Anhörungsrecht eingeräumt werden. Die Gruppen bekommen das Vorschlagsrecht, hierzu zwei Vertreterinnen aus ihren Reihen zu benennen. Auf die Verbandsvertreter soll aufgrund ihrer wichtigen Stellung bei dem zu dieser Zeit als bedeutend erachteten Problem der Versorgung von Aus- und Übersiedlern nicht verzichtet werden.

Die folgende Zeit steht zum einen im Zeichen der Auseinandersetzungen um das Beteiligungsverfahren. Zwischenzeitlich werden einzelne Personen aus Vereinigungen und Organisationen, die nach Ansicht der Verwaltung für das Gremium in Betracht kommen, zu einer konstituierenden Sitzung eingeladen. In den Augen von Teilen der Projekte stellt dies die Durchsetzung eines Verfahrens dar, das sie so nicht billigen. Eine Intervention beim kleinen Regierungspartner AL führt schließlich zur Aussetzung der geplanten Maßnahmen. Sie sollen bis zu einer endgültigen Klärung des Verfahrens verschoben werden.

Es zeigt sich deutlich, daß zwischen den Projekten kein Handlungszusammenhang besteht. Schon die Formulierung der Zielvorstellungen macht die Divergenz der Interessen von Frauen- und „gemischten" Projekten deutlich. Die Frauenprojekte haben in erster Linie ein Interesse an der Stützung feministisch orientierter Arbeit mit den zusammenhängenden Fragen einer Neubewertung von unbezahlter gesellschaftlicher Frauenarbeit (vgl. Nesemann 1989, 10). Für die „gemischten" Projekte ist dagegen die Aufhebung der Begrenzung der Förderung auf den Bereich Soziales besonders vordringlich. Der gemeinsam erstellte Katalog ist nun kein Produkt eines gemeinsames Diskussionprozesses, sondern ein Sammelsurium von in getrennten Debatten beschlossenen Forderungen. Die Frauenprojekte einigen sich in ihrem Zusammenhang auf eine Quotierung der Mittel, die schließlich von dem zahlenmäßig weit häufigeren „gemischten" Projekten akzeptiert wird. „Es gab seinerzeit ja erheblichen Ärger zwischen gemischten Projekten und Frauenprojekten in der Frage des Vorgehens. Gemeinsame konstruktive Diskussionen hat es kaum gegeben", heißt es hierzu von einem Beteiligten (Interview/Selbsthilfeinitiativen). Ist die Formulierung schon von hohen Differenzen geprägt, so weiten sie sich im Prozeß der Durchsetzung zu einer Kluft aus. Während die Frauenprojekte der Vorschlag von Politik und Verwaltung zum Teil akzeptieren und bereit sind, zwei Vertreterinnen für den Beirat zu benennen, erscheint die nach wie vor angelegte Beschränkung der Förderung auf den Bereich Soziales für die anderen Projekte fatal. In der Zukunft gehen sie getrennte Wege. Die einen setzen auf die Frauen in Politik und Verwaltung, die anderen versuchen über vornehmlich informelle Kontakte zum kleinen Regierungspartner AL ihre Ansprüche durchzusetzen. Der Weg in die Lobbyarbeit zur Sicherung der Eigeninteressen wird in jedem Fall geteilt beschritten.

Die Änderung der Förderungsbestimmungen

Der erste, unter der neu gewählten Regierung vorgelegte Bericht über die Förderung von Selbsthilfegruppen deutet einige Veränderungen in der Selbsthilfeförderung an (SenGesSoz 1989, 8ff). Im Dezember desselben Jahres wird schließlich im Abgeordnetenhaus ein Beschluß gefällt, der den Senat anweist, bis zum 30. April des nächsten Jahres neue „Leitlinien in der Selbsthilfeförderung und für die Übernahme in die Dauerförderung vorlegen" (SenGesSoz 1989).

Die im März erstellte Senatsvorlage enthält in diesem Sinne neue Töne. „Seit Ende der 70er Jahre weist die sich dynamisch entwickelnde Selbsthilfebewegung bundesweit auf bestehende Fehlentwicklungen und Defizite hin. Sie leistet damit einen wichtigen Beitrag zur Umstrukturierung und Humanisierung der sozialen Dienste. „Selbsthilfegruppen können professionelle Dienste nicht ersetzen, diese durch Angebote eigener Qualität aber wesentlich ergänzen" (SenGesSoz 1990, 2), lautet quasi die Präambel in diesem Entwurf. Wurde auf Seiten des CDU-Senats vor allem die Förderung ehrenamtlichen Engagements betont, so wird in der Vorlage von SPD/AL vor allem die „Weiterentwicklung des freiwilligen, selbstbestimmten und gesellschaftskritischen Engagements" (SenGesSoz 1990a, 2) hervorgehoben. Mit Hinweis auf die dem sozialdemokratischen Prinzip nahestehenden „solidarische" Verteilung der Lasten heißt es zur Bedeutung von Selbsthilfe weiter: „Selbsthilfegruppen bieten den Raum für Solidarität und Solidarität, der von professionellen Einrichtungen nicht geschaffen werden kann" (ebd). Und schließlich sollen auch die „Interessen von Frauen im Sinne einer Förderung einer gleichberechtigten Teilhabe am gesellschaftlichen Leben unterstützt werden" (ebd 5).

Neue Töne zeigen sich auch in der Präsentation des Programms. Der Entwurf wird den Gruppen vorab zugänglich gemacht und in einer öffentlichen Veranstaltung vorgestellt. Einschneidende Modifikationen erfolgen allerdings nicht mehr. Lediglich die Frauenprojekte können noch eine etwas stärkere Berücksichtigung ihrer Aktivitäten in den Richtlinien durchsetzen (vgl. SenGesSoz 1990b, 9).

Das Programm beinhaltet einige Veränderungen der Förderinstrumentarien, in der Frage der unterstützten Gruppen, der vergebenen Mittel oder der eingeräumten Beteiligungsformen. Erstmals ist ausdrücklich von Selbsthilfeprojekten und Selbsthilfegruppen die Rede. Ausschließlich diese beiden Gruppierungen sollen durch das Programm bezuschußt werden. Die professionell angeleiteten Therapiegruppen, aber auch die Dach- und Wohlfahrtsverbände bleiben ausgeschlossen. Auch „LaienhelferInnen, die sich individuell um andere Menschen kümmern", werden nicht aus den Mitteln des Programms gestützt.[24] Gleichzeitig wird die Förderung auf kulturelle Aktivitäten ausgedehnt. Adressaten sind nunmehr nicht nur soziokulturelle Projekte, sondern auch Gruppen, „die versuchen, gesundheitliche oder soziale Probleme ... mit Hilfe künstlerischer Aktivitäten zu bearbeiten" (ebd. 15). Als neuer Förderbereich ist schließlich die Unterstützung von Aktivitäten von und mit Flüchtlingen hinzugekommen.

Die bestehenden Förderinstrumentarien der „Anschub-" und „Weiterförderung" werden durch eine dritte Stufe ergänzt. Danach sollen Gruppen, die bereits in der sog. Weiterförderung finanziert worden sind und sich zu „vorwiegend professionellen Dienstleistungseinrichtungen entwickelt haben", in „andere Haushaltstitel mit einer veränderten Finanzierung" (ebd. 8) übernommen werden.

Auch die Eingrenzung der Gelder auf die ausschließlich der „Selbsthilfe" dienlichen Tätigkeiten wird aufgehoben. Organisationsaufgaben sollen ebenso wie die Steuerberatungskosten für die Buchhaltung finanziert werden. Die Berechnung der Fördermittel aufgrund der Personalkostenpauschalen wird zugunsten einer tarifgerechten Bezahlung bis zur Höhe von BAT Vb abgeschafft und der Eigenanteil an den Bewirtschaftungskosten ab dem Haushaltsjahr 1990 in beiden Förderschienen auf 10 % gesenkt.

Und schließlich soll auch den Vertretern der Selbsthilfeinitiativen ein Mitspracherecht im Beirat eingeräumt werden. Das mindestens siebenköpfige Gremium soll einerseits mindestens zur Hälfte aus Frauen und andererseits zur Hälfte mit Projektevertreterinnen besetzt sein. Der andere Teil sollen Fachleute aus Bildung, Wissenschaft etc sein. Den Vertretern der einzelnen Gruppen wird ein Anhörungsrecht zugestanden. Der Beirat soll befugt sein, auch Anträge auf „Weiterförderung" zu beraten.

Die Ausweitung der Förderbereiche, die Reduzierung der Bewirtschaftungskosten und vor allem die beabsichtigten Änderungen in der „Weiter"- und „Regelförderung" kosten auch Geld. Nach Vorstellung der Senatsverwaltung soll der Etat 1991 um insgesamt 2,75 Mio DM aufgestockt werden. Für die bereits finanzierten Projekte im Rahmen der „Weiterförderung" wurde dabei ein Mehrbedarf von knapp 800.000 DM festgestellt. Damit soll insbesondere eine

---

24 Diese Regelung wirkt in einem **Selbsthilfegruppen**-Förderungsprogramm ein wenig befremdlich; denn individuelle Hilfe kann auch nach den alten Regelungen nicht bezuschußt werden. Die Bestimmung sagt jedoch einiges über die Entwicklung eines Förderungsprogramms aus. Sie hat seine Ursache in einer von einer einzelnen Person angestrengten Klage gegen das Land Berlin, die die Betreuung im Rahmen der Nachbarschaftshilfe aus dem Programm vergütet bekommen wollte. Um solchen Bestrebungen aus dem Weg zu gehen, wurde daher dieser Passus eingeführt. Aus Nachbarschaftshilfe wurde bei dieser Gelegenheit „Laienhilfe" (Interview/Verwaltung).

bessere Personalausstattung der bezirklichen Kontakt- und Informationsstellen sichergestellt werden. Auch die „Anschubförderung" soll um 1 Mio DM erhöht werden. 25 Gruppen sollen in die sog. Weiterförderung aufgenommen werden. Für die Übernahme von 19 Gruppen in reguläre Haushaltsansätze sind ebenfalls knapp 1 Mio DM vorgesehen.

Thomas Olk sieht anläßlich dieser Zeichen neue Zeiten für die „Selbsthilfe" anbrechen: „Während es dem konservativ-liberalen Senat nach dem Subsidiaritätsprinzip primär darum ging, ehrenamtlich arbeitende Gruppen und Initiativen (also möglichst freiwillige und unbezahlte Arbeit) zu unterstützen, repräsentiert die neue Mehrheit ein anderes Verständnis von Selbsthilfe: Unter dem Etikett Selbsthilfe werden nun nicht nur Initiativen im engeren sozialcaritativen bzw. sozialpolitischen Sinne verstanden, sondern auch professionelle Projekte, die gesellschaftlich notwendige Arbeit leisten und die, eventuell sogar als Klein- und Mittelbetriebe organisiert, Arbeitsplätze schaffen und alternative Organisationsformen (genossenschaftlicher Art) repräsentieren" (Olk 1990, 6). Für eine solche Einschätzung lassen sich allerdings keine Belege finden. Bei einem Vergleich der formulierten Zielvorstellungen läßt sich jenseits aller ideologischen Beteuerungen eine Kontinuität mit den christdemokratischen Zielen und Vorstellungen feststellen.

Von einer systematischen Förderung „professioneller Projekte" - was immer das auch heißen mag - sind die Zielsetzungen weit entfernt. Die Beschäftigungswirksamkeit des Programms ist mehr als gering.[25] Spricht die zuständige Sozialverwaltung in ihrem Zwischenbericht von „79 sozialversicherungspflichtige(n) Voll- und Teilzeitarbeitsplätzen", die im „Rahmen von Zuwendungen aus Mitteln der Selbsthilfeförderung" zum Stichtag des 31. Dez. 89 (SenGesSoz 1990, 3) finanziert wurden, so wird diese Anzahl auch unter der SPD/AL-Koalition nur geringfügig gesteigert. Durch das gesamte Förderprogramm dürften allenfalls 120-140 Arbeitsplätze finanziert sein.

Nach wie vor ist keine ressortübergreifende Förderung angelegt. Die Finanzierung von fachübergreifenden oder fachfremden Gruppen unterliegt weiterhin großen Beschränkungen. So ist auch die verstärkte Einbeziehung kultureller

---

25 Das in der fachlichen Diskussion (vgl. z. B. Evers 1988) kolportierte Begriffspaar von „semi-professionellen" und „professionellen" Projekten beruht auf unklaren Abgrenzungen und verkennt, daß die als „semi-professionell" bezeichneten Projekte sich durchaus durch eine professionelle Arbeit auszeichnen können. Besonders problematisch ist dabei, daß die dieser Unterscheidung zugrundeliegenden admistrativen und ökonomischen Zwänge der finanziellen Unterstützung ignoriert werden; vgl. hierzu die Entwicklungsgeschichte des „Berliner Modells"

Aktivitäten durch ihre Verbindung mit gesundheitlichen und sozialen Zwecken eher ein Behelfsmittel als eine Lösung.

Die Ausgrenzung von Dach- und Wohlfahrtsverbänden bleibt weitgehend folgenlos. Sie haben aus dem bisherigen Etat nur in Ausnahmefällen Mittel erhalten. Die bisherige Förderungspraxis des CDU-Senats wird damit lediglich festgeschrieben.

Auch die Kriterien unterscheiden sich nicht wesentlich von den Bestimmungen des „Fink-Topfes", selbst wenn dies angesichts der Förderungspraxis nicht weiter bedeutend erscheinen mag. Während es bspw. in der CDU-Vorlage noch hieß, daß die einzelnen Gruppen „vorrangig die Selbsthilfe Betroffener" fördern müssen, sollten sie es in der jetzigen Senatsvorlage „grundsätzlich" tun. Weiterhin müssen sie „modellhaft angelegt" sein, den „Grundsätzen demokratischer Selbstverwaltung genügen" und sich „dem fachlichen Rat der Verwaltung nicht entziehen" dürfen (SenGesSoz 1990a, 5).

Ebenfalls erhalten bleibt die in Fachkreisen kritisierte detaillierte Festlegung von Schwerpunkt- und Arbeitszielen in den einzelnen Förderungsbereichen (vgl. Krotz, 1988), selbst wenn sich die Zielsetzungen jetzt stärker auf den sozialen Bereich und die Förderung der „gesellschaftlichen Teilhabe von Frauen" beziehen.

Ähnliches gilt für die Trennung in den beiden Förderungsschienen. Die nunmehr „quasi unbefristete" Weiterförderung setzt die Politik fort, die bereits unter der konservativ-liberalen Koalition begonnen wurde.

Selbst die fachliche Prüfung bei der Aufnahme in die „Weiterförderung" und die dabei angelegten Maßstäbe sind gleich geblieben. Für die Auswahl wird die „Qualität der Projektarbeit", der „regionale Bedarf", das übrige Angebot sozialer Dienste im Stadtteil und zusätzlich der Finanzbedarf der Gruppe herangezogen.

Besonders deutlich wird dies gleichfalls an den Beiratsregelungen. Das Mitbestimmungsmodell ist selbst von der auch von der SPD seinerzeit favorisierten Vergabe der Mittel durch ein externes Gremium weit entfernt. Die eigenständige Mittelvergabe im Rahmen einer sog. Frauenförderkommission bleibt ebenfalls auf der Strecke. Der Beirat hat immer noch kein Recht, über Anträge eigenständig zu entscheiden.

In hohem Maße bezieht sich dies auch auf die mit der Förderung verknüpften Erwartungen. In allen Fällen hat das Abgeordnetenhaus - ob nun mit SPD/AL- oder CDU/FDP-Mehrheit - beschlossen, im Falle einer „Weiter-" oder „Dauerförderung" Einsparmöglichkeiten bei anderen Trägern wie z. B. bei Verbänden oder Bezirksämtern zu prüfen. In der Vergangenheit haben diese Beschlüsse zwar keine Konsequenzen gehabt; denn die in „Selbsthilfe" erbrachten Leistungen werden von der Senatsverwaltung als „zusätzliche Angebote" angesehen. Selbsthilfe gilt als „ein Angebot eigener Qualität und steht nicht in unmittelbarer fachlicher Konkurrenz ... es gibt einen politischen Widerspruch jeweils zwischen dem Senat und dem Abgeordnetenhaus in dieser Frage", so jedenfalls Bernd Meißner, Mitarbeiter der Senatsverwaltung auf einer Tagung der Kommunalen Spitzenverbände (ISAB 1990, 26). Vielleicht wird vor diesem Hintergrund auch die Äußerung desselben Mitarbeiters verständlich: „Da das Berliner Modell an die neuen Entwicklungen angepaßt wurde, werden die Kriterien und das Fördermodell so weitergeführt werden wie beim vorherigen Senat" (ebd., 22). Oder: „Jede Fassade wird mal renoviert. Substantiell ist nichts verändert worden" (Interview/Verwaltung).

Und nicht zuletzt trifft dies für die in der sozialwissenschaftlichen Debatte diskutierten Theorien zur Bedeutung der Selbsthilfe in der gesundheitlichen und sozialen Versorgung zu. Die von Heinze et al. im Rahmen der Umbau-Strategie an der Praxis des CDU-Senats formulierte Kritik trifft auch hier zu: Es lassen sich keinerlei Hinweise auf zugrunde liegende politische Absichten feststellen, mit der Selbsthilfeförderung zugleich „auch das professionell-bürokratische Versorgungssystem im Sozial- und Gesundheitssektor auf die Prinzipien von Selbstbestimmung und Autonomie hin umzustellen" (vgl. Heinze et al. 1988, 188). Eine Anerkennung von Selbsthilfeaktivitäten als ein umfassendes Gestaltungsprinzip der Gesellschaft, das eine übergreifende Selbsthilfeförderung und „Sozialverträglichkeitsprüfung" in einer Reihe von Ressorts des administrativen Systems erfüllt (vgl. z. B. Evers 1981; Hegner 1985), steht nicht zur Debatte.

Die Umsetzung der Richtlinien

Das erste Haushaltsjahr der rot-grünen Koalition steht in enger Kontinuität mit dem konservativ-liberalen Vorgänger. Die Mittel der „Anschubförderung" werden weiter zugunsten der „Weiterförderung" umgeschichtet. Von dieser Verlagerung profitieren in erster Linie die regionalen Selbsthilfe-Kontakt- und Informationsstellen, die von der „Anschubfinanzierung" in die „Weiterförderung" übernommen werden. Im Rahmen der „Weiterförderung" werden jetzt Mittel in Höhe von 7,4 Mio DM für die Unterstützung von 108 Gruppen und Projekten veranschlagt, von denen knapp 7,2 Mio DM verausgabt wurden (vgl. Tabelle 5/6). Auf eine Gruppe entfällt damit durchschnittlich ein Zuschußbetrag von rd. 67.000 DM. Dies entspricht in etwa dem Etat einer Personalstelle von BAT Vb und einem geringen Anteil von Sachmitteln. Für die Anschubfinanzierung stehen 1990 4,2 Mio DM zur Verfügung, mit denen die Aktivitäten von 118

Gruppen gestützt werden. Hauptsächliche Adressaten bleiben die Maßnahmen von Selbsthilfeprojekten. Vereinzelt werden auch kleine Gesprächsgruppen aus dem Förderprogramm bezuschußt. In der Regel werden sie allerdings an die Ressourcen der regionalen und dezentralen Selbsthilfe-Kontakt- und Informationsstellen verwiesen, bei denen sie Hilfe bei der Bereitstellung von Räumlichkeiten und fachliche Unterstützung erhalten können.

Entgegen der erklärten Absicht der Senatsverwaltung läßt sich eine wesentlich verstärkte Förderung von Frauenprojekten nicht erkennen. Wurden 1989 17 Frauenprojekte bezuschußt, so sind es 1990 20 Gruppen, die mit insgesamt 430.000 DM gefördert werden. Es handelt allerdings weniger um eine Verweigerung oder Ablehnung der finanziellen Unterstützung; denn die Anzahl der Neuanträge ist nur in geringem Maße gestiegen. Lediglich 3 Gruppen beantragen in diesem Jahr im Frauenbereich erstmals eine Förderung aus dem Programm. Auch in den anderen Schwerpunkten sieht es ähnlich aus. 93 der 118 Gruppen sind bereits in den vergangenen Jahren gefördert worden. Die Ablehnungsquote bleibt gering. „Nur 6 Anträge mußten abgelehnt werden und 7 wurden entweder zurückgezogen oder konnten wegen Unvollständigkeit nicht abschließend bearbeitet werden. Durch die bewährte Praxis der Projektberatung durch SEKIS und durch die Verwaltung wird den Gruppen/Projekten wesentlich geholfen, nur erfolgversprechende Anträge einzureichen", heißt es im Senatsbericht (SenSoz 1991, 2). Für eine Förderung von Aktivitäten scheint damit weniger die Frage der Kriterien als die fachliche Betreuung bei der Antragstellung - im Sinne einer Vermeidung eines aussichtslosen Unterfangens - bedeutend zu sein.[26]

Die Neugliederung des Mitbestimmungsverfahrens wird im März 1990 mit der Benennung eines achtköpfigen, mehrheitlich von Frauen besetzten Beirats abgeschlossen, dem im wesentlichen Mitglieder von Projekten und Organisationen aus dem sozialen Bereich angehören. Das Frauenplenum und das „gemischte Plenum" des Arbeitskreises „Staatsknete" sind mit jeweils einer Vertreterin berücksichtigt. Die Stellung der Verbände bleibt weiterhin anerkannt. Zwei

---

26   Die Summen der „Anschubfinanzierung" in der nebenstehenden Tabelle weisen in den einzelnen Jahren gegenüber den in lt. Senatsberichten verausgabten Beträge infolge der Übertragung der investiven Mittel Differenzen auf. So standen bspw. 1990 knapp 0,5 Mio DM aus dem vorangegangenen Haushaltsjahr zusätzlich zur Verfügung. Gleichzeitig wurden 0,7 Mio auf das nächste Haushaltsjahr übertragen, weil investive Maßnahmen noch nicht abgeschlossen waren. Von dem zur Verfügung stehenden Ansatz in Höhe von 4,7 Mio DM wurde damit einschließlich der Verwaltungskosten rd. 4,4 Mio DM vergeben. Aus Gründen der Vergleichbarkeit wurde allerdings die vorliegende Darstellungsform gewählt. Die Angaben für das Jahr 1993 geben den vorläufigen Stand wieder.

Tabelle 5: Das Berliner Programm
- Anträge und Bewilligungen 1990-93 -

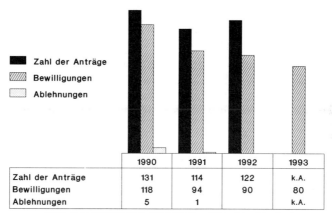

	1990	1991	1992	1993
Zahl der Anträge	131	114	122	k.A.
Bewilligungen	118	94	90	80
Ablehnungen	5	1		k.A.

Quelle: SenSoz 1991;1992;1993; eigene Zusammenstellung; k.A. = keine Angabe

Tabelle 6: Das Berliner Programm
- Anträge und Bewilligungen in DM -

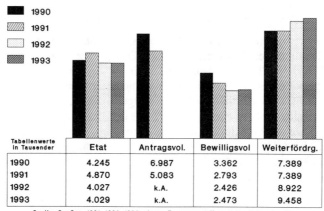

Tabellenwerte in Tausender	Etat	Antragsvol.	Bewilligsvol	Weiterfördrg.
1990	4.245	6.987	3.362	7.389
1991	4.870	5.083	2.793	7.389
1992	4.027	k.A.	2.426	8.922
1993	4.029	k.A.	2.473	9.458

Quelle: SenSoz, 1991; 1992; 1993; eigene Zusammenstellung; k.A. = keine Angabe

Vertreter aus dem vormaligen Gremium bleiben weiterhin im neu gewählten Beirat vertreten. In einer Richtung ändert die Zusammensetzung die Funktion des Beirats: Konflikte zwischen den einzelnen Mitgliedern als Lobbyisten der unterschiedlichen Gruppen einerseits und der Verwaltung andererseits treten des öfteren auf. Den Förderempfehlungen der Verwaltung wird zudem nicht mehr so bedingungslos gefolgt.

Die Vereinigung Berlins hinterläßt ihre Spuren im Förderungsprogramm. Erstmalig erhalten auch Selbsthilfeinitiativen aus dem Ost-Teil der Stadt eine finanzielle Anerkennung. Im großem Maße handelt es sich um Gruppen aus dem längerer Zeit bestanden haben und in Selbsthilfegruppen umettikettiert wurden (vgl. SenSoz 1991, 8). Rd. 300.000 Mio DM werden 32 Gruppen und Projekte zur Verfügung gestellt.

Als eine der bedeutenden Änderungen unter der SPD/AL-Koalition erfolgt in diesem Jahr die Übernahme einzelner Projekte in andere Haushaltsplanstellen. So wird ein Titel zur Förderung von Nachbarschaftsprojekten eingerichtet, in dem 9 Einrichtungen, die z.T. als verbandsabhängige Stellen im Rahmen der Globalförderung der Wohlfahrtsverbände unterstützt wurden, mit sechs bisher aus dem Förderprogramm finanzierten Einrichtungen zusammengefaßt werden. An sich ist dieser Vorgang nichts Ungewöhnliches; denn auch unter der konservativ-liberalen Koalition sind eine Reihe von Projekten in andere Haushaltsstellen übernommen worden. Neu ist allerdings die damit verbundene Einschätzung, daß sich Selbsthilfeinitiativen zu „professionellen" Projekten entwickeln können und damit dauerhaft gefördert werden sollen.

Die weitere Entwicklung des Förderungsprogramms steht unter dem Zeichen der ökonomischen Rahmenbedingungen infolge der Vereinigung Berlins und des Abbaus der Berlinförderung. Von den für das zweite Haushaltsjahr angekündigten Verbesserungen bleibt nur wenig übrig. Statt einer Steigerung bleibt der Etat für die Selbsthilfeförderung weitgehend gleich. Erklärtes Ziel der Senatsverwaltung bleibt allerdings die Erhöhung des Mittelansatzes und die Absicht, einzelne Projekte aus dem Förderungsprogramm auszulagern. Wie seinerzeit die AIDS-Projekte sollen 19 Gruppen in die reguläre Haushaltsförde-rung übernommen werden. Bisher wurden sie mit einem Mittelaufwand von rd. 1 Mio DM im Rahmen der sog. Weiterförderung gestützt.

Die Gelder aus dem Topf der „Anschubfinanzierung" sollen dagegen vorwiegend für den Aufbau von „Selbsthilfestrukturen" im Ost-Teil Berlins zur Verfügung gestellt werden. So ist daran gedacht, in erster Linie den Ausbau von dezentralen Servicestellen zur Unterstützung von Gruppen aus dem Gesundheitsbereich zu fördern. Die Implementation dieser Ziele kann unter einer SPD/AL-Koalition freilich nicht mehr erfolgen. Im Januar 1991 erfolgt nach einer Neuwahl infolge der Auflösung des Regierungsbündnisses die Bildung einer Großen Koalition von SPD und CDU.

Neue Spannungen in der Förderung - der Antritt der „Großen Koalition"

Im Frühjahr des Jahres 1991 gerät das Förderungsprogramm wieder in die Schlagzeilen. Im Gegensatz zur Phase der Politikformulierung ist es dieses Mal nicht eine der konkurrierenden Parteien, die Kritik an dem angeblich mit Sparmaßnahmen verbundenen Charakter der Förderung aufmerksam machen will. Unter ihnen ist es weitgehend ruhig geworden. Selbst die nach der Wahl im Dezember 1990 gebildete „Große Koalition" von SPD und CDU spricht in ihren Vereinbarungen von einem Weiterbestehen des Programms. Die Besetzung des Beirats soll allerdings geändert werden. Die „Kompetenz ... muß durch unabhängige Personen unter Vermeidung von Interessenskollisionen gewährleistet werden", heißt es dazu in der Koalitionsvereinbarung zwischen den Parteien (Dokumentation, 1991, 16). Gedacht ist daran, keine „Betroffenen" als Mitglieder in dieses Gremium aufzunehmen.

Die Kritik kommt diesmal im Rahmen des Berichts über die Haushaltsausgaben vom Rechnungshof. Nach seiner Ansicht droht das „Zuwendungsprogramm auszuufern" und zu unvertretbaren Dauerbelastungen für den Berliner Landeshaushalt" (taz v. 25.02.91: 20) zu führen. Besonderen Unmut ziehen jetzt die Kriterien auf sich. Sie sind in seinen Augen so allgemein gefaßt, daß „nahezu jede nur denkbare gesellschaftliche Aktivität förderungsfähig" (ebd) sei. Die Abweichung von der Konzeption als einem reinen Sachmittel-Programm wird ebenso bemängelt wie die vorgenommene Reduzierung des Eigenanteils an den Bewirtschaftungskosten. Und schließlich seien die Erhöhungen des Programms nicht angemessen, da Sparmaßnahmen bei den öffentlichen und freien Trägern unterblieben seien. Während die Zuschüsse von 1983 bis 1990 um 23,8 % gestiegen sind, wurde der Landeshaushalt lediglich um 4,8 % gesteigert. In dem Gutachten wird schließlich die Verwaltung angewiesen, die Kriterien des Programms zu überarbeiten und enger zu fassen.

Die von der Senatsverwaltung im Laufe des Jahres vorgenommene Überarbeitung der Richtlinien bezieht sich indes weniger auf die Inhalte und Zielrichtung des Programms als auf die Änderungen der dem Haushaltsrecht entgegenstehenden Formulierungen. So sollen die Mittel im Rahmen der „Weiterförderung" nunmehr nicht mehr „quasi unbefristet" (SenSoz 1990b), sondern nur noch „im Rahmen der verfügbaren Haushaltsmittel" (SenSoz1991b) vergeben werden.

Neu hinzugekommen ist als Konzession an die Selbsthilfeinitiativen die Benennung des Adressatenkreises „Frauen- und Alternativprojekte" (SenSoz 1991b).

Die finanziellen Restriktionen der öffentlichen Haushalte, Eingriffe in Träger- und Partizipationssstrukturen sowie Schwierigkeiten bei der Umsetzung der propagierten Vorstellungen bestimmen in diesen Jahren die Implementation des Förderprogramms. „Ziel der Selbsthilfeförderung ist ... die Schaffung gleicher Lebensverhältnisse in beiden Stadtteilen durch Angleichung und Ausbreitung von Selbsthilfegruppen im Ostteil der Stadt" (SenSoz 1993, 32) lautet es hierzu im Senatsbericht.

Werden die erheblichen Strukturunterschiede zwischen den beiden Teilen der Stadt in der gesundheitlichen und sozialen Versorgung im allgemeinen und in der Förderung von Selbsthilfeinitiativen im besonderen in Betracht gezogen, so mag diese Zielvorstellung vielleicht verständlich sein. Anfang der 90er Jahre existieren im Westteil etwa 1200-1400 Selbsthilfeinitiativen im Bereich gesundheitlicher und sozialer Dienste.[27] Hierunter rechnen neben 25 Selbsthilfeorganisationen mit zahlreichen Mitgliedsvereinigungen etwa 600 Selbsthilfeprojekte und 600-800 Selbsthilfegruppen, die aus dem Landesprogramm und diversen Titeln des öffentlichen Haushalts mit etwa 16 Mio DM gestützt werden.[28] Demgegenüber existieren im Ostteil der Stadt neben den bereits seit Jahrzehnten bestehenden Selbsthilfeorganisationen und einer relativ geringen Anzahl von Selbsthilfegruppen etwa 200 Projekte, die zum großen Teil aus AB-

---

27   Die Aussagen zu diesem Komplex beruhen auf einer Auswertung diverser Materialen wie dem jüngsten Adressenverzeichnis der Berliner „Projekteszene, des „Stattbuchs" West und Ost-Berlins, den Unterlagen von Servicestellen und Senatsverwaltungen; vgl. Fehse/Garms 1992, 53 ff. Huber 1987, 28 kommt bei seiner Studie auf 600 Selbsthilfegruppen und -projekte, Grottian/Kück 1983, 87, sprechen Anfang der 80er Jahre von 830 Projekten im Westberliner „Selbsthilfe- und Alternativsektor", Runge/Vilmar (1985; 1988,79) gehen demgegenüber von 1800-1900 Gruppen aus. Die häufig widersprechenden Zahlenangaben beruhen neben den unterschiedlichen Unterlagen und Quellen der Analyse vor allem etwas mit dem zugrundliegenden Selbsthilfebegriff; vgl. hierzu auch Abschnitt Die Selbsthilfe-Landschaft - eine Begriffsbestimmung

28   Huber 1987, 117 geht bei seiner Erhebung von „240 Vollzeit- und 740 Teilzeitstellen" (Huber 1987, 117) aus. Die Beschränkung der Studie auf die durch den Gesundheits- und Sozialsenat geförderten Gruppen einerseits sowie die Einbeziehung von „Großprojekten" mit mehreren Millionen Jahresetat lassen die Aussagen allerdings in einem äußerst prekären Licht erscheinen. Den hier gemachten Angaben liegen die Summen aus dem Landesprogramm und diversen Titeln des öffentlichen Haushalts zugrunde; vgl. Fehse/Garms 1992, 58ff.

Mitteln finanziert werden. Die öffentliche Unterstützung aus dem Landesprogramm beläuft sich 1990 auf 100.000 DM (vgl. Tabelle 5/6). Legt man den West-Berliner Standard der öffentlichen Förderung im Selbsthilfe-Sektor zugrunde, müßten etwa 400 Projekte mit einem Gesamtbetrag von knapp 10 Mio DM aus den Mitteln des öffentlichen Haushalts gefördert werden (Fehse/Garms 1992, 65ff.).

Eine solchermaßen gestaltete Strategie macht allerdings den Mangelzustand zum Idealmaß und Richtwert einer Entwicklung; denn auch in West-Berlin hat die Selbsthilfe-Förderung allenfalls einen marginalen Status, was insbesondere die wenig abgesicherte finanzielle Unterstützung von Projekten deutlich zeigt. Inwieweit eine „Strukturanpassung" des Ostteil Berlins an den westlichen „Standard" überhaupt sinnvoll und durchsetzbar ist, ist dabei mehr als fraglich. „Selbsthilfe" läßt sich bekanntlich weder problemlos übertragen noch wie eine Arznei verordnen. Aber um eine Unterstützung der Selbsthilfe als Stützung der „besonderen Produktivität" und des „Eigensinns selbstorganisierter Gruppen und Projekte" (Heinze et al. 1988, 184) als Strategie, die den „Verbreitungsgrad von Selbsthilfe und Selbstorganisation sozial und geographisch" (ebd.) verbessern will oder sogar die Verschränkung zwischen „informellen und professionellen Hilfesektor" (Olk) zum Ziel hat, geht es hier keineswegs.

„Funktionierende Träger und Projekte müssen angeregt werden, rechtzeitig im Ostteil initiativ zu werden. Die Projekte sollen zusehen, mit wem sie im Ostteil zusammenarbeiten können. Denjenigen, die sich weiterhin auf die Insellage Westberlins konzentrieren, werden wir sagen können, daß das politisch nicht haltbar ist" (zitty Nr. 6/91, 10), heißt es hierzu vom Senator für Jugend und Familie. Die Programmmittel sollen bevorzugt für den Aufbau der „sozialen Versorgung des Ostteil Berlins" (SenSoz 1992, 3) verwandt werden. Eine „Ausweitung der Selbsthilfeförderung für den Westteil Berlins (ist) nicht in größerem Ausmaß möglich", meint der zuständige Senatsverwaltung (SenSoz 1991, 11).

Die Realisierung dieser Absichten stößt allerdings auf erhebliche Schwierigkeiten. Der 1991 zur Verfügung stehende Ansatz der „Anschubfinanzierung" in Höhe von 4,2 Mio wird zwar im Rahmen der Beratungen zum Nachtragshaushalt um 1 Mio DM zweckbestimmt zur Stützung von Selbsthilfegruppen im Ostteil Berlin erhöht. Von dem bereitstehenden 1,2 Mio DM können allerdings lediglich 340.000 DM, also rd. ein Drittel des zur Verfügung stehenden Volumens vergeben werden (vgl. Tabelle 5/6). Der Anteil der im westlichen Teil ansässigen Gruppierungen überwiegt nach wie vor bei weitem. Von den in der „Anschubfinanzierung" finanzierten 94 Gruppen stammen 60 aus der westlichen Stadthälfte. Noch deutlicher wird dies Verhältnis im Hinblick auf die Zuschüsse. Von den im Rahmen dieser Förderschiene vergebenen 2,7 Mio DM entfallen allein 2,4 Mio DM an Gruppen aus dem Westteil.

Unter den finanziellen Vorgaben der Haushaltsplanung werden die in der „Anschubfinanzierung" vergebenen Zuschüsse an einzelne Gruppen im Vergleich zu den Vorjahren werden erheblich reduziert, gleichzeitig erfolgt die Umsetzung der unter der SPD/AL Koalition angekündigten Verbesserungen. So werden einzelne Projekte in die „reguläre" Haushaltsförderung ausgelagert, die Personalkostenzuschüsse der in der „Weiterförderung" befindlichen Projekte erhöht und die personelle Ausstattung der regionalen Servicestellen verbessert. Diese Einrichtungen erhalten zum Teil noch eine ergänzende Sachmittelförderung aus der Anschubfinanzierung. Andere Gruppen, die einen Antrag im Rahmen der „Anschubfinanzierung" gestellt haben, werden an andere Senatsressorts überantwortet. In anderen Fällen werden die Senatszuschüsse an Projekte ersatzlos gestrichen,

Die finanziellen Rahmenbedingungen der Mittelvergabe mit ihrem weitgehenden Ausschluß von Neuanträgen führen im Laufe des Jahres 91 zu einer Aussetzung der eingeräumten Partizipationsmöglichkeiten von Seiten der Verwaltung. Wurde im Haushaltsjahr 90 der Beirat noch weitgehend einbezogen, so findet eine Beteiligung des Gremiums weder bei der Änderung der Förderkriterien noch bei der Prüfung von Neuanträgen für die beiden Förderschienen des „Berliner Modells" statt. Dies führt zu erheblichen Mißstimmungen zwischen Verwaltung und den Mitgliedern dieses Gremiums, die gegen die Einschränkung der zugesagten Mitbestimmungsmöglichkeiten bei der Sozialsenatorin protestieren. Erst im letzten Quartal wird der Beirat wieder in entsprechender Form beteiligt. Seine Erweiterung durch vor allem aus Verbänden stammende Vertreter aus dem Ostteil Berlins deutet eine Hinwendung zur traditionellen Zusammensetzung an.

Die Ereignisse des Jahres 91 scheinen ein Vorbote für ein die nächsten Jahre bestimmendes „Streichorchester" zu sein. In verstärktem Maße wirken sich die haushaltsrechtlichen Voraussetzungen aus, nach denen die Ausgaben zu den sog. freiwilligen Mitteln gehören (vgl. Deutscher Verein für öffentliche und private Fürsorge 1986, 339 f). Ein Rechtsanspruch auf diese Zuschüsse ist in keinem Fall gegeben. Seitens der Verwaltung wird die Strategie der vergangenen Jahre - unter restriktiveren ökonomischen Bedingungen - weiter fortgesetzt. Es werden weiterhin dreijährig geförderte Gruppierungen aus der „Anschub- in die „Weiterförderung" übernommen, während einzelne Projekte in die „Regelförderung" abgegeben werden. Der Ansatz der Weiterförderung übersteigt im Jahre 93 erstmals 9 Mio DM. In verstärkten Maße sind allerdings auch die in der Weiterförderung finanzierten Gruppen von erheblichen Kürzungen bis zu völligen Streichungen betroffen. 1993 werden 17 Projekte, zum Teil mit Hinweis auf die „strukturellen Sparmaßnahmen" (SenSoz 1993, 33) nicht mehr aus öffentlichen Mitteln unterstützt. In wesentlich höherem Maße als zu Zeiten der „heißen" Entstehungsgeschichte des Programms wird zudem der Einbau von in „Selbsthilfe" erbrachten Leistungen in das öffentliche Versorgungsangebot auf unsicherer finanzieller Basis geregelt. Man mag über die Entwicklungen lamentieren oder Chancen für eine allmähliche Wandlung der Gesellschaft sehen. Der bisherige Stand zeigt allerdings wenig von einem Entstehen einer „Selbsthilfegesellschaft".

Bewegungen in der Landschaft - die Folgen der Unterstützung auf Verbände und Initiativen

Die Auswirkungen auf die Selbsthilfeinitiativen

Daß das „Berliner Modell" sich durch eine selektive Wirkung bei den Nutzern des Programms auszeichnet, wurde bereits in einem der vorigen Kapitel angedeutet (vgl. Abschnitt Wirkungen und Folgen der Unterstützung). Mit der Ausweitung der „unspezifischen" Förderung durch die zentralen und regionalen Kontaktstellen wird ein relativ hoher Standard in der Unterstützung einer Teilgruppe der Selbsthilfeinitiativen, den kleinen gesprächs- und handlungsorientierten Selbsthilfegruppen und den Mitgliedsvereinigungen der Selbsthilfe-Organisationen erreicht. Die Bedürfnisse nach Beratung und Information können bei diesen Gruppierungen mit ihrem relativ geringen finanziellen Förderbedarf offensichtlich befriedigt werden.

Anders sieht es dagegen bei den Selbsthilfeprojekten aus. Die unsichere, prekäre Finanzierung aus dem Landesprogramm vermag nach wie vor nur in geringem Maß ihre Tätigkeit zu stabilisieren. Die Bedeutung des „Berliner Modells" als ein beschäftigungssicherndes Programm ist für diese Gruppierung gering. Entgegen den Anfängen der Politikformulierungsphase bleiben die Auseinandersetzungen allerdings weitgehend aus. Diese Tatsache wird noch einmal an den Auswirkungen der Sparmaßnahmen in der letzten Zeit deutlich, die vom großen Teil der Projekte hingenommen werden. Im Gegensatz zu früheren Jahren erfolgt nur eine geringe Reaktion. Ein Teil der Frauenprojekte kann sich noch zu gemeinsamen Handlungen aufschwingen. In Einzelfällen gelingt es auch Mitarbeitern sozialer Projekte, wie jüngst geschehen, selbst so langjährig bestehende Projekte wie das Schwulenzentrum von der vollständigen Streichung der öffentlichen Mittel zu bewahren. Die Zusammenhänge zwischen den Projekten sind jedoch zerfallen. Der „Arbeitskreis Staatsknete" hat in den letzten Jahren allenfalls noch als individuelles Beratungsorgan denn als Instanz einer koordinierenden politischen Mobilisierung fungiert. Eine seiner letzten Tätigkeit besteht in der Satzungsänderung, die nach der 1990 erfolgten endgültige Loslösung des Verbunds der Frauenprojekte vom ursprünglichen Arbeitskreis die Nachfolge an diesen Vertreter übergibt. Die vorher praktizierte Trennung im Vorgehen der Projekte findet damit seinen Abschluß.

Die Vereinzelung von Selbsthilfeinitiativen - hier insbesondere der Projekte aus dem Alternativbereich - ist im Lauf der Zeit weit vorangeschritten. Wie in der Bürgerinitiativbewegung im letzten Jahrzehnt vor allem eine Konzentration auf juristische Auseinandersetzungen und eine Professionalisierung zu Verbands- und Rechtsexperten, kurzum: eine „Durchwissenschaftlichung" (Ulrich Beck) des Protestes erfolgt ist, so hat auch bei den Selbsthilfeinitiativen eine Verschiebung der Akzente stattgefunden.

„Man lebt weit mehr voneinander, als es Mollis und Hardlinern jeder Coleur lieb sein könnte" hat Joseph Huber einmal das Verhältnis zwischen Gruppen und politisch-administrativem System beschrieben (Huber 1987, 111). Selbst wenn eine solche Charakterisierung zu Mißdeutungen Anlaß geben kann und daher sehr ergänzungsbedürftig ist, ist damit die Beziehung mit Selbsthilfeinitiativen und politisch-administrativem System in einem Punkt treffend charakterisiert: sie ist weit weniger von einem Störverhältnis (Pfütze 1988) als von einer zwar nicht immer konfliktfreien, aber durchaus fruchtbaren Kooperation geprägt. Daß es sich dabei um ein treffendes Bild handelt, macht die jüngste Entwicklung noch einmal sehr deutlich. Eine Reihe von „Selbsthilfeprojekten" haben mittlerweile mehrere Filialen in diversen Stadtteilen und sich im Verlauf der Jahre zu kleinen Sozialkonzernen gewandelt. Dabei geht es nicht mehr um Kleingeld. Unterstützungsbeträge von mehreren Hunderttausend Mark sind keine Seltenheit mehr. Dieser Teil der „Initiativen-Landschaft" legt eine bemerkenswerte Fähigkeit an den Tag, neue förderungsfähige Projekte zu konzipieren. Zu wahren Finanzexperten der öffentlichen Förderung geworden, ziehen sie ein förderungsfähiges „Projekt" nach dem anderen hoch, zum Teil mit abenteuerlicher Finanzierung aus diversen Titeln, kennen jeden Telefon- Anschluß und jedes Amtszimmer genau und sind mittlerweile zu wichtigen Ansprechpartnern der Verwaltung in „Problemfällen" geworden. Mutiert zu „Betroffenen"- Funktionären und „Sozialkonzernen" legen sie vereinzelt sogar im Verein mit staatlichen Kämmerern die Grundlagen für die „Neu"-Strukturierung der gesundheitlichen und sozialen Dienste fest. Das Förderungsprogramm für „Selbsthilfegruppen" ist dabei allerdings nur eine untergeordnete Geldquelle; denn der Weg zu anderen Quellen wie der Arbeits- und Wirtschaftsförderung steht nunmehr offen.

Bei wiederum anderen zeigt sich die Tendenz, sich mit Mitteln der Bundesanstalt für Arbeit (ABM) ihre Beschäftigung zu organisieren. Wie in anderen

Teilen „sozialer Bewegung" beginnt man sich mit den Verhältnissen zu arrangieren. Die treibende Kraft ist weniger die Motivation der Selbst- und Sozialveränderung als die Schaffung und Absicherung des eigenen Arbeitsplatzes. In der Konkurrenz zu anderen Alternativprojekten - müssen sie besser, billiger, schneller sein, um ihre Existenz zu garantieren. [29]

Die von Rolf Schwendter am Beispiel der alternativ-ökonomischen Betriebe angesprochene „Gegeninitiativen, die demgegenüber die Grundsätze der Selbstverwaltung besonders aufrechterhalten" (1989, 18), sind in der Berliner Selbsthilfe-Landschaft zwar vorhanden. Sie befinden sich jedoch absolut gesehen in der Minderzahl. Der Kollektiv-Gedanke erweist sich eher noch als Auslaufmodell. Der Beitrag der Gruppen zu einer Stabilisierung sozialer Bewegung erscheint aufgrund dieses Tatbestandes mehr als gering.

So ist es abwegig, die Selbsthilfeinitiativen mit sozialer Bewegung gleichzusetzen (vgl. z.B. Olk 1987; Trojan 1986). Die Berührungspunkte sind zu schwach, als daß sie eine solche Mutmaßung erhärten könnten. Kooperations- und Diskussionszusammenhänge existieren kaum. Es sind also fraglos eine Reihe von Kriterien erfüllt, die Rudolph Bauer für eine Nachfolge der Wohlfahrtsverbände setzt. Bei einem Großteil der Selbsthilfeinitiativen herrschen organisatorisch-betriebliche und fachlich-professionelle Probleme vor. Die „Bewegungsenergie" hat sich größtenteils in „Etablierungsenergie" (Huber) verwandelt. In einer Reihe von Fällen hat sich bereits mehr oder weniger offen eine hierarchisch gegliederte, zentrale Leitung durchgesetzt. Die Entwicklung zu den personenungebundenen Gruppen und Organisationsprozessen mit einer systematischen Finanzierungsplanung scheint in einer Vielzahl von Gruppen bereits abgeschlossen.

Dennoch ist es kurzschlüssig, von diesen Anzeichen darauf zu schließen, daß die Selbsthilfeinitiativen einmal den Weg der frühen sozialen Bewegungen der Wohlfahrtsverbände gehen werden. Ihre nach wie vor zum großen Teil prekäre Finanzierung, die geringe Vernetzung und eine gerade in den letzten Jahren zu beobachtende Tendenz lassen erheblich daran zweifeln. Gemeint ist hier die zunehmende Annäherung von Selbsthilfeinitiativen an die Wohlfahrtsverbände und hier vor allem an den DPWV. Insbesondere der DPWV hat in den letzten Jahren zahlreiche Mitgliedsvereinigungen aus dem alternativen Spektrum mit

---

29   Daß das Arbeitsamt der größte „Arbeitgeber" der Projekte ist, zeigt auch die Auswertung von Unterlagen des öffentlichen Haushalts, des Statistischen Landesamtes, des Arbeitsamtes und anderer Materialien: danach existieren ca. 1300 Stellen im Bereich der Selbsthilfeprojekte in Gesamt-Berlin, die zu mehr als 80 % über AB-Mittel finanziert werden; lediglich 180 volle Personalstellen werden über den Landeshaushalt bezuschußt; vgl. Fehse/Garms 1992, 58ff.

dazu gewonnen (vgl. hierzu Bremen 1987, 72f.) Das ist eine durchaus widersprüchliche Tendenz, wenn man bedenkt, daß die eigenen Organisations- und Kooperationsformen seit Jahren stagnieren. Richtiger ist es schon, von einer zunehmenden Annäherung und wechselseitigen Durchdringung zwischen politisch-administrativem System und Initiativen zu sprechen. „Wenn das so weiter geht, schreiben wir die nächste Ausgabe dieses Buches mit doppeltem a und einfachem t" beschreibt einer der Berliner „Stattbuch"-Autoren diese Entwicklung (Mailänder 1989, 11).

Die geläufige Praxis zwischen Selbsthilfeinitiativen und Verbänden gibt denn auch wenig für eine Beschreibung als ein von Konkurrenz geprägtes Verhältnis her (vgl. Abschnitt Wohlfahrtsverbände). Auf fachlichem Gebiet ist die Zusammenarbeit zwischen großen Teilen der Initiativen und den Verbänden keine Frage. Die Organisation von sozialen Projekten unter dem Dach des DPWV tut ihr übriges dazu.

Die in der Literatur des öfteren angeführten Bedenken hinsichtlich einer Instrumentalisierung der Interessen von Selbsthilfeinitiativen scheinen dennoch nicht groß von Bedeutung zu sein. Schwerer wiegt anscheinend die Möglichkeit, den Bedarf an Beratung und die bestehenden informellen Kontakte des Verbandes zu Politik und Verwaltung für die Verbesserung der finanziellen Ausstattung zu nutzen.[30]

Die Auswirkungen auf die Verbände

Der Politikverlauf des Berliner Programms zeigt auf Seiten der Verbände im hohen Maße die Strategie der „abwartenden Tolerierung" (Olk 1987). Eingebunden in die Entwicklungsphase des Programms zeichnet sich ihre Stellung

---

[30] Die Ziele des Verbandes und die Interessen der ihm angeschlossenen Gruppen und Initiativen sind zwar nicht deckungsgleich. Der DPWV hat einerseits ein großes Interesse an einem Anschluß von Mitgliedsvereinigungen, um einerseits als Sprecher der Initiativenszene aufzutreten und andererseits seine Stellung bei der Verteilung finanzieller Ressourcen gegenüber den anderen Verbänden zu verbessern, während die einzelnen Gruppen sind in erster Linie an einer Absicherung ihrer Tätigkeiten interessiert sind. Der Zustrom neuer Mitglieder wird bei der internen Verteilung des Globalzuschusses zwischen den Spitzenverbänden der Freien Wohlfahrtspflege nicht genügend honoriert.. Zudem kkann das Binnerverhältnis innerhalb der Organisation durch die Verlagerung möglicher Konflikte in die interne Verbandsarbeit Schaden leiden. In diesem Sinne sind die Klagen über die mangelnde Berücksichtigung der Situation des Verbandes durch die anderen Träger der Wohlfahrtspflege zu verstehen (Interview/ Wohlfahrtsverbände); vgl. auch vgl. Sengling 1986; Olk 1987.

eher durch das Lasséz-faire-Prinzip aus. Sie bestimmen den Prozeß nicht entscheidend mit noch nutzen sie die Fördermittel für ihre Zwecke.

Sicherlich haben nicht alle Verbände das gleiche Interesse an der Mitwirkung bei der Unterstützung von so bezeichneten Selbsthilfeaktivitäten. Wo es besteht, wird dem allerdings auch entsprochen. Die Aufteilung der regionalen Kontakt- und Informationsstellen ist da das beste Beispiel. Neben einer Reihe meist dem DPWV angeschlossener freier Träger haben das Diakonische Werk, der DPWV selbst, und seit neuerem die Arbeiterwohlfahrt mit dem „Sozialpädagogischen Institut" (SPI) den Zuschlag für die Trägerschaft dieser Einrichtungen erhalten.

Tab.7: Die Wohlfahrtspflege in Berlin
- Förderung 1983-93 -

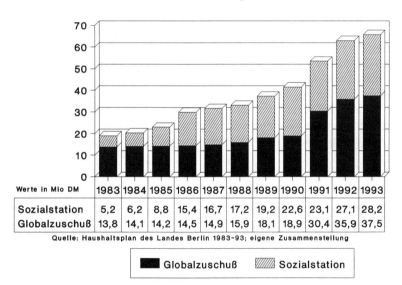

Werte in Mio DM	1983	1984	1985	1986	1987	1988	1989	1990	1991	1992	1993
Sozialstation	5,2	6,2	8,8	15,4	16,7	17,2	19,2	22,6	23,1	27,1	28,2
Globalzuschuß	13,8	14,1	14,2	14,5	14,9	15,9	18,1	18,9	30,4	35,9	37,5

Quelle: Haushaltsplan des Landes Berlin 1983-93; eigene Zusammenstellung

■ Globalzuschuß   ▨ Sozialstation

Die herausragende Stellung der Wohlfahrtsverbände wird durch die Implementation des Förderungsprogramms zudem in keiner Weise angetastet. Diese Feststellungen werden nicht allein durch die Haltung der Verbände während des Prozesses der Politikumsetzung bestätigt, sondern durch die Ergebnisse der Haushaltsbudgetanalyse weiter erhärtet. Die beiden wichtigsten Haushaltstitel zur Förderung der Freien Wohlfahrtspflege, der Titel zur Förderung der Spitzenverbände der Freien Wohlfahrtspflege und der Zuschüsse für Sozialstationen, die im übrigen ein Vielfaches des Selbsthilfeprogramms umfassen, sind in den letzten Jahren trotz der viel diskutierten Sparmaßnahmen kontinuierlich gestiegen (vgl. Tabelle 7).[31] Lagen die Zuwendungen im Rahmen dieser Titel noch bei rd. 19 Mio DM, so wurden 1993 bereits mehr als 60 Mio DM veranschlagt.

Zusammenhänge zwischen der Selbsthilfeförderung und der Subventionierung der Freien Wohlfahrtspflege, geschweige denn Auswirkungen der finanziellen Unterstützung von Selbsthilfeinitiativen auf die Träger der Freien Wohlfahrtspflege lassen sich unter keiner der jeweiligen Regierungen nachweisen. Dies wird noch einmal deutlich bei der Entwicklung der jüngsten Zeit deutlich. Bei der Neustrukturierung der gesundheitlichen und sozialen Versorgung im Ost-Teil Berlins werden die Träger der Freien Wohlfahrtspflege im hohem Maß beteiligt, was vor allem die überproportionalen Steigerungen der Jahre 91-93 zeigen. Die „Anpassung" der gesundheitlichen und sozialen Versorgung an den westlichen „Standard" im Bereich der Sozialstationen und anderer sozialen Dienste wird als ihr originärer Aufgabenbereich angesehen.

Damit zeigt sich eine Tendenz, die in der Literatur schon des öfteren erwähnt wurde, aber im Zeichen einer angeblichen „Herausforderung" der Verbände durch die Aktivitäten von Selbsthilfeinitiativen ein wenig an Gewicht verloren hat: daß gerade in Zeiten knapper öffentlicher Mittel öffentliche Hand und verbandliche Träger wieder stärker aneinander rücken (Windhoff-Héritier 1982). Die Stellung der Verbände scheint trotz der vielfachen Kritik an den Strukturen und Arbeitsweisen ungebrochen. Vom installierten Förderungsprogramm sind die Träger der Freien Wohlfahrtspflege in keiner Weise tangiert.

Das Berliner Programm - eine abschließende Betrachtung

Betrachtet man die Entwicklung und Umsetzung des Berliner Programms unter dem Blickwinkel seiner Abschnitte, so bewahrheitet sich auch hier die in der politikwissenschaftlichen Literatur getroffene Feststellung (vgl. z. B. Wind-

---

31 Die z.T. sehr hohen investiven Zuschüsse werden ebenso wenig berücksichtigt wie die finanzielle Unterstützung in anderen Ressorts des öffentlichen Haushalts. Im Titel Globalzuschüsse sind neben den Zuwendungen für die laufende Sozialarbeit auch andere Posten wie die Fördersummen an unter der Trägerschaft der Wohlfahrtsverbände stehende Einrichtungen enthalten sind. Bis 1985 waren hierunter auch die Zuwendungen für den Aufbau von Sozialstationen gefaßt. vgl. hierzu den Haushaltsplan des Landes Berlin der Jahre 83-93, insbes. Titel 684 11; Titel 684 37

hoff-Heritier 1987): die Trennung in die Phasen von Politikformulierung, -implementation und Neuformulierung ist rein analytischer Natur. Sie bestehen allenthalben nebeneinander mit der Folge, daß vor allem der Anfang einer neuen Periode kaum eindeutig zu bestimmen ist.

In seiner mittlerweile mehr als 10-jährigen Geschichte hat es zahlreiche Phasen durchlaufen, ist mal mehr, mal weniger öffentlichkeitswirksam neu formuliert worden, während die Implementation allgegenwärtig war und noch immer ist. Dennoch hat diese Differenzierung ihren Erkenntniswert: Der Wandel innerhalb der zugrunde liegenden Tendenzen und der politischen Bedeutung treten in dieser Betrachtungsweise klar hervor.

Die Entstehungsgeschichte weist immer wieder auf die gesellschaftlichen Auseinandersetzungen seiner Zeit hin, die ihm das besonderes Gepräge geben. Die Anfänge gehen bis in das Jahr 1980 zu den auf dem Hintergrund einer aktiven Alternativszene erfolgten Gesprächsangeboten des SPD-Senators Glotz zurück. Auch der Beginn der eigentlichen Politikformulierungsphase im Herbst 1982 ist ohne die gesellschaftlichen Konflikte nicht zu begreifen. Als ein Kooperationsangebot an die auf dem Hintergrund der Hausbesetzungen gewichtig erscheinenden Alternativbewegung wird die „Selbsthilfeförderung" zu einem Bestandteil einer in den eigenen Reihen der CDU umstrittenen „Krisenlösungsstrategie". Bereits ein halbes Jahr später entwickelt sie sich mit dem Zerfall der bestimmenden Strömung dieser Zeit zu einem Teil des „Sozialmodells Berlin" als einer neuen Variante christdemokratischer Sozialpolitik. Die Konzeptualisierung des Programms ist dann in erster Linie durch Rücksichtnahmen auf die Träger der Freien Wohlfahrtspflege bestimmt, die einerseits daran partizipieren können und andererseits auch in die Vergabepraxis eingebunden sind. Der Projekteverbund kann sich mit keiner seiner Vorstellungen durchsetzen.

Die besondere Bedeutung liegt in den folgenden Jahren in der ideologischen Funktion als Instrumentarium, mit dem die Kompetenz der Partei und seines Initiators unterstrichen werden kann. Mit der Einführung der vorerst zeitlich befristeten „Weiterförderung" wird schließlich der größte Bruch gegenüber den anfänglichen Vorstellungen markiert. Demgegenüber erweisen sich die nachfolgenden Änderungen als gering. Die Neuformulierung durch die SPD/AL-Regierung erbringt einige Modifikationen, ohne die grundsätzlichen Strukturen anzutasten. Unterschiede liegen dabei vor allem in den „politics", der vorgenommen formalen Beteiligung von Selbsthilfeinitiativen an der Neuformulierung, ohne daß dies einen wesentlichen Einfluß auf den Inhalt der politischen Maßnahmen hat. Ein von den Parteien der SPD und AL vor einigen Jahren favorisiertes Beteiligungsmodell findet keine Berücksichtigung. Adressatenkreis wie das Verfahrensmodell sind unter den verschiedenen Regierungen weitgehend unverändert.

Auch auf Seiten der Gruppen macht der Verlauf der Entwicklung auf die Verbindung zu den Auseinandersetzungen in der Gründungszeit aufmerksam. Die hohe Aufmerksamkeit für die Thematik während der Hausbesetzungen hat die Selbsthilfeförderung zu einem politischen Thema machen können. Der Verbund der einzelnen Formen von Selbsthilfeinitiativen ist allerdings schwach. Gemeinsames Handeln hat auch in der Politikformulierungsphase in erster Linie zwischen den Projekten stattgefunden. Bis auf den Bereich der Frauenprojekte zerfallen in den folgenden Jahren die kontinuierlichen Zusammenhänge. Eine Individualisierung, bemüht im direkten Umgang mit staatlichen Stellen oder über einen Beitritt zu den Verbänden die Finanzierung zu sichern, macht sich bemerkbar.

In der Gesamtheit läßt sich eine Annäherung zwischen Selbsthilfeinitiativen und politisch-administrativem System ohne Frage feststellen. Die darauf fußenden Annahmen hinsichtlich einer Transformation der Initiativen zu Nachfolgern der Wohlfahrtsverbände gehören allerdings in das Reich der kaum zu belegenden Mutmaßungen. Neben der geringen Vernetzung der Gruppen existiert keine diese Entwicklung fördernde finanzielle Unterstützung der Gruppen. Das Programm ist zwar bisher zwar keinen Kürzungen unterzogen, es ist allerdings auch nicht derart ausgeweitet worden, daß es den Status eines marginalen Sonderprogramms verlassen hätte.

An der Entwicklung und Umsetzung des Förderungsprogramms wird vor allem eines deutlich: die unterschiedlichen sozialpolitischen Leitvorstellungen der einzelnen Parteien bleiben ohne wesentliche Auswirkungen auf die Förderungspraxis. Sie sind nicht in der Lage, die These von einem prägenden Einfluß der parteipolitischen Konstellationen zu stützen. Die Strukturen bleiben weitgehend unverändert, Verlauf und Modalitäten des Programms werden im wesentlichen durch die Verwaltung gesteuert. Unter keiner der jeweiligen Regierungen erfolgt die Selbsthilfeförderung zu Lasten der Verbände. Sie bleibt davon unbeeindruckt und erfährt sogar noch wesentlich höhere Mittelsteigerungen ihres Etats.

Es ist leicht ersichtlich, daß die Unterstützung von Selbsthilfe nur wenig mit einer Förderung als selbsthilfeunterstützender Strukturpolitik gemein hat. Genauso wenig ist sie allerdings ein bedeutendes Instrumentarium zur Verlagerung bisher öffentlich erbrachter Dienstleistungen gewesen. Es spricht einiges für eine zukünftige Entwicklung für eine zukünftige Entwicklung, die wenig mit einer Etablierung von Selbsthilfe-Ansätzen und „neuen sozialen Diensten" zu tun hat: die Übernahme „brauchbarer" Ansätze in das öffentlich professionalisierte System gesundheitlicher und sozialer Versorgung mit einem damit verbundenen Anstieg von „Betroffenen-Funktionären" und „neuen Sozialtechnokraten", der Einzug des „kooperativen Modells" in die Verbandsarbeit und die Stützung von

Selbsthilfeaktivitäten als randständigen Bereich des staatlichen Dienstleistungsangebots. Stärkere Eingriffe in die Arbeitsstrukturen und Zielsetzungen der einzelnen Gruppen erscheinen zukünftig wahrscheinlicher. Der Charakter des Programms als ideologisches Instrument im Wandel der gesellschaftlichen Verhältnisse rückt damit deutlich in den Vordergrund.

Eine Selbsthilfeförderung konservativer
Prägung - Das Münsteraner Stiftungsmodell -

Bekannt geworden ist Münster vor allem durch seine Altstadt, den Dom und die
Universität. Auch heute noch ist jeder vierte der 270.000 Einwohner Student an
einer der Hochschulen (Stadt Münster 1987, 150f.). Der Hochschulbetrieb gibt
Impulse und hinterläßt seine Wirkungen auf dem Arbeits- und Freizeitbereich.
Nahezu zwei Drittel der Beschäftigten arbeiten im Dienstleistungsbereich. Eine
überdurchschnittlich hohe Arbeitslosenquote, steigende Sozialhilfelasten und
eine zunehmende Verschuldung des Haushalts sind die Probleme, die diese
Stadt mit vielen Kommunen gemeinsam hat. Im Vergleich zu den anderen
kreisfreien Städten in Nordrhein-Westfalen hat sie allerdings noch einen guten
Stand. Netto-Kreditaufnahme wie Pro-Kopf-Verschuldung bewegen sich auf
einem relativ niedrigen Niveau.[32]

Münster steht hier als Beispiel für eine traditionell konservativ dominierte Politik der Selbsthilfeförderung. Seit Jahrzehnten hat die CDU die Stadt mit absoluter Mehrheit regiert. Bis in die 80er Jahre hinein bleibt für die SPD, die FDP
und die 1979 in den Rat der Stadt eingezogene Grün-Alternativen Liste (GAL)
nur die Rolle der Opposition übrig.

Selbsthilfeinitiativen sind in der Stadt relativ häufig vertreten. Insgesamt sind es
etwa 200 Gruppen in der Stadt, ohne daß damit die vorwiegend ehrenamtlich
arbeitenden Gruppierungen in den kirchlichen Gemeinden und den Trägern der
„Freien Wohlfahrtspflege" mitgerechnet sind. Diese gehören vor allem der
Caritas und der Inneren Mission an. Es existieren etwa 30 vor allem soziokulturelle Projekte, die sich zum großen Teil unter dem Einfluß der Hochschulen
herausgebildet haben. Ein Teil dieser Projekte hat sich dem DPWV ange-

---

32 Der Verwaltungshaushalt der Stadt beträgt 1988 ca. 750 Mio DM, wobei ca. 35 Mio
    DM für Zins und Tilgungsleistungen aufgewendet werden. Dies entspricht einer Pro-
    Kopf-Verschuldung von etwa 1130 DM; demgegenüber weisen andere kreisfreie
    Städte in NRW teilweise eine dreifach höhere Belastung aus; vgl. Stadt Münster 1990c

schlossen, der über die für eine Kreisgruppe beachtliche Zahl von etwa 92 Mitgliedsvereinen unterhält. Er unterstützt diese z.T. durch „Kooperationsverträge", bei denen technische Hilfen oder auch mal Räumlichkeiten zur Verfügung gestellt werden.[33]

Wohlfahrtsverbände und Kirche spielen eine traditionell wichtige Rolle. Es bestehen starke personelle Verflechtungen zwischen der Mehrheitsfraktion und den katholischen Organisationen, die zum großen Teil der Caritas angehören. Dieser Verband hat eine privilegierte Stellung bei der gesundheitlichen und sozialen Versorgung innerhalb der Stadt (vgl. auch Thränhardt 1984, 48 ff.). Zwischen der Stadtverwaltung und den Verbandsvertretern existieren zahlreiche Gremien wie die Behinderten-Kommission und der Arbeitsgemeinschaften nach § 95 BSHG, in der sich Repräsentanten der Verbände mit den Vertretern der Kommune über Aufgabenstellung und Arbeitsteilung auf dem Gebiet der sozialen und gesundheitlichen Versorgung abstimmen.[34] Dieses Abstimmungsverfahren im Vorfeld von Beschlüssen hat sich offensichtlich bewährt; denn Konflikte über sozialpolitische Themen im allgemeinen und der Selbsthilfeförderung im besonderen treten in der Öffentlichkeit kaum auf.

Von den Überlegungen bis zur Installierung

Wie in anderen Städten und Gemeinden der BRD erfolgt bis in die 80er Jahre hinein die Förderung von Selbsthilfeinitiativen vereinzelt über unterschiedliche Titel des kommunalen Haushalts. Begünstigt werden dabei zumeist Mitgliedsvereine der Wohlfahrtsverbände.

Es gibt zwar in den zuständigen Ratsausschüssen anläßlich von Antragsberatungen von Gruppen vereinzelt eine Diskussion über eine „Selbst- und Mithilfe-Förderung", ohne daß dies jedoch zu einer öffentlichen Auseinandersetzung -

---

33 Die Projektdichte, d.h. die Anzahl der Projekte pro 10.000 Einwohner liegt damit bei 1,2. Demgegenüber kommt Kaiser (1985, 12) in einer Zusammenstellung auf 0,6 in Köln/Bonn, 0,8 in Hamburg. J. Huber gibt für Berlin (West) eine Zahl von 3,2 an. Der Faktor liegt allerdings (in allen Fällen) bedeutend höher, wenn die Primärgruppen und anderen Formen von Selbsthilfeinitiativen berücksichtigt werden. Im Fall Münster wären es dann 9,25.

34 Der § 95 BSHG, der den in der Kommune im sozialpolitischen Raum Aktiven empfiehlt, eine Arbeitsgemeinschaft zu bilden, hat in Münster zu einer relativ kontinuierlichen Kooperation zwischen Verbänden und Kommune im Rahmen einer Arbeitsgemeinschaft geführt.

etwa vergleichbar mit Berlin - zu weiteren Initiativen geführt hätte. Die Einrichtung eines Förderprogramms für Selbsthilfegruppen in Berlin im Januar 83 hinterläßt jedoch in Münster Spuren.

Ein sichtbarer Ausdruck ist die Vorlage der SPD im Frühjahr 84 auf die Einrichtung eines Haushaltstitels zur Förderung einer Kontakt- und Informationsstelle zur Unterstützung und Anregung von Selbsthilfegruppen und die „Förderung von Selbsthilfegruppen der Jugendhilfe... und der Sozialhilfe" (Stadt Münster 1985, Anlage 3, 1) in Höhe von 100.000 DM. Weitere Anträge des DPWV, des örtlichen Netzwerks Selbsthilfe und eines weiteren Vereins auf die finanzielle Unterstützung einer Kontakt- und Beratungsstelle folgen. Die Bestrebungen zur Installierung eines Förderungsprogramms werden auf der örtlichen Ebene insbesondere vom CDU-Sozialdezernenten getragen. Im August 84 legt die Sozialverwaltung unter seiner Federführung einen „Zwischenbericht über die Aktivitäten bürgerschaftlicher Selbst- und Mithilfe", der die Grundlage für die spätere Ausgestaltung des Programms legt.

Die beabsichtigte Unterstützung von „Selbst- und Mithilfeaktivitäten" ist innerhalb der CDU-Fraktion trotz der bereits ausgeprägten, in dem Zwischenbericht enthaltenen Zielsetzung zur Förderung und Anreiz vornehmlich ehrenamtlichen Engagements umstritten. Ganz im Sinne der alten konservativen Tradition gilt „Selbsthilfe" als eine „private Tätigkeit", die keinesfalls den öffentlichen Haushalt belasten sollte. Eine Bezuschussung von Selbsthilfeprojekten aus dem alternativen Sektor wird ganz und gar abgelehnt. Dennoch ist die Politikformulierungsphase von keinen großen Auseinandersetzungen begleitet, wofür eine Reihe von Faktoren verantwortlich sind.

Bei den Kommunalwahlen im September 1984 verliert die CDU nach jahrzehntelanger Herrschaft die absolute Mehrheit. Sie ist gezwungen, eine parlamentarische Koalition mit der FDP zu bilden. Zusammen halten sie im Rat der Stadt 35 Sitze gegenüber einer erstarkten GAL und einer etwas schwächer gewordenen SPD mit insgesamt 31 Vertretern. Dies schafft Raum für neue Initiativen oder erzeugt zumindest die abwartende Haltung, die diesen Raum freihält.

Außerdem fehlt eine wirksame Interessenvertretung der Selbsthilfeinitiativen. Es gibt zwar im Alternativsektor vereinzelt eine Zusammenarbeit im Umkreis des DPWV und insbesondere des „Netzwerk Selbsthilfe", das eine Beratungsstelle auch für Selbsthilfeprojekte und die Finanzierung ihrer „gesellschaftlich sinnvollen Arbeit" fordert. Von einer in der Debatte zur Bedeutung der „neuen sozialen Bewegungen" zum Teil unterstellten gemeinsamen Zielsetzungen und Handlungsformen sind die Selbsthilfeinitiativen allerdings weit entfernt. Es gibt nur sehr geringe Berührungspunkte zwischen Selbsthilfeinitiativen und den Vertretern anderer „sozialer Bewegungen" wie den örtlichen Bürgerinitiativen aus dem Ökologiebereich. Selbst ein gemeinsames Handeln zwischen Selbsthilfeprojekten und Selbsthilfegruppen existiert kaum. Der Projekteverbund im Umkreis des „Netzwerk" ist schwach und kann zu keinem Zeitpunkt in die Politikformulierung eingreifen. Von dieser Seite sind keine größeren Widerstände zu erwarten, die einerseits die unterschiedlichen Interessen der Selbsthilfeinitiativen in die Formulierung des Programms mit einbringen, andererseits jedoch auch die parteiinterne Kritik auf Seiten der herrschenden Fraktion hätten erstarken lassen. Eine Presse, die verstärkt über die Forderungen und Ansprüche der Initiativen berichtet, fällt weitgehend aus. Die politischen Oppositionsparteien lehnen die Vorstellungen zur Förderung von „Selbst- und Mithilfe-Initiativen" ebenfalls nicht grundsätzlich ab, sondern favorisiert allenfalls eine andere Form der Unterstützung.

Die wohl bedeutendste Rolle bei der Politikformulierung spielt die Stellung der Träger der Freien Wohlfahrtspflege. Wie in anderen Kommunen mit stabiler konservativer Mehrheit und ausgeprägtem katholischen Bevölkerungshintergrund bestehen auch in Münster zwischen der Mehrheitsfraktion, Caritas und Parteimitgliedern zahlreiche personelle Verflechtungen (Thränhardt 1984, 48f.). Die leitenden Vertreter der Verbände sind zum großen Teil Parteimitglieder und arbeiten in den jeweiligen Parteiausschüssen mit, sie sind Mitglieder des Rats und im Jugendwohlfahrtsausschuß vertreten. Als „Grenzstelleninhaber" verfügen sie „wegen ihrer regulatorischen Funktionen im Verhältnis zu anderen Organisationsmitgliedern (Sozialarbeiter in den Einrichtungen) über besondere Macht, die sich in der Bestimmung der Verbandsaktivitäten, Ziele, Personalpolitik" (Kühn 1986, 228) niederschlägt. Die Verbandsvertreter verhalten sich - bis auf den DPWV, der selbst ein großes Interesse an einer Etablierung einer Selbsthilfeförderung hat und dieses auch aktiv betreibt - zwar Neuerungen gegenüber prinzipiell skeptisch. Angesichts der bestehenden Kooperation mit der Stadtverwaltung in dem abgeschotteten „policy"-Netz der örtlichen Arbeitsgemeinschaften reagieren sie erst einmal abwartend.

Auf diesem Hintergrund gelingt es dem in den Kreisen der örtlichen CDU eher liberalen Sozialdezernenten, sich gegen die parteiinternen Kritiker durchzusetzen und die Installierung eines Förderungsprogramms zu seinem ureigenen Anliegen zu erklären. Die Weichen sind nach einem Prozeß der internen Konsensbildung in dem Antrag der CDU-Fraktion auf „Förderung von ehrenamtlichen sozialen Engagement, Nachbarschaftshilfe und sozialen Selbsthilfeprojekten" (Stadt Münster 1985 ‚Anlage 4, 1) im November 84 gestellt. Bereits hier wird eine Förderung über eine Stiftung favorisiert. Der noch bestehende wichtigste Hinderungsgrund gegen die Förderung wird damit beseitigt: die Frage der finanziellen Auswirkungen für den kommunalen Haushalt oder andersherum formuliert: es „darf der Stadt nichts kosten" (Interview/Verwaltung).

In der folgenden Zeit wird die für die Stadt Münster kostenneutrale Lösung der „Selbsthilfeförderung" begründet. Als Finanzier des Programms soll die rechtlich eigenständige, in städtischer Verwaltung stehende Kapitalstiftung „Siverdes" dienen, die bei einem Bruttovermögen von ca. 30 Mio DM jährlich ca. 660.000 DM erwirtschaftet. Nach Vorstellung der Verwaltung sollen hieraus 150.000 DM im Rahmen eines auf drei Jahre befristeten Modellversuchs 1985-1987 zur Verfügung gestellt werden. In einer Ergänzung der Vorlage für die letztendlich entscheidende Ratssitzung am 20.03.85 wird dieser Betrag schließlich entsprechend dem CDU-Antrag auf 200.000 DM aufgestockt.

Die Verabschiedung der Richtlinien markiert schließlich das Ende der Politikformulierungsphase. Mit der Begründung eines vorerst befristeten dreijährigen Modellversuchs wird im Vergleich zu anderen Städten und Gemeinden ein zwar relativ hoher Topf zur Unterstützung von „Selbst- und Mithilfeaktivitäten" installiert. Gemessen an der Einwohnerzahl von 270.000 Personen macht der Betrag aber auch in diesem Fall nur einen verschwindend geringen Anteil aus. Er beträgt 0,75 DM pro Person jährlich.

Die Bestimmungen des Modellversuchs

Finanzielle Rahmenbedingungen machen nur einen kleinen Teil der Förderungsstrukturen aus. Die Kontrolle über die Verwendung der Mittel und auch die in der Fachdiskussion so viel diskutierten Partizipationsmöglichkeiten sind der andere Teil, der einem Programm das spezielle Aussehen gibt. Wie sieht nun eine solche Selbsthilfeförderung aus, die unter derartigen Bedingungen zustande gekommen ist? Welche Strukturen sind angelegt?

Eine wesentliche Ausrichtung ist bereits durch die politisch gewollte Finanzierungsform der Stiftung „Siverdes" gegeben. Es handelt sich um kein spezielles Instrumentarium, das direkt für die Bezuschussung von Selbsthilfeinitiativen konzipiert worden ist, sondern um eine durch die Stadt verwaltete Stiftung, deren Zweck in der „Gewährung sozialer Hilfe an Bedürftige im Sinne der jeweiligen Gemeinnützigkeitsvorschriften über den Rahmen der gesetzlichen Sozialhilfe hinaus" (Stadt Münster 1985a, 1) liegt. Die Förderung von Gruppen ist unmittelbar an diesen Zweck gekoppelt. Es werden ausschließlich Aktivitäten von „sozialen Selbst- und Mithilfegruppen" in den Bereichen soziale Sicherung, Jugend und Gesundheit als förderungswürdig anerkannt, soweit diese nicht selbst Träger der Freien Wohlfahrts- und Jugendpflege sind oder durch einen öffentlichen Träger eine institutionelle Förderung erfahren. Als Schwerpunkte der Förderung gelten „Formen ehrenamtlichen Engagements für hilfebedürftige Mitbürger und Familien", „Aktivitäten und Projekte mit dem Ziel sozialer Hilfeleistung" und „erzieherischer Förderung hilfebedürftiger Kinder und Jugendlicher" sowie „gesundheitsbezogene bzw. sozialtherapeutische und Projekte" (ebd. 2).

Das Programm ist als zusätzliches Förderungsinstrument neben einer Unterstützung der Freien Wohlfahrtsverbände konzipiert. Ein formeller Status der Gruppen wie z.b. als eingetragener Verein oder eine Mitgliedschaft in einem Wohlfahrtsverband ist nicht vorgesehen. Es werden allerdings nahezu ausschließlich Formen ehrenamtlicher Sozialarbeit als förderungswürdig anerkannt. „Ökonomische Projekte", zu denen nach Ansicht von Politik und Verwaltung auch eine Reihe von Selbsthilfeprojekten der Alternativszene gehören, bleiben weitgehend sich selbst überlassen. Sie erfahren aus diesem Programm keine Unterstützung, soweit sie nicht mit einer Maßnahme „soziale Selbsthilfe" betreiben.

Die vergebenen finanziellen, gegenüber anderen Haushaltsmitteln grundsätzlich nachrangigen Zuschüsse fallen trotz dieser Einschränkungen sehr niedrig aus. Sie sollen in der Regel 5.000 DM jährlich nicht übersteigen. Dabei werden ausschließlich zeitlich begrenzte Maßnahmen, sog. Projekte, gefördert. Hierbei werden Sach- und „notwendige Programmkosten" erstattet, die in diesem Fall auch Aufwandsentschädigungen umfassen können. Zuschüsse zur laufenden Arbeit von Gruppen scheiden ebenso aus wie eine Übernahme oder Bezuschussung von Personalkosten. Eine Dauerförderung wird ausdrücklich ausgeschlossen.

Daneben erfolgt eine Unterstützung in „technischer Form", wie z.B. die Hilfestellung bei der Vermittlung von Räumlichkeiten. Ferner soll eine „Hilfestellung im Rahmen von Beratung und Information" stattfinden. Damit ist erst einmal nichts anderes gesagt, als daß die Verwaltung Antragsteller über ihre Rechte und Pflichten informiert oder bspw. auch mal in einer Bürgerberatung zur Seite steht.

Die so benannten Förderungskriterien des Programms zeigen eine enge Verwandtschaft zu dem großen Vorbild Berlin auf, das bei diesem Modell offensichtlich Pate gestanden hat. Heißt es bspw. im Berliner Förderungsprogramm, daß die zu fördernden Gruppen „vorrangig die Selbsthilfe Betroffener fördern" müssen, so sollen in Münster die „förderungsfähigen Projekte und Aktivitäten vorrangig die Selbsthilfe Betroffener/Bedürftiger fördern", eine „konkrete Lebenshilfe bieten", „für alle Betroffenen zugänglich" (Berlin) oder zumindest unter Berücksichtigung entsprechender Kapazitätsgrenzen" (Münster) offen sein, den „Gedanken der sozialen Integration bzw. der generationsübergreifenden Begegnung Rechnung tragen" (Münster) oder zu mehr Miteinander von alten und jungen Menschen beitragen (Berlin). So sollen sie auch „möglichst stadtteilbezogen arbeiten, d. h. kleinräumig organisiert sein", mit der Verwaltung und anderen freien Trägern zu kooperieren und sich gegenseitig informieren.[35] Bezogen auf den Förderungszweck und die Adressaten sind die Kriterien wenig trennscharf und können auf nahezu alle Gruppierungen von Selbsthilfeinitiativen angewandt werden. Sie eröffnen ein weites Feld für die Interpretation durch die Vergabeinstitutionen.

Besonders aufschlußreich sind dagegen die Schlüsselkriterien der Stiftung „Siverdes". Neben der bereits erwähnten „sozialen Hilfe an Bedürftige" „müssen die geförderten Projekte ihre Aktivitäten darauf ausrichten, Personen selbstlos zu unterstützen, die infolge

- ihres körperlichen, geistigen oder seelischen Zustands oder
- aufgrund ihrer wirtschaftlichen und sozialen Situation

auf die Hilfe anderer angewiesen sind" (ebd. 1f.).

Die Förderung setzt also an den nicht gerade emanzipativen Voraussetzungen der „Selbstlosigkeit" und „Bedürftigkeit" an. So muß bspw. eine wirtschaftliche, soziale oder persönliche Notlage der „Betroffenen" gegeben sein. „Betroffene" können dabei die Antragsteller ebenso wie Zielgruppe der geplanten Aktivitäten sein. Als Konzession, die aus Anlaß von Befürchtungen einzelner Politiker in den Entwurf mit aufgenommen wurde, bleiben Gruppen von den öffentlichen Hilfen ausgeschlossen, die „vorrangig politisch-ideologische Zielsetzungen verfolgen". Eine „angemessene Eigenbeteiligung" ist ebenfalls vorgeschrieben. Sie muß aber nicht unbedingt finanziell geleistet werden, sondern kann auch in Form ehrenamtlicher Arbeit erbracht werden.

Auch bei der Partizipation werden enge Grenzen gesetzt. Im Gegensatz zu vielen anderen Städten in der Bundesrepublik, in denen zumindest eine Mitbestimmung von Vertretern der Selbsthilfeinitiativen bei der Vergabe der Mittel vorgesehen ist, liegt die Entscheidung in Münster einzig und allein bei der Verwaltung. Hierfür ist ein eigens dafür gebildeter verwaltungsinterner Ausschuß zuständig, der aus Mitarbeitern der unterschiedlichen Fachämter zusammengesetzt ist. Bis zu einer Förderungshöchstgrenze von 5.000 DM kann er selbst über die Zuteilung der finanziellen Zuschüsse beschließen. Über diese Grenze hinausgehende Anträge müssen - mit einer Empfehlung der Verwaltung versehen - dem Haupt- und Finanzausschuß vorgelegt werden.

Die herrschenden parteipolitischen Optionen sind hierfür allerdings nicht entscheidend. In erster Linie sind diese Regelungen durch die Förderungsform der

---

35 Sämtliche Zitate sind, soweit nicht anders benannt, den Richtlinien der jeweiligen Städte entnommen

Stiftung bedingt. Ausschließlich die Verwaltung darf die Stiftungsmittel verteilen. Selbst politische Vertreter haben formal kein Mitwirkungsrecht. Das ist natürlich auch ein gutes Argument gegenüber einer Kritik an der mangelnden Beteiligung von Gruppen am Bewilligungsverfahren; denn selbst „wenn man will, man kann ja nicht" (Interview/Verwaltung).

Letztendlich ist also ein Konstrukt entstanden, das ganz im Sinne einer konservativen Interpretation des Subsidaritätsprinzips eher an die Anregung ehrenamtlichen Engagements als die Förderung von Selbstbestimmung und Eigenständigkeit erinnert. Das gesellschaftliche Potential des Einzelnen oder „kleinerer Gemeinschaften" soll zur Entlastung des Sozialstaats gestützt werden; denn es gibt „zahlreiche Aufgaben", die sie „ebenso gut wie freie Jugend- oder Wohlfahrtsverbände oder die Stadt/der Staat erfüllen können".[36]

Bei der Münsteraner Förderung handelt es sich also um eine Modell einer „Selbsthilfe"-Unterstützung, das in hohem Maße auf den Stellenwert der Wohlfahrtsverbände und die Initiative von einzelnen politischen Vertretern hinweist. Die Installierung des Förderungsprogramms wird keinesfalls gegen die Interessen der etablierten Verbände, sondern in enger Abstimmung mit den Trägern der Freien Wohlfahrtspflege betrieben. Auf dieser Seite zeigt sich die bereits von Thomas Olk angesprochene Differenzierung der Handlungsformen (vgl. Olk 1987). Die konfessionellen und caritativen Verbände stehen der Selbsthilfeförderung eher abwartend bis skeptisch gegenüber, während der DPWV die Entwicklung des Förderungsprogramms in erheblichem Maße mit vorantreibt. Nachhaltige Behinderungen der Programmentwicklung und umsetzung lassen sich nicht feststellen (vgl. Abschnitt Wohlfahrtsverbände).

Die Phase der Politikformulierung wird durch die Verhandlungen zwischen Teilen der CDU und den Vertretern der Wohlfahrtsverbände in einem abgeschlossenen „policy"-Netz bestimmt, wobei der Initiative des Sozialdezernenten eine entscheidende Bedeutung zukommt. Dieser Befund deckt sich übrigens mit den Ergebnissen anderer Studien, die auf den Einfluß von einzelnen Personen bei der Politikentwicklung in parteipolitisch dominierten Regionen hinweisen (vgl. z.B. Becher 1987).

---

36   Stadt Münster, 1985a : Anlage 1 zur Vorlage an den Rat Nr. 11/85 v. 28.12.1984, Münster, 1 Die Unterstützung über eine Stiftung hat zwar allgemein gegenüber der Abwicklung von Leistungen aus dem öffentlichen Haushalt den Vorteil, daß sie bei knappen öffentlichen Mitteln von Haushaltskürzungen unabhängig macht und das Bewilligungsverfahren nicht vom Rhythmus eines Haushaltsjahres abhängig macht. Allerdings definiert sie auch keine Anspruchsgrundlage. In diesem Fall zeigt sich zudem die aus Pragmatismus und Machtpolitik bestehende Mischung gegenüber Teilen der Selbsthilfeinitiativen.

Das Verhältnis zwischen den Freien Trägern der Wohlfahrtspflege und den Selbsthilfeinitiativen ist keineswegs durch die in der theoretischen Literatur des öfteren angeführte Konkurrenz beeinflußt. Ein großer Teil der Selbsthilfeinitiativen gehört den Verbänden an und erhält in diesem Rahmen eine bescheidene Unterstützung. Für die im Kontext der Debatte um die „Selbsthilfebewegung" formulierten programmatischen Schlußfolgerungen lassen sich auf der örtlichen Ebene nur wenig Belege finden. „Kein Wunder also, daß zunehmend Menschen dazu tendieren, die Bewältigung ihrer Lebensumstände selbst in die Hand zu nehmen. Die Einsicht: ‚Das können wir auch selber', war die Initialzündung für eine breite soziale Bewegung, die Selbsthilfebewegung...Das mit dem Wandel (der Industriegesellschaft Anm. d. Verf.) verbundene Hervorbrechen und Bewußtwerden von Widersprüchen zwischen Anforderungen und verfügbaren Bewältigungsressourcen führt zu neuen Formen sozialer Identitätsbildung, zur Entstehung neuer soziokultureller Gemeinsamkeiten, die neues Engagement freisetzen, das schließlich in neue soziale Bewegungen einmündet", schreibt Hubert Oppl noch Ende der 80er Jahre (Oppl 1989, 38). Für einen solchen Automatismus sprechen die Münsteraner Entwicklungen nur in geringem Maße. Zersplitterung in zahlreiche Initiativen, Stagnation, geringe Kooperation scheinen ein realistisches Bild der Lage zu zeichnen. Selbst die im Zusammenhang mit dem Auftreten von Selbsthilfeinitiativen in der Literatur thematisierte „fachliche Kritik" wird von den Gruppierungen allenfalls hinter vorgehaltener Hand geäußert (vgl. auch Abschnitt Wohlfahrtsverbände). Mit dem „Münsteraner Modell" ist somit eine verwaltungsdominierte Förderung entstanden, die relativ niedrige öffentliche Hilfen bereitstellt, während die Kontrolle über die Verwendung der Gelder ausschließlich den staatlichen Institutionen obliegt.

Allerdings ist es nicht nur in der Politikwissenschaft eine altbekannte Tatsache, daß zwischen Konzeption und Ausführung oft ein gewaltiger Widerspruch besteht. Einstmals bestimmende Faktoren können im Verlauf des politischen Prozesses an Bedeutung verlieren, Zielsetzungen und Aufgabenstellungen intern mehrfach revidiert werden, obwohl offiziell weiterhin buchstabengetreu verfahren wird. So ist es auch im Fall des Münsteraner Förderungsmodells durchaus denkbar, daß die äußerst eng festgelegten Kriterien im Laufe der Durchsetzungsphase relativ weit ausgelegt werden und sich im Verlauf des Politikprozesses weite Handlungsspielräume für die Vergabe von Mitteln ergeben. Ebenso ist es natürlich möglich, daß nahezu ausschließlich Gruppierungen gefördert werden, die verbändenah tätig sind und ehrenamtliche Sozialarbeit leisten.

Die Umsetzung des „Münsteraner Modells"

Nach der Entwicklung des Programms regiert in der Frage der Selbsthilfeförderung wieder die Tagesordnung. Weitergehende Initiativen, wie etwa die häufig in der Literatur verbreitete Forderung nach einer Unterstützung von Selbsthilfe im Sinne eines umfassenden Strukturprinzips oder einer „ordnungspolitischen Aufgabe" (Herder-Dorneich), stehen nicht zur Debatte. Es beginnt die Phase der Umsetzung des Programms. Schwierigkeiten gibt es weniger in den Reihen der eigenen Fraktion oder den anderen Parteien; die Unterstützungsbeträge erscheinen wohl auch als zu gering, als daß sie zu einem Thema der politischen Auseinandersetzung taugen. Konflikte mit einzelnen Gruppen finden nur vereinzelt statt. Dafür rückt insbesondere die mit der Förderungsstruktur verbundene Problematik in den Vordergrund; denn einzelne Förderentscheidungen stoßen nicht immer auf Wohlwollen der beim Regierungspräsidenten angesiedelten Stiftungsaufsicht. Hier interessiert es nicht, ob es sich um eine Selbsthilfegruppe handelt oder nicht. Es wird ausschließlich eine Überprüfung nach juristischen Kriterien unternommen. Und dabei ist insbesondere die Unterstützung von Eltern-Kind-Gruppen aus den Mittel der Stiftung „Siverdes" Anlaß von internen Auseinandersetzungen. Dennoch läuft die Abwicklung des Programms vergleichsweise reibungslos, was auch die Analyse der Untersuchungskategorien zeigt:

- wer wird gefördert

Ein Blick auf die Förderungsliste der Gruppen verrät, daß eine Reihe von unterschiedlichen Gruppierungen von Selbsthilfeinitiativen gefördert werden. Eine in der „Entlastungsstrategie" formulierte Präferenz für ehrenamtlich tätige Gruppierungen oder traditionelle Organisationen läßt sich nicht erkennen. Die finanzielle Unterstützung verhält sich nach dem Gießkannen-Prinzip, das nahezu jeder Gruppe Mittel im bescheidenen Ausmaß zukommen läßt (vgl. Tabelle 8/9).

Es dominieren Behinderten- und Eltern-Kind-Gruppen, die zusammen knapp die Hälfte der Anträge stellen auch knapp 50 % der Fördergelder erhalten. Der Rest entfällt auf gesprächs- und handlungsorientierte Selbsthilfegruppen und auf den sehr heterogenen Bereich der von der Verwaltung so benannten sozialen Gruppen. Hierunter findet sich ein „Projektgruppe Spätaussiedler" oder der „Verband der Kriegsopfer" ebenso wie die „Interessengemeinschaft der mit Ausländer verheiraten Frauen (IAF)", „Schwule im Gesundheitswesen", die Ortsgruppe von „amnesty international" oder der eher aus dem alternativen Milieu stammende „Verein für Jugend- und Erwachsenenbildung".

Tabelle 8: Das "Münsteraner Modell"
- Anträge und Bewilligungen 1985-87 -

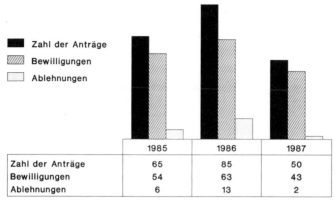

	1985	1986	1987
Zahl der Anträge	65	85	50
Bewilligungen	54	63	43
Ablehnungen	6	13	2

Quelle: Stadt Münster 1986b;1987b;1989; eigene Zusammenstellung

Tabelle 9: Das "Münsteraner Modell"
- Anträge und Bewilligungen in DM -

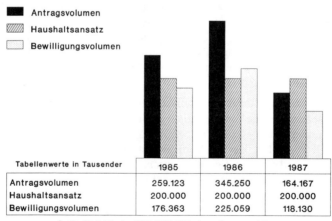

Tabellenwerte in Tausender	1985	1986	1987
Antragsvolumen	259.123	345.250	164.167
Haushaltsansatz	200.000	200.000	200.000
Bewilligungsvolumen	176.363	225.059	118.130

Quelle: Stadt Münster 1986b;1987b;1989; eigene Zusammenstellung

An die finanzielle Förderung sind keine Bedingungen an den Status der antragstellenden Gruppe geknüpft. Die unterschiedlichen Gruppierungen müssen also nicht Mitglied in einem Wohlfahrtsverband, ein eingetragener Verein o.ä. sein, um Gelder aus dem Topf zu erhalten. Daß dies auch insgeheim keinen Ausschlußgrund darstellt, zeigt die Betrachtung der Rechts- und Organisationsformen der unterstützten Gruppen. Außer den gesprächs- und handlungsorientierten Selbsthilfegruppen ist zwar der größte Teil der Gruppen als e.V. organisiert. Mitglied in einem Wohlfahrtsverband sind jedoch lediglich ein Fünftel der Gruppen (vgl. Stadt Münster 1987b, 13). Überwiegend ist es der DPWV, dem vornehmlich Gruppierungen aus dem sozialen Bereich angehören. Daneben sind noch eine Reihe von Gruppen, vor allem aus dem Behindertenbereich, Mitgliedsvereine von Selbsthilfe-Organisationen. Ein „nicht zu beziffernder Teil" (ebd.) der begünstigten Vereinigungen kommt aus dem Spektrum der Kirchengemeinden. Das Förderungsprogramm ist trotz der bedeutenden Stellung der Verbände bei der Politikerzeugung keineswegs als eine verdeckte Unterstützung der Wohlfahrtsverbände zu bezeichnen.

- was wird gefördert ?

Die in den Förderungsrichtlinien aufgeführten technischen Hilfen stoßen während der Phase der Implementation immer wieder auf Hemmnisse. Die Möglichkeiten zur Vermittlung von Räumlichkeiten seitens der Verwaltung sind gering. Die einzelnen Selbsthilfeinitiativen scheuen zwar den Kontakt mit der Verwaltung nicht. Hin und wieder erfolgt auch eine Beratung hinsichtlich des Antragsverfahrens, die später über eine im Rahmen einer AB-Maßnahme angestellte Fachkraft gewährleistet wird. Das hauptsächliche Interesse gilt jedoch der finanziellen Unterstützung.

Im Rahmen des dreijährigen Modellversuchs werden insgesamt 200 Anträge auf eine finanzielle Förderung mit einem Volumen von 768.540 DM gestellt. Davon werden 160 , i.e. 80 % der Anträge mit einem Gesamtbetrag von 519.732 DM bewilligt. Der zur Verfügung stehende Etat in Höhe von 200.000 DM jährlich wird also nicht ganz ausgeschöpft. Interessanterweise überschreiten die Anträge in den ersten beiden Jahren den Stiftungsetat bei weitem, während 1987 das Antragsvolumen einen wesentlich geringeren Umfang erreicht (vgl. auch Tabelle 8/9).[37] Dies ist um so erstaunlicher, da Selbsthilfeinitiativen -

---

37 Bei dieser Aufstellung wurde aus Gründen der Vergleichbarkeit die Zahl der ausdrücklichen Ablehnungen aufgenommen, vgl. hierzu auch Abschnitt Das Berliner Modell - Geschichte und Gegenwart eines Förderungsprogramms

die Eltern-Kind-Gruppen ausgenommen - jedes Jahr einen weiteren Antrag stellen können, falls sie eine neue Aktivität oder ein Projekt konzipieren. 46 Gruppen haben diese Möglichkeit genutzt, wobei in 41 Fällen der Antrag auch positiv beschieden wird. Ohne diese Möglichkeit wäre die Diskrepanz womöglich noch deutlicher geworden.

Womit läßt sich dies Tatsache erklären ? Haben die einzelnen Formen von Selbsthilfeinitiativen einen so geringen Bedarf an Sach- und Personalmitteln oder erweisen sich die Förderungsbestimmungen als dermaßen rigide, daß sie für den größten Teil der Gruppen nicht mehr annehmbar sind ?

Für die erste Schlußfolgerung spricht eine Untersuchung des Antrags- und Bewilligungsvolumens der Förderung. Nur in 10 Fällen übersteigen die Anträge den Betrag von 5.000 DM. Sieht man einmal von diesen Spitzenwerten ab, die zusammen genommen knapp 90.000 DM umfassen, so hat eine Gruppe durchschnittlich ein Betrag von 3.300 DM beantragt. Ein ähnliches Bild ergibt sich beim Blick auf die Bewilligungen. Fünf der genannten Gruppen haben Gelder in der beantragten Höhe von insgesamt 61.100 DM erhalten. Die absolut höchste Förderungssumme bekommt dabei mit knapp 27.000 DM ein einem Wohlfahrtsverband nahestehender Treffpunkt. Den 155 Anträgen der restlichen „Selbst- und Mithilfe-Initiativen" wird damit ein Betrag von knapp 3.000 DM je Gruppe zugesprochen, was statistisch auf relativ geringe Kürzungen der **bewilligten** Anträge hinweist. Von den 40 „nicht bewilligten" Anträgen werden in 4 Fällen mit Hilfe der Verwaltung anderweitige Förderungsmöglichkeiten bereitgestellt. In 11 weiteren Fällen ziehen die Antragsteller selbst die Eingaben um finanzielle Unterstützung zurück. Unterschiedliche Gründe, wie anderweitige Finanzierungsmöglichkeiten, die Auflösung der Gruppe, ungeklärte Voraussetzungen der Arbeit wie fehlende Räumlichkeiten, aber auch die Aussichtslosigkeit des Anliegens aufgrund der Förderungskriterien spielen dabei eine Rolle. Der finanzielle Rahmen der Unterstützungsleistungen scheint also bei einem großen Teil der Selbsthilfeinitiativen ihrem Bedarf an Sach- und Honorarmitteln durchaus gerecht zu werden.

Die zweite Schlußfolgerung wird vor allem durch die Analyse der Unterstützung der größten Gruppe der „Siverdes"-Förderung gestützt.[38] Insgesamt haben 45 sog. private Eltern-Kind-Gruppen, veranlaßt durch das mangelnde Angebot an KiTa-Plätzen, Anträge auf eine Bezuschussung der Arbeit gestellt. Nach mehreren Gesprächen zwischen Verwaltung und Stiftungsaufsicht sowie

---

[38] Für Eltern-Kind-Gruppen, die sich nach dem KJHG anerkennen lassen und damit auch unter die Heimaufsicht des Landesjugendamtes fallen, steht zur Finanzierung der Betriebskosten das Landesprogramm „Tagesgruppe/Tagesfamilie" zur Verfügung.

Heimaufsichtsbehörde kann zumindest eine geringe Förderung erreicht werden. Sie besteht aus einmaligen Zahlungen für Spiel- und Bastelmaterial in Höhe von 300 DM pro Kind, wenn eine „soziale Bedürftigkeit" vorliegt. Im Gegensatz zu anderen Gruppierungen von Selbsthilfeinitiativen können sie jedoch keine Wiederholungsanträge stellen.

Daß es sich bei der angelegten Förderung von Eltern-Kind-Gruppen um ein Sparmodell par excellence handelt, das in keiner Weise das defizitäre Versorgungsangebot beseitigen will, sondern allenfalls die Folgen ein wenig abmildern will, wird leicht deutlich: Ein Platz in der Kinderkrippe eines Kindergartens kostet die öffentliche Hand ohne investive Kosten jährlich 10.000 DM pro Kind. Die private Tagespflege in Berlin wird vom Staat mit ca. 7.000 DM jährlich pro Kind bezuschußt.[39] Dagegen erhält eine 7köpfige-Kindergruppe in Münster lediglich 2100 DM/jährlich. Erziehung und Aufsicht, Miete und Nebenkosten müssen in der Regel von den Eltern der Kinder getragen werden.

- unter welchen Kriterien wird gefördert ?

Die in den Richtlinien des Modellversuchs so benannten Förderungskriterien haben als Abgrenzungskriterium keine Bedeutung. Alle unterstützten Gruppen bieten „eine konkrete Lebenshilfe", arbeiten mit den „im jeweiligen Aufgabenfeld tätigen freien Trägern und den kommunalen Dienststellen" zusammen, tauschen ihre Erfahrungen aus und tragen „den Grundsätzen der Sparsamkeit und Wirtschaftlichkeit" Rechnung. Die Grenze zwischen Bewilligung und Ablehnung verläuft auch nicht an der weltanschaulichen Gesinnung der Gruppenmitglieder. Der Ausschlußgrund von Gruppen, die „vorrangig politisch-ideologische Zielsetzungen verfolgen", spielt während des gesamten Modellversuchs keine Rolle. Er erweist sich im nachhinein als eine Konzession an konservative Ängste gegenüber einem in dieser Form nicht vorhandenen Spektrum von Selbsthilfeinitiativen.

Bestimmend für die Beurteilung der Anträge ist dagegen der „Projektbezug" der geplanten Maßnahme, die „Bedürftigkeit" der Antragsteller oder der Ziel-

---

39 In Berlin existieren mit dem von den Bezirksämtern bezuschußten Tages- und Großpflegestellen und dem vom Senat Berlin finanzierten Eltern-Initiativ-Kindertagesstätten (ElKita)-Programm verschiedene Wege zur Unterstützung der privaten Betreuung von Kindern von 1-6 Jahren. Der Pflegesatz liegt 1991 zwischen 31 DM bzw. 25 DM pro Kind täglich.

gruppe, die grundsätzliche nachrangige Förderung und der Ausschluß einer Bezuschussung von Personalkosten.

Nach dem Kriterium des „Projektbezugs" wird nur eine besondere, einzelne „Maßnahme" oder Aktivität gefördert und nicht die laufende Arbeit einer „Selbst- und Mithilfe-Initiative". Eine Dauerförderung ist nicht allein wegen der zeitlichen Begrenzung des Programms ausgeschlossen; sie soll verhindert werden, „damit nicht noch mehr soziales Engagement in (halb)institutionalisierte Bahnen gelenkt wird" (Greiwe 1987, 48). Es soll „der Tendenz entgegengewirkt werden, daß ... nicht die konkrete Hilfe, sondern deren Organisation unterstützt wird" (Stadt Münster 1987b, 8), heißt es hierzu in einem Verwaltungsbericht der Stadt Münster. Worin der Unterschied zwischen der konkreten Hilfe und ihrer Organisation besteht, wird nicht weiter ausgeführt. Es wird jedoch eines dabei deutlich: die Förderung soll auf keinen Fall eine Etablierung von anderen (neuen) Formen professioneller Dienstleistungen bewirken, sondern die ehrenamtliche Sozialarbeit stützen. Deutlich wird dies nochmals am Ausschluß einer Bezuschussung von Personalkosten. Sie kann zwar im engen finanziellen Rahmen der Stiftungsmittel nicht geleistet werden. Es ist jedoch auch nicht beabsichtigt, die Entwicklung „neuer" Formen professioneller Arbeit zu fördern.

Nun ist neben der Festlegung auch die Interpretation von Kriterien ein Ausdruck des politischen Willens, der Distanz und Nähe, Sympathie und Antipathie der Beteiligten. Dies gilt auch für die Interpretation dieses zentralen Kriteriums des „Projektbezugs". So gilt als „Projekt" nicht nur eine besondere Maßnahme einer schon seit längerer Zeit bestehenden Gruppe. Auch die Durchführung einer bisher nicht vorhandenen Aktivität oder die Gründung einer Gruppe wird als „Projekt" gewertet und bei einem Vorliegen der Förderungswürdigkeit nach den Stiftungskriterien bezuschußt. In einer Vielzahl von Fällen hat sich hier ein stillschweigendes Einverständnis entwickelt. Die einzelnen Selbsthilfeinitiativen - insbesondere gesprächs- und handlungsorientierte Gruppen aus dem Gesundheitsbereich - „malen aus ihrer laufenden Arbeit bestimmte Projekte heraus" (Interview) und betreiben einen auch von ihnen kritisch gesehenen „Projektaktionismus".[40] Sie passen ihre Arbeit den Förderungskriterien an, bereiten

---

40 Auch Selbsthilfeinitiativen anderer Städte ist solches Streben nicht fremd. So schreibt Monika Reiter-Schwarz, Mitarbeiterin des Sozialreferats, am Beispiel des Münchner Förderprogramms: „Ich habe hier die Erfahrung gemacht, daß Gruppen und Projekte einem öffentlichen Zuschuß zuliebe ihre ursprüngliche Arbeitskonzeption relativ schnell abändern. So werden zum Beispiel kulturelle Aktivitäten weit in den Sozialbereich ausgedehnt oder Teile der ursprünglichen Arbeit entfallen, weil das Heilpraktikergesetz laut Auskunft der Gesundheitsbehörde dagegen steht" (Reiter-Schwarz 1987, 46).

Rahmenbedingungen und Bedürftigkeit antragsgerecht auf, um Stiftungsgelder erhalten zu können. Die Selbsthilfegruppe hat jedoch ihr Tätigkeitsprofil keineswegs geändert. Nach wie vor treffen sich ihre Mitglieder, besprechen ihre Probleme und laden dazu vielleicht auch mal eine Fachkraft ein. Der Verwaltung ist dies durchaus bekannt. Sie behandeln den Antrag auf eine Förderung wider besseren Wissens als das, was sie nicht ist, aber nach den Förderungskriterien sein muß: als eine Eingabe auf eine finanzielle Unterstützung eines besonderen „Projekts".

Hier trifft sich das unterschiedliche Anliegen von Selbsthilfeinitiativen mit denen von Verwaltung und Initiatoren des Programms. Die Gruppen sind ihrerseits an einer Absicherung ihrer laufenden Arbeit interessiert, während die Verwaltung sich eine Annahme des Förderungsprogramms erhofft. Bekanntlich haben über die Laufzeit des Modellversuchs über ein Viertel der Gruppierungen mehrmals Gelder erhalten. Ohne diese Möglichkeit wären mit Sicherheit die Diskrepanz zwischen den Angeboten der Stiftung und der Akzeptanz durch die Leistungen offensichtlich geworden und die Implementierung und Weiterführung des Programms gefährdet gewesen.

Auch ein anderes Kriterium der Stiftung „Siverdes", die „Bedürftigkeit", führt punktuell zu einem Ausschluß von Antragstellern. Die antragstellenden Gruppen müssen danach ihre eigene Bedürftigkeit bzw. die ihrer „Zielgruppe" nachweisen. Von den Vergabeinstitutionen wird in diesem Rahmen die „spezielle soziale oder gesundheitliche Problemlage" geprüft. Daß aus diesem Grund im Rahmen des gesamten Modellversuchs lediglich 5 Gruppen eine Unterstützung ihrer Aktivitäten verweigert wurde, weist jedoch auf eine recht wohlwollende Haltung seitens der zuständigen Ämter bei dieser Prüfung hin.

- das Antragsverfahren

Bereits zu Anfang wurde darauf hingewiesen, daß insbesondere die Sozialverwaltung in der Phase der Politikformulierung eine große Rolle gespielt hat. Unter der Federführung des Sozialdezernenten hat sie die Grundlagen für die spätere Entwicklung der Förderungsrichtlinien gelegt. In hohem Maß beeinflußt sie durch die Interpretation der Kriterien auch die Umsetzung des „Münsteraner Modells".

Kurz nach Beginn des Modellversuchs wird aus einzelnen Vertretern unterschiedlicher Fachämter eine verwaltungsinterne Arbeitsgruppe „Selbsthilfeförderung" gebildet, die die Vergabe der Mittel bis zu einer Grenze von 5.000 DM eigenständig regelt (vgl. Übersicht III). Vor der Entscheidung über den Antrag findet in der Regel ein Gespräch mit der „projektbegleitenden Sachbearbeitung" (ebd., 12) statt. Antragsteller werden ggfs. durch eine AB-Kraft beraten, die seit September 85 bei der Verwaltung angesiedelt ist.

Auf den meist zweimonatlich stattfindenden Treffen werden dann ca. 10-15 Anträge entschieden. Vertreter der einzelnen Selbsthilfeinitiativen werden grundsätzlich nicht angehört. Lediglich in besonders problematischen Fällen werden zusätzliche Auflagen gemacht und Gespräche mit den Gruppen geführt. In diesen Fällen kann es auch schon mal ein halbes Jahr oder sogar ein Jahr dauern, ehe ein endgültiger Bescheid erfolgt.

Übersicht III: Die Münsteraner Förderung
- Antrags- und Bewilligungsverfahren -

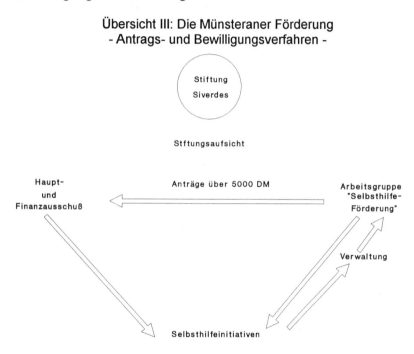

Die Entscheidungen der Verwaltung sind trotz der vollständigen staatlichen Entscheidung über die Verwendung der Mittel nur selten umstritten. Probleme gibt es weniger mit den einzelnen Gruppen als mit der Stiftungsaufsicht. Bei den einzelnen Gruppen gilt das Antragsverfahren dagegen als flexibel und schnell; denn es dauert in der Regel nur ein bis drei Monate, bis eine Beurteilung der Anträge und Auszahlung der Förderungsgelder erfolgt. Das Verhältnis zwischen den einzelnen Gruppen und der Verwaltung ist durchaus kooperativ. „An sich hat die Verwaltung überhaupt kein Interesse daran, uns Schwierigkeiten zu machen", heißt es von Seiten einzelner Vertreter von Gruppen (Interview/Selbsthilfeinitiativen). Gerade zum Ende des Modellversuchs macht sich auch eine erhöhte Großzügigkeit breit. Keiner der gestellten Anträge wird abgelehnt. Sogar ein Antrag für die Beschaffung eines „Textverarbeitungssystems" findet seine Zustimmung.

Auch in den Gremien des Rates der Stadt hat das Votum der Verwaltung besonderes Gewicht. In sämtlichen Fällen, die ihre Entscheidungskompetenz überschreiten und dem Haupt- und Finanzausschuß vorgelegt werden, wird ihrer Empfehlung entsprochen.

Ob die z.T. aufwendige Prüfung und Abrechnung der Beiträge bei diesen geringen Förderungssummen noch ökonomisch vertretbar ist, steht auf einem anderen Blatt. Im Laufe des gesamten Modellprogramms sind bekanntlich 200 Anträge auf meist minimale finanzielle Unterstützung eingegangen, die auf Kosten des Steuerzahlers geprüft werden. Geht man bei dem Antragsvolumen von knapp 700.000 DM nun von einem Verwaltungsaufwand in Höhe von 10 % aus (hierzu Huber 1987, 104), so sind Kosten von knapp 70.000 DM entstanden.

Wirkungen und Folgen des Modellversuchs

Im Rahmen der „policy"-Forschung werden Programme in der Regel nach den angelegten Verteilungsstrukturen und den Wirkungen auf die Nutzer unterteilt, die sich aus ihrer Sicht durch die jeweiligen Maßnahmen ergeben. Dieser Ansatz ist insofern problematisch, da nur in geringem Maße die umfassenderen sozialpolitischen Auswirkungen deutlich gemacht werden können. Seine Stärke entfaltet er dort, wo Aussagen über die Rezeption eines Programms getroffen werden sollen, die spezifischen Ursachen geklärt werden sollen, die Funktionieren oder Nicht-Funktionieren erläutern (vgl. Windhoff-Héritier 1987, 62; auch Abschnitt Selbsthilfeförderung als Netzwerk).

Von diesem Ansatz her ist die Implementation des Münsterschen Modellprogramms trotz einzelner Reibungspunkte - besonders im Bereich der Förderung von Eltern-Kind-Gruppen - erfolgreich gewesen. Für eine Reihe der antragstellenden Selbsthilfeinitiativen ist die Unterstützung die erste finanzielle Anerkennung ihrer Arbeit. Das Förderungsprogramm kann offensichtlich die geldlichen Bedürfnisse insbesondere der kleinen Gesprächsgruppen und der ehrenamtlich tätigen Helfergruppen in hohem Maß befriedigen. Die Hilfe der Stiftung „Siverdes" wird zum größten Teil positiv aufgenommen, die schnelle, relativ unbürokratische Antragsbearbeitung gelobt. Die vor Jahren in vielen Orten geführten Diskussionen über die „Vereinnahmung" von Selbsthilfe spielen in der Arbeit und Zielsetzung der einzelnen „Selbst- und Mithilfe-Initiativen" keine wesentliche Rolle. Sie kennen keine Berührungsängste gegenüber der Verwaltung und sind durchaus in der Lage, mit Trägern und Verwaltung entsprechend zu kooperieren. Es werden allenfalls die fehlende Bezuschussung von Personalkosten, der Projektbezug der Förderung sowie die mangelnden technischen Hilfen wie z.B. bei der Vermittlung von Räumlichkeiten kritisiert.

Auf Seiten der Verbände erfährt die „Siverdes"-Förderung eine weitgehende Zustimmung. Verteilungskonflikte finden ähnlich der vorangegangenen Phase kaum statt. Die Verbände können mit den ihnen angeschlossenen Gruppen an der finanziellen Unterstützung teilhaben. Zwischen den beiden großen politischen Parteien CDU und SPD existieren in der Frage der „Selbst- und Mithilfeförderung" weitgehende Übereinstimmungen. Massiver kritisiert, in seiner Art und Weise allerdings folgenlos, wird es vom kleineren Teil der Gruppierungen, den Selbsthilfeprojekten. Beklagt wird vor allem, daß die finanzielle Unterstützung sie nur in einem geringen Maße bedenkt. Vor dem Hintergrund des kommunalpolitischen Interessengeflechts und der Zersplitterung und Atomisierung der einzelnen Gruppierungen von Selbsthilfeinitiativen bleibt diese Kritik allerdings folgenlos. Es bestehen keine Verbindungen zwischen ehrenamtlich arbeitenden Laienhelfer-Gruppen und gesprächs- und handlungsorientierten Selbsthilfegruppen auf der einen Seite und den Selbsthilfeprojekten anderseits. In Münster kommen die letzteren vor allem aus dem alternativen Milieu. Aber auch untereinander ist von der Kraft eines „autonomen", gemeinsamen Handelns nur wenig zu spüren. Die alternativen Projekte sind nach wie vor nicht in der Lage, einen gemeinsamen Interessenverbund zu begründen. Die anderen pflegen nur selten Kontakt miteinander, es sei denn, sie treffen sich als Mitglieder derselben Selbsthilfe-Organisation oder desselben Verbandes in einem Gremium wieder.

Mit der Implementierung des „Münsteraner Modells" ist also im wesentlichen ein relativ geschickter „Schachzug" gelungen. Am Ende des Modellversuchs sind nahezu alle Beteiligten zufrieden. Die parteiinterne Kritik ist im wesentlichen verstummt. Die Vertreter der Wohlfahrtsverbände haben keine Befürchtungen, daß diese Unterstützung zu ihren Lasten ausgeführt wird. Lediglich Vertreter der Selbsthilfeprojekte aus dem alternativen Milieu klagen, daß sie keine angemessene Förderung erhalten. Es steht also außer Frage, daß der Modellversuch weitergeführt wird.

Die Neuregelung der Richtlinien

Die Neuregelung der Richtlinien wird bereits im Frühjahr 1987 in enger Abstimmung zwischen dem Sozialdezernenten und dem DPWV vorbereitet. Im

Februar stellt der DPWV auf Initiative des Sozialdezernenten einen schon vor Jahren erarbeiteten Antrag auf die Einrichtung einer „Informations-, Kontakt- und Beratungsstelle für Selbsthilfe" an den Rat der Stadt. Weitere Vorschläge zur Weiterentwicklung der „Siverdes"-Förderung vom „Netzwerk Selbsthilfe" und den Fraktionen der CDU und GAL sowie ein von der SPD initiierter „Bürgerantrag" folgen im Frühsommer des gleichen Jahres.

Ziwschen den parteipolitischen Fraktionen und beteiligten Institutionen bestehen allerdings keine grundlegenden Differenzen. Von allen Beteiligten wird eine verbesserte finanzielle Unterstützung und die Einrichtung einer Beratungsstelle für „Selbsthilfegruppen" oder „bürgerschaftliches Engagement" (CDU) und ein Gremium zur Begleitung der Förderung angestrebt. In jedem Fall sollte die fachliche Beratung von der Mittelvergabe getrennt werden. Über die nähere Ausgestaltung der finanziellen und „unspezifischen Unterstützung" sowie die Kompetenzen und Besetzung des begleitenden Gremiums - von den einen Kuratorium und den anderen Beirat genannt - ist man sich allerdings noch uneinig. So unterbreitet die GAL die am weitesten reichenden Forderungen mit der Installierung eines Fonds zur Unterstützung von „Selbsthilfegruppen und Initiativen aus den Bereichen Soziales, Gesundheit, Kinder und Jugendliche, Frauenpolitik, Umwelt, 3. Welt, Kultur" (Stadt Münster, 1987b Anlage 4.2 , 1), während die anderen Beteiligten die Erweiterung der Stiftungsmittel durch den zusätzlichen Einsatz von Haushaltsgeldern (Bürgerantrag/ Netzwerk) oder anderer Stiftungen (CDU) favorisieren. Das „Netzwerk Münsterland" begehrt eine Kontaktstelle für ihre Klientel, die sozialen und ökonomischen Projekte, die allerdings auf keine Zustimmung stößt.

Federführend in den Diskussionen und der späteren Neuformulierung der Richtlinien ist der Sozialdezernent der Stadt. Die Verwaltung erarbeitet im Sommer 1987 einen Bericht zur „Zwischenbilanz und Perspektiven zur Weiterentwicklung sozialer Selbst- und Mithilfe in Münster" (Stadt Münster 1987b). In diesem Bericht wird noch einmal die Förderung im Rahmen des Modellversuchs resumiert und einzelne Kritikpunkte am Verfahren aufgenommen. Insbesondere die fehlenden Möglichkeiten bei der Vermittlung von Räumlichkeiten und der kritisierte Punkt des „Projektbezug" der Förderung werden als verbesserungswürdig anerkannt. In den entscheidenden Punkten der Mittelvergabe und der Beiratsregelung hat man die wesentlichen Passagen des von der CDU eingebrachten, maßgeblich vom Sozialdezernenten geprägten Antrags übernommen. Im November 1987 wird schließlich eine endgültige Vorlage vorgelegt und abgestimmt.

Die neuen Richtlinien erbringen eine differenzierte Ausgestaltung der finanziellen Unterstützung. Die Förderung soll nunmehr auf drei „Standbeinen" aufbauen:

- der finanziellen Unterstützung über die Stiftung „Siverdes" und die Stiftung „Bürgerwaisenhaus"

- Hilfen über eine „Kontakt- und Informationsstelle für Selbsthilfe und bürgerschaftliches soziales Engagement"

- und einem „Kuratorium für soziale Selbsthilfe und bürgerschaftliches Sozialengagement"

Wie groß die Zustimmung zu dem Vorschlag der Verwaltung zur Weiterführung des Modellversuchs ist, zeigt sich dabei auch bei der parlamentarischen Abstimmung. In der entscheidenden Ratsitzung wird sie von keiner der vertretenen parlamentarischen Fraktionen abgelehnt. Lediglich die GAL enthält sich der Stimme.

Die Neuorganisation der finanziellen Unterstützung

Für die finanzielle Unterstützung stehen nunmehr zwei Instrumentarien zur Verfügung. Die immer wieder problematische Förderung von Eltern-Kind-Gruppen wird aus der Stiftung „Siverdes" ausgelagert und erfolgt über eine neue Finanzierungsquelle, die ebenfalls rechtlich eigenständige, von der Stadt verwaltete Stiftung „Bürgerwaisenhaus". Die Bezuschussung der anderen Gruppierungen wird dagegen im Rahmen der Stiftung „Siverdes" weitergeführt.

Der Haushaltsansatz für die Förderung von „Selbst- und Mithilfe" wird zugleich erhöht. Der Förderungsetat aus der Stiftung „Siverdes" beläuft sich als freiwillige Leistung nunmehr auf 250.000, der Mittelansatz der Stiftung „Bürgerwaisenhaus" auf 60.000 DM.

Neue Begrifflichkeiten in den Bestimmungen der „Siverdes"-Förderung weisen auf eine Neuorientierung hin. Die Begrenzung der Unterstützung auf die Bereiche soziale Sicherung, Jugend- und Gesundheit fällt zugunsten der Förderung „bürgerschaftlicher Aktivitäten örtlich ausgerichteter sozialer Selbst- und Mithilfe" weg. Darunter wird in Anlehnung an den bisherigen Entwurf die Stützung „ehrenamtlichen Engagements für hilfebedürftige Mitbürger/innen und Familien" und die „soziale Selbsthilfe bzw. gegenseitige soziale Hilfeleistung problembetroffener Mitbürger/innen und Familien" verstanden. Die bereits im Modellversuch praktizierte Finanzierung von gesprächs- und handlungsorientierten Selbsthilfegruppen wird damit merklich in den Richtlinien mit einbezogen.

Auch der Ausschlußgrund der „politisch-ideologischen Zielsetzung" wird ob seiner Bedeutungslosigkeit im Förderungsverfahren des Modellversuchs ersatzlos gestrichen.[41]

In einzelnen Punkten enthält der verabschiedete Entwurf einzelne Verbesserungen. Die Struktur der Stiftungs-Förderung mit den ihr zugrundeliegenden Zwängen auf den Förderkreis und die Art der geförderten Aktivitäten besteht jedoch weiter. Die Förderung bleibt weiterhin an den Stiftungszweck gebunden. Die einzelnen Selbsthilfeinitiativen müssen also nach wie vor sich in einer sozialen oder persönlichen Notlage befinden, „sozial bedürftig" und „selbstlos tätig" sein u.v.a.m. Dafür haben sie jetzt allerdings auch die Möglichkeit, eine längerfristige Finanzierung ihrer Arbeit zu erhalten. In Abstimmung mit der Stiftungsaufsicht erfolgt eine erweiterte Interpretation hinsichtlich des sog. Projektbezugs. Erstmals wird entgegen den vorher geäußerten juristischen Bedenken und „Sachzwänge" neben einer Startförderung für neu gegründete Gruppen auch eine laufende Bezuschussung der Gruppenarbeit eingeführt. Die Förderung über die Stiftung „Siverdes" bietet damit drei unterschiedliche Möglichkeiten der finanziellen Unterstützung, an die jeweils unterschiedliche Bedingungen gekoppelt sind:

- Die geringsten Auflagen müssen „Selbst- und Mithilfegruppen" für den Erhalt einer einmaligen Startförderung erfüllen. Sie müssen lediglich die inhaltliche Zielsetzung und die „organisatorische Umsetzung der geplanten Aktivitäten" beschreiben. Der Zuschuß ist hier auf 1.000 DM begrenzt

- Eine Förderung der laufenden Arbeit ist durchführbar, wenn die einzelnen „Selbst- und Mithilfegruppen" eine „Gewähr für eine kontinuierliche Arbeit bieten" und sich „unmittelbar aus bürgerschaftlichen Selbst- und Mithilfeaktivitäten entwickelt haben" (Stadt Münster 1987c,3). Sie müssen also „auf Dauer" angelegt sein, was zumindest theoretisch den Zielsetzungen und Handlungsweisen der originären Selbsthilfegruppen widerspricht. Die einzelnen Selbsthilfeinitiativen müssen hierzu einen Finanzierungsplan der Aktivitäten und der im Vorjahr durchgeführten Gruppenarbeit erstellen. Die Zuschüsse sollen in der Regel 2500 DM jährlich nicht überschreiten.

---

41 Der Begriff „soziale Selbsthilfe" wurde insbesondere im Rahmen des IKOS-Forschungsprojekte in die politische Praxis eingeführt. In den Jahren 85-87 wurden in vier Städten der BRD in kommunaler Trägerschaft befindliche Kontakt und Informationsstellen implementiert und die Auswirkungen auf die Anregung ehrenamtlichen Engagements und Selbsthilfe, sprich: „sozialer Selbsthilfe" untersucht; vgl. hierzu Braun/Röhrig 1987; vgl. auch Abschnitt Die Selbsthilfe-Landschaft - eine Begriffsbestimmung

- Die Anforderung an die Finanzierung eines „Projekts" sind nahezu gleich geblieben. Neben einer Beschreibung des Projekts sollen Konzeption, Organisation und Kostenplan im Antrag erhalten sein. Nach wie vor soll der Zuschuß in der Regel einen Betrag von 5.000 DM jährlich nicht überschreiten.

- Eine der wichtigsten Neuerungen findet sich im Antrags- und Abrechnungsverfahren. Dies betrifft nicht so sehr die inhaltliche Ausgestaltung; denn nach wie vor entscheidet die Verwaltung bis zur Förderungsgrenze von 5.000 DM eigenständig über die Vergabe der Mittel. Das Stichwort heißt Transparenz. Mit zahlreichen Hinweisen auf die Modalitäten der Antragsannahme und Prüfung sollen Entscheidungen der Verwaltungen durchsichtig gemacht werden. Beratung und Mittelvergabe werden getrennt. In strittigen Fällen gibt sich die Verwaltung moderat. Falls Zweifel über die Auslegung der Förderungsrichtlinien bestehen, will sie ihre Entscheidungskompetenz abtreten und eine Entscheidung des für den Stiftungshaushalt zuständigen Ratsausschusses erbitten.

Im Gegensatz zu diesen Regelungen unterliegt die Förderung privater Eltern-Kind-Gruppen erhöhten Restriktionen. Die „Stiftung Bürgerwaisenhaus" führt als Zweck den „Bau und Betrieb von Einrichtungen zur Unterbringung von Säuglingen, Kindern und Jugendlichen und sonstigen Maßnahmen der Jugendfürsorge" (Stadt Münster 1987d, 1), sie ist also eine reine Einrichtung der Fürsorge. Mit rd. 60.000 DM jährlich steht den Gruppen zwar ein wesentlich höherer Betrag zur Verfügung; denn im Rahmen des dreijährigen Modellversuchs haben 40 Gruppen insgesamt 87.300 Mark erhalten. Um Stiftungsgelder zu erhalten, ist aber die „elterliche Selbst- und Mithilfe" (ebd. 2) eine unabdingbare Voraussetzung. Ferner sollen sie „eine pädagogisch-organisatorische Beratung durch das Jugendamt akzeptieren" (ebd.), sozial bedürftig sein und kontinuierlich mindestens sechs Kinder in geeigneten Räumlichkeiten betreuen. Die Betreuung von Kindern auf „Billig-Niveau" wird damit festgeschrieben.

Entsprechend niedrig sind auch die Zuschüsse. Neben einer einmaligen Startförderung von 300 DM pro Kind können lediglich besondere Sach- und Programmkosten für eine „abgrenzbare Aktivität" (ebd. 3) bis zur Höhe von 2.000 DM jährlich erstattet werden. Die Übernahme von laufenden Kosten bleibt aber nach wie vor ausgeschlossen.

Neben der Beratung obliegt auch die Entscheidung über die Startförderung einzig und allein der Verwaltung. Die Sach- und Programmmittel werden dagegen ausschließlich vom Jugendwohlfahrtsausschuß vergeben. Hierzu sollen die zu einem Stichtag eingegangenen Anträge nach einer Prioritätenliste beurteilt werden.

Die Einführung einer „unspezifischen" Förderung

Den Weg zu einer Form einer eher „unspezifischen" Förderung von „Selbst-
und Mithilfe" läutet bereits vor Abschluß des Modellversuchs die Einrichtung
der Münsteraner „Kontakt- und Informationsstelle für Selbsthilfe und bürgerschaftliches soziales Engagement" ein.

Ihren Ursprung hat sie in den Überlegungen innerhalb der Stadtverwaltung. Der
Anfang 1987 ausgeschriebenen Modellversuch des Bundesministeriums für Ju-
gend, Familie, Frauen und Gesundheit (BMJFFG) zur Erprobung von Kontakt-
stellen erleichtert die Durchführung der geplanten Maßnahmen erheblich, selbst
wenn angesichts der bestehenden Interessenlagen wohl auch ohne eine solche
Unterstützung die Umsetzung erfolgt wäre. Im März 1987 bewirbt sich die
Stadt Münster um eine Förderung aus Modellmitteln, wobei sie schließlich im
Herbst des gleichen Jahres auch den Zuschlag erhält.

Wie alle Einrichtungen der Selbsthilfe-Unterstützung soll die Münsteraner
Kontaktstelle eine Reihe von Aufgaben erfüllen: Öffentlichkeitsarbeit leisten
und Selbsthilfeaktivitäten dokumentieren, Informationen geben und Kontakte
vermitteln, Gruppen und Einzelne beraten und unterstützen, mit Professionellen
aus gesundheitlichen und sozialen Einrichtungen zusammenarbeiten und Wei-
terbildungsmöglichkeiten organisieren (vgl. Braun/Greiwe 1989, 19). Im Hinblick auf den Umfang dieser Aufgaben und die breite Streuung von Leistungen
bezeichnen einige Autoren die Form dieser Unterstützung in Abgrenzung zur
direkten finanziellen Vergabe von Mitteln als „infrastrukturelle" Förderung
(vgl. z.B. Braun/Greiwe 1989, 26; Olk 1988). Mit einer infrastrukturellen Förderung im Sinne einer gesellschaftsgestaltenden Strukturpolitik hat diese Form
der Unterstützung allerdings wenig zu tun.

Die angelegte Kontaktstellen-Förderung verbessert weder die Rechte und nur in
einem geringen Maße die Ressourcen von Gruppen mit einem höheren finanziellen Bedarf. Sie berücksichtigt in keiner Weise Selbsthilfeansätze in sämtlichen Ressorts des öffentlichen Haushalts, sondern ist im Hinblick auf die unterstützten Gruppen auf ein relativ enges Spektrum, die Gruppen mit einem relativ
geringen finanziellen Förderbedarf, beschränkt. Die bereits im vorherigen Abschnitt angesprochene Gefahr, die Bedeutung dieser Einrichtungen im sozialpolitischen Kontext zu überhöhen und den Entstehungszusammenhang zu igno-
rieren, ist damit durchaus gegeben. In Münster soll die Kontaktstelle zudem der
Anregung von „sozialen Engagement" dienen, was nicht zuletzt in der Bennung
des Adressatenkreises zum Ausdruck kommt. Im Gegensatz zu Einrichtungen
in anderen Städten werden hier ausdrücklich traditionelle Helfergruppen und
ehrenamtliche Initiativen aus dem Bereich der Kirche und Verbände benannt.

Das „Kuratorium für soziale Selbsthilfe und Sozialengagement"

In vielen anderen Städten der Bundesrepublik war bei der Implementation von Kontaktstellen die Frage der Trägerschaft sehr umstritten. Es gab eine Reihe von Beteiligten, die auf diesem neuen Feld gern ihre „Pfründe" sichern wollen (vgl. Balke 1987, 46f.). Teilweise standen sich dabei Vereine, Kommunen und Wohlfahrtsverbände gegenüber. Dies war in Münster zu keinem Zeitpunkt der Fall. Alle Beteiligten, von der GAL über das Netzwerk bis hin zur CDU wollen den DPWV in dieser Rolle sehen.

Nun ist die Parteinahme des „Netzwerks Selbsthilfe" und auch der GAL für diesen Wohlfahrtsverband nicht besonders erstaunlich, auch wenn er angesichts der politischen Kräftekonstellationen relativ bedeutungslos ist. Es haben sich ihm eine Reihe von Selbsthilfeinitiativen - insbesondere Projekte aus dem sozialen Bereich - als Mitglied angeschlossen. Er gilt als aufgeschlossenster und „selbsthilfefreundlichster" der Verbände, der auch in Münster aktiv den Ausbau der „Selbst- und Mithilfe-Förderung" mit betrieben hat. Bereits in der Vorlaufphase des Modellversuchs hat er bekanntlich einen Antrag auf die Einrichtung einer Kontakt- und Informationsstelle gestellt.

All dies erklärt wenig, wenn es um die Erklärung der Ursachen geht, wieso auch die anderen, finanziell wesentlich stärkeren Verbände einem vermeintlichen Konkurrenten den Vortritt geben. Dies ist nun vor allem auf die örtlichen Bedingungen und hier wiederum auf „political will and skill" (Shonfield), dem politischen Willen und Geschick des dortigen Sozialdezernenten zurückzuführen. „Die Förderung in Münster wäre ohne einen aktiven Mann in der Verwaltung undenkbar. Ohne den läuft hier nichts", heißt es hierzu in einem Interview (Interview/Verwaltung).

Aufgrund der relativ guten Zusammenarbeit in der bereits aufgeführten Arbeitsgemeinschaft und den personellen Verflechtungen in den Partei- und Ratsgremien sind die Vertreter der anderen Verbände gut über Planungen der Stadt im sozialpolitischen Bereich informiert. Es ist ihnen schon seit geraumer Zeit bekannt, daß die Stadt - und hier insbesondere der Sozialdezernent - Anstrengungen zur Weiterführung der finanziellen Förderung der „Selbst- und Mithilfe" und der Einrichtung einer Kontakt- und Informationsstelle unternimmt. Die Kommune als Träger scheidet bereits nach den konzeptionellen Überlegungen aus; denn die Beratung von Selbsthilfeinitiativen soll aus kommunalen Händen ausgelagert werden.

Die Vertreter der anderen Verbände signalisieren, daß sie kein Interesse an der Trägerschaft einer Kontaktstelle haben, wollen dem DPWV jedoch nicht die alleinige Vollmacht überlassen. Die Lösung dieses Problems bietet das dritte

Standbein der Münsteraner Förderung, das „Kuratorium für soziale Selbsthilfe und bürgerschaftliches Sozialengagement".

Das Kuratorium hat formal keine hohen Entscheidungsbefugnisse. Es ist außerhalb der Stiftungen angesiedelt und hat keinerlei Möglichkeiten, über die Vergabe der Gelder zu beschließen. Es ist lediglich befugt, die Aufgabenschwerpunkte der Kontaktstelle festzulegen und über die Bestellung des vom Träger vorgeschlagenen Fachpersonals zu entscheiden.

Die geringen Befugnisse dieses Gremiums haben denn auch zu allerlei Spekulationen Anlaß gegeben. Dittrich u.a. sprechen bspw. von „diffuseren Vermittlungs- und Pufferfunktion" (Dittrich 1988, 38). Andere Ansätze versuchen das Gremium vor allem als Legitimation und Förderinstrument eines „selbsthilfefreundlichen" Klimas zu deuten (Olk 1990). In der Praxis besteht die Funktion dieses Gremiums weniger in einer allgemein gefaßten „Legitimation" als vor allem in der Einbindung der auf dem Gebiet der sozialen Versorgung konkurrierenden Verbände in die Selbsthilfeförderung im allgemeinen und die Arbeit der Kontaktstelle im speziellen.[42]

Das Kuratorium besteht vornehmlich aus hochrangigen Mitgliedern von Parteien, Wohlfahrtsverbänden und Organisationen an. Neben dem „Netzwerk Münsterland" und dem bereits benannten Verein gehören ihm leitende Kräfte der Inneren Mission, des DRK, der Arbeiterwohlfahrt, des DPWV sowie Vertreter der Fraktionen der SPD, der CDU sowie der Sozialdezernent selbst an. Basis für diese Zusammenarbeit sind die Erfahrungen aus den bereits bestehenden Gremien. Die Zustimmung der Verbände zur Mitwirkung wurde von der Verwaltung denn auch vor dem förmlichen Ratsbeschluß eingeholt.

Daß damit keinerlei tiefgreifende Strukturreformen eingeleitet werden zeigt sich auch an der Vorgeschichte seiner Besetzung. So wäre es durchaus denkbar gewesen, statt zwei Vertreter von Parteien alle im Rat der Stadt vertreten Fraktionen aufzunehmen. Damit wäre allerdings auch die GAL beteiligt gewesen, die man nicht unbedingt in dieses Verfahren einbeziehen wollte. Stattdessen wurde ein den Regierungsparteien nahestehender „Verein zur Förderung von Selbsthilfegruppen in der Stadt Münster", und als Äquivalent das „Netzwerk Münsterland" als Vertreter der alternativ-ökonomischen Projekte berücksichtigt. Ein

---

42 Mit der Bildung dieses Gremiums wird gleichzeitig eine der Auflagen des Modellprogramms erfüllt. Angesichts der geschilderten Interessenlage hat dies jedoch eine untergeordnete Bedeutung. Lediglich in 9 der 20 im BMJFFG-Modellprogramm geförderten Einrichtungen bestehen Beiräte oder ähnliche Konstrukte, vgl. Braun/Greiwe 1989, 96f.

Antrag von SPD und GAL auf die Aufnahme von Mitgliedern von Selbsthilfeinitiativen wird mit den Stimmen der Mehrheitsfraktionen vorerst abgelehnt.

Neue Richtungen kommunaler Sozialpolitik ? - Die Implementation des Münsteraner Programms

Die finanzielle Unterstützung der „Siverdes"-Förderung

Das Programm wird nach den Änderungen in wesentlich höherem Maß als vorher von Selbsthilfeinitiativen genutzt. Während in den drei Jahren des Modellversuchs insgesamt 200 Gruppen einen Antrag auf eine finanzielle Unterstützung gestellt haben, sind es allein im ersten Haushaltsjahr 123 Anträge, die auch zum großen Teil bewilligt werden (vgl. Tabelle 10/11). Der größte Teil entfällt dabei auf den Posten der laufenden Förderung. Allein 63 Gruppen erhoffen sich eine Bezuschussung ihre laufenden Arbeit. Entsprechend der Erwartung der Verwaltung wird der zur Verfügung stehende Etat von 250.000 DM voll ausgeschöpft.

Was sich alles mit den Stiftungsgeldern finanzieren läßt, zeigt sich an zwei Beispielen. Eine evangelische Kirchengemeinde und das Stadtdekanat erhalten Gelder aus dem Topf der Stiftung „Siverdes" für ein Jugendhilfeprojekt oder eine „Hausrat- und Möbelbörse für Spätaussiedler" in Höhe von 26.000 bzw. 20.000 DM. Die anderen Gruppen werden dagegen ungleich bescheidener bedacht. Sie erhalten - wie schon während des Modellversuchs - Gelder in Höhe von 2.500 DM für laufende Aktivitäten oder auch bis zu 5.000 DM für ein besonderes „Projekt".

Im folgenden Jahr wird der zur Verfügung stehende Etat nicht mehr vollständig vergeben. Die Anträge auf Förderung sinken, während die Gelder zunehmend an verbandsnahe Gruppierungen ausgeschüttet werden. Gegenüber dem Vorjahr beantragen 25 Gruppen weniger eine finanzielle Unterstützung aus Stiftungsmitteln (vgl. Tabelle 10). Das Gros der Anträge fällt zwar noch auf originäre Selbsthilfegruppen aus dem Gesundheitsbereich. Allein 23 der 95 geförderten Gruppen gehören jetzt allerdings zwei Verbänden an. Der bereits benannte, von der Caritas begründete Treffpunkt erhält für die in seinen Räumen befindlichen Gruppen zur Deckung der Betriebskosten 21.800 DM. Ein anderer Verband bekommt als Förderung für die Arbeit seiner 10 Gruppen knapp 22.000 DM an Zuschüssen. AWO und DRK beziehen - offensichtlich als Ausgleichszahlungen - eine Ausschüttung von je 5.000 Mark für die Unterstützung von Selbsthilfeaktivitäten, obwohl sie diese formal gar nicht beantragt haben. Die örtliche Bahnhofsmission erhält eine doppelte Zahlung. Gleich zwei Mal innerhalb eines Jahres bekommt sie für ihr Vorhaben „Verbesserung der sanitären Anlagen/Einrichtung eines Wickel/Stillraums" einen Bertrag in Höhe von 5.000 DM. „So funktioniert die Subsidiarität im richtigen Leben", könnte man hierzu mit Merchel meinen (Merchel 1988). Um eine ausschließliche Förderung von ehrenamtlich tätigen Gruppen und etablierten Organisationen handelt es sich dennoch nicht. Selbsthilfegruppen von Prostituierten erfahren ebenso eine finanzielle Unterstützung wie die „Anonymen Spieler" oder der „Kreuzbund", eine der katholischen Kirche nahestehende Selbsthilfe-Organisation im Bereich der Suchtkrankenhilfe.

Daß die Stiftungskriterien relativ großzügig ausgelegt werden, zeigt die weiterhin sehr geringe Quote der Ablehnungen. Weniger als 10 % der Antragsteller werden die Fördermittel verweigert. In einer Reihe von Fällen werden den einzelnen Gruppierungen zusätzlich Haushaltsmittel zur Verfügung gestellt. Die „Siverdes"-Förderung wirkt als Seismograph, der verschiedene „Lücken" im Bereich der öffentlichen Förderung aufzeigt. Da im Bereich der Jugendhilfe nur begrenzt von einer Selbsthilfe gesprochen werden kann und eine Stützung von unterschiedlichen Initiativen auch von den politisch Verantwortlichen gewünscht ist, wird 1990 ein Titel im öffentlichen Haushalt in Höhe von 100.000 DM eingerichtet. Gruppen, die aus „Siverdes"-Mitteln nicht bezuschußt werden können, bekommen hieraus ggfs. eine finanzielle Unterstützung. Auch beim Gesundheitsamt wird ein kleiner Titel von 10.000 DM etabliert.

Das widersprüchliche Kriterium der „Dauerhaftigkeit" spielt im Bewilligungsverfahren nur eine geringe Rolle. Die kleinen Gesprächsgruppen erhalten für ihre laufende Arbeit - ähnlich dem Berliner Modell - problemlos Gelder aus der „Siverdes-Förderung", obwohl sie diese Bedingung nur eingeschränkt erfüllen. Die Grenze wird vielmehr wie im Falle des Berliner Förderprogramms durch den Finanzbedarf der einzelnen Gruppierungen, und die Rahmenbedingungen der Stiftung „Siverdes" mit dem Prinzip der Nachrangigkeit zu anderen Mitteln markiert. So bleiben bspw. Arbeitslosen-Initiativen wegen einer möglichen Förderung durch das Land Nordrhein-Westfalen ebenso von einer finanziellen Unterstützung ausgeschlossen wie die Bezuschussung der Personalstellen von Selbsthilfeprojekten.

Die Mitbestimmungsmöglichkeiten von Gruppen sind im Rahmen der Münsteraner Stiftungsförderung bekanntlich sehr gering. Im Vergleich zur Phase des Modellversuchs erfolgt zwar häufiger eine Beteiligung von Gruppen, die bei einer Antragstellung angehört werden. Die Organisation des Verfahrens wird jedoch vornehmlich durch Absprachen mit dem in der Verwaltung ansässigen Stiftungskoordinator über die Auslegung der Kriterien bestimmt. Man zeigt sich allerdings bemüht, das Verfahren zu vereinfachen. Ist eine Gruppe beispiels-

Tabelle 10: Das Münsteraner Programm
- Anträge und Bewilligungen 1988-91 -

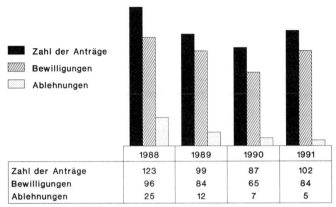

		1988	1989	1990	1991
■	Zahl der Anträge	123	99	87	102
▨	Bewilligungen	96	84	65	84
☐	Ablehnungen	25	12	7	5

Quelle: Stadt Münster 1989;1990b;1992; eigene Zusammenstellung

Tabelle 11: Das Münsteraner Programm
- Anträge und Bewilligungen in DM -

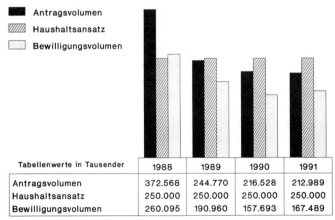

Tabellenwerte in Tausender	1988	1989	1990	1991
Antragsvolumen	372.568	244.770	216.528	212.989
Haushaltsansatz	250.000	250.000	250.000	250.000
Bewilligungsvolumen	260.095	190.960	157.693	167.489

Quelle: Stadt Münster 1989;1990b;1992; eigene Zusammenstellung

135

weise schon ein Jahr lang im Rahmen der laufenden Förderung finanziert worden, so reicht ein Hinweis auf die letztmalige Begründung, um wieder Geld zu erhalten. Vor diesem Hintergrund mag vielleicht die Äußerung eines Mitarbeiters verständlich sein: „Innerhalb der Rahmenbedingungen, nach dem Motto, die und die Gruppen, soundsoviel Geld und keine Personalkosten, klappt die Förderung sehr gut" (Interview/Verwaltung).

In den Jahren 90/91 erreicht die „Siverdes"- Förderung trotz dieser Verfahrensbedingungen ihre Grenzen. Die Mittel werden in wesentlich geringerem Maße in Anspruch genommen Es werden mit ca. 160.000 DM weniger als zwei Drittel des Ansatzes vergeben (vgl. Tabelle 10/11). Hierfür ist weniger eine steigende Ablehnungsquote, sondern die Stagnation bzw. Abnahme der Neuanträge verantwortlich.

Eine Ausbreitung von „sozialen Selbst- und Mithilfegruppen" findet in Münster kaum noch statt. Nahezu 80 % des Fördervolumens wird mittlerweile über die Schiene der laufenden Förderung gebunden. Ein Teil der Gruppen erhält eine Unterstützung über die örtliche Kontaktstelle. „Der Selbsthilfebereich ist mittlerweile durch über 200 Gruppen soweit abgedeckt, daß weniger Gruppen neu hinzukommen" (Stadt Münster 1992, 5), heißt es hierzu lapidar im Verwaltungsbericht. An eine Änderung der Richtlinien ist allerdings nicht gedacht. Die bisher geförderten Gruppierungen sollen vielmehr durch die Kontakt- und Informationsstelle und die Verwaltung dazu angeregt werden, „Projekte und Veranstaltungen in Angriff zu nehmen, die bislang zurückgestellt worden sind" (ebd.). Die Fördergrenze von 5000 Mark soll dabei großzügig überschritten werden können.

Insbesondere hinsichtlich des Antrags- und Entscheidungsverfahrens und einzelner Regelungen der „Siverdes"-Förderung haben gegenüber dem Modellversuch einige Verbesserungen ergeben. So sind die Förderungsinstrumentarien derart erweitert worden, daß sie von den Voraussetzungen her einem großen Teil des Münsteraner Selbst- und Mithilfe-Initiativen gerecht werden können. Daß „ökonomische" Projekte aber nach wie vor ausgeschlossen bleiben, illustriert den Charakter dieser Unterstützung. Es könnte hier natürlich entgegnet werden, daß die Stiftungsgelder ein untaugliches Mittel zur Stützung der Arbeit dieser Initiativen darstellen. Das ist sicherlich gerade hinsichtlich der engen finanziellen Rahmenbedingungen richtig. Dennoch bleibt das Argument treffend; denn zusätzliche Unterstützungen aus dem öffentlichen Haushalt existieren für diesen Teil der Selbsthilfeinitiativen kaum. Eine Unterstützung der Entwicklung von „sozialen Selbst- und Mithilfegruppen" zu neuen Dienstleistungsprojekten ist nicht vorgesehen.

Die Förderung von Eltern-Kind-Gruppen

Im Gegensatz zur relativ breiten Streuung der Fördermittel der Stiftung „Siverdes" ist die Stiftung „Bürgerwaisenhaus" ausschließlich für die Finanzierung einer einzelnen Form von Selbsthilfeinitiativen, den sog. privaten **Eltern-Kind-Gruppen** (EKGs), bestimmt. Der Etat wird in allen Jahren vollständig ausgeschöpft. 1990 werden außerhalb des Ansatzes der Stiftung zusätzlich rd. 30.000 DM zur Verfügung gestellt.

Im Rahmen der sog. Startförderung werden durchschnittlich 10 Gruppen bezuschußt. Sie erhalten einmalig für jedes Kind eine Beihilfe von 300 DM für die Beschaffung von Spiel- und Bastelmaterial u.ä.. Die Programmförderung stellt dagegen die laufende Unterstützung sicher. Knapp 20 EKGs erhalten hier Beträge bis zu 2000 DM (vgl. Tabelle 12).

Tabelle 12: Die Förderung von Eltern-Kind-Gruppen

Tab.12[43]	Startförderung		Programmförderung	
Jahr	Anzahl	Volumen	Anzahl	Volumen
1988	9[44]	18.600 DM	19	36.238 DM
1989	6	24.200 DM	17	31.398 DM
1990	11[45]	22.060 DM	18	34.100 DM
1991	10	17.400 DM	22	40.728 DM

Nach wie vor werden allerdings keine Betriebskosten erstattet oder sogar Betreuungskräfte bezahlt. Die vergebenen Gelder sind so gering, daß der Antragsaufwand anscheinend nicht lohnt. Dies zeigt sich am folgenden Tatbestand: Obwohl die Verwaltung sämtliche 45 Gruppen angeschrieben hat, die im Rahmen der „Siverdes"-Förderung Zuschüsse erhalten haben, und sie auf die Ver-

---

43 Quellen der Tabelle: Stadt Münster 1989; 1990a; 1992; eigene Berechnungen

44 Daneben wurden „Spielgruppen" mit geringen Beträgen von wenigen hundert Mark gefördert; Stadt Münster 1989; 1990;1992

45 Daneben haben 11 Gruppen Zuschüsse von insges. 30.000 DM erhalten; vgl. Stadt Münster 1992

teilung der Mittel aufmerksam macht, reagieren im ersten Haushaltsjahr 1988 nur 19 Gruppen. Der Jugendwohlfahrtsausschuß gibt sich moderat und teilt die Mittel der Programmförderung unter den zum Stichtag vorliegenden Anträgen zu gleichen Teilen auf (vgl. Stadt Münster 1990a).

Daß die Förderung von Eltern-Kind-Gruppen auch im Zeichen der „kommunalen Finanzkrise" weiter beibehalten soll, zeigt die Beschränkung der finanziellen Rahmenbedingungen im Jahre 1991: Infolge einer Rückstellungsverpflichtung seitens der Stiftungsaufsicht wurde der Ansatz der Stiftung „Bürgerwaisenhaus" für die Unterstützung von Eltern-Kind-Gruppen um 30.000 DM reduziert. Dieser Betrag wurde aus Haushaltsmitteln aufgestockt, so daß weiterhin der gleiche Etat zur Verfügung steht.

Ferner soll auch in diesem Bereich Beratung und Mittelvergabe getrennt werden. Ein kleiner, von Eltern gegründeter Verein erhält hierfür ab 1990 einen pauschalen Aufgabenzuschuß in Höhe von 30.000 DM jährlich. Die Förderstrukturen bleiben allerdings bestehen. Es sind eher die kleinen Schritte, die die kommunalen Aktivitäten auszeichnen.

Die Kontaktstellen-Förderung

Im Januar 1988, zwei Monate nach dem Ratsbeschluß, nimmt die „Münsteraner Informations- und Kontaktstelle für Selbsthilfe" (MIKS) unter der Trägerschaft des DPWV ihre Arbeit auf. Finanziert wird sie hauptsächlich durch die auf drei Jahre befristeten Zuschüsse des Bundes.[46] Der Rest ihres Etats von 130.000 DM wird anteilig von der Stadt und dem Träger getragen.

Welches hohe Gewicht die Einrichtung im Kontext der Münsteraner „Selbst- und Mithilfeförderung" hat, zeigt sich nach Beendigung des BMJFFG-Modellversuchs im Dezember 1992. Die Kontakstelle wird in die Förderung des städtischen Haushalts übernommen, wobei der Zuschuß um 50.000 DM für eine weitere Personalstelle erhöht wird. Die Finanzierung von insgesamt 2 1/2 Stellen nebst Sachkosten wird damit im Rahmen eines pauschalen Aufgabenzuschusses sichergestellt. Im bundesweiten Vergleich ist die Servicestelle relativ gut gesichert; denn eine auf der unsicheren Basis von AB-Mitteln finanzierte „Unterstützung von Selbsthilfegruppen" ist hier mehr die Ausnahme als die Regel (vgl. auch Thiel 1990). Mit einem Betrag von 180.000 DM übersteigt der

---

46   vgl. Stadt Münster 1987e, 2. Der Anteil des BMJFFG beläuft sich auf einen Pauschalbetrag von 90.000 DM jährlich. Die Kommune übernimmt 30.500 DM und der DPWV als Träger den restlichen Anteil von 10.000 DM.

kommunale Förderbetrag selbst die in den letzten Jahren durch die Stiftungs-förderung vergebenen Gelder bei weitem.

Die Leistungen können mit Hilfe von Einrichtungen dieses Typs vergleichs-weise breit gestreut werden, was neben der bereits angesprochenen relativ „unbürokratischen" Förderung durchaus zu unmittelbaren Entlastungen führen kann: Die über diese Einrichtungen erreichten Gruppen und Initiativen brauchen nur zu einem geringen Teil anderweitig bezuschußt zu werden, sie zahlen keine Miete, haben keine Ausgaben für Fachkräfte usw. Die Münsteraner Kontakt-stellen-Förderung bewirkt offensichtlich solche Entlastungseffekte, was seinen Ausdruck im Rückgang der gestellten Anträge und in der vereinzelten Ableh-nung von Anträgen mit Hinweis auf die bestehende Serviceeinrichtung findet (vgl. auch den vorherigen Abschnitt). „Hier treffen sich regelmäßig 20 Grup-pen, die alle schon keine Miete mehr bezahlen müssen. Wir verschicken für sie zum Teil Flugblätter. Wir machen Öffentlichkeitsarbeit für sie, wir machen Se-minare und wir bezahlen die Seminare. Früher mußten sie selbst bezahlen, das wird jetzt durch die Kontaktstelle abgedeckt", meint denn auch einer ihrer Mit-arbeiter.

Es wäre jedoch verfehlt, die Etablierung dieser Stellen vor allem an vermuteten oder realen Einspareffekten messen zu wollen. Die unmittelbaren finanziellen Wirkungen sind viel zu gering, als daß sie einen ergiebigen Gegenstand für eine sozialpolitische Diskussion darstellen. So wurden bspw. im Haushaltsjahr 1990 lediglich 3 Antragstellern mit Hinweis auf die Unterstützungsmöglichkeiten der Kontaktstelle Gelder verweigert. Nimmt man einmal an, daß die 20 durch die Kontaktstelle bezuschußten Gruppen im Fall der Nicht-Existenz einer solchen Einrichtung eine laufende Förderung in Höhe von 2500 DM jährlich erhalten würden, so stehen den hieraus erwachsenden Kosten von 50.000 DM dem kommunalen Zuschuß von 180.000 DM für die Kontaktstelle gegenüber. Selbst bei der Mutmaßung, daß allen durch die MIKS gestützten Gruppen eine direkte Förderung seitens der Stadt zuteil wird, verbleibt also noch ein erklecklicher Mehrbetrag zugunsten der „Selbsthilfeförderung".

Bedeutender scheint in diesem Zusammenhang die Frage nach der Funktion von Kontaktstellen im Kontext des sozialen Versorgungsangebots zu sein, die im Rahmen der Debatte um den Umbau der sozialstaatlichen Versorgung des öfte-ren diskutiert wurde. Thomas Olk billigt diesen Einrichtungen die Rolle eines zentralen „Baustein(s) eines übergreifenden Konzepts der Selbsthilfeförderung" (Olk 1988, 10) zu. Die Servicestellen haben seiner Meinung nach die Aufgabe, „die Ideen und Forderungen der Selbsthilfegruppen in das herkömmliche Ver-sorgungssystem hineinzutragen" (ebd. 8) und das „System der Fremdhilfe in Richtung auf Selbstbestimmung und Mitwirkung umzugestalten" (ebd.9). Hier-zu seien neben entsprechenden Ausstattungsstandards letztlich auch „politische

Bündnisse mit verschiedenen Interessensgruppen auf kommunaler Ebene" (ebd.9) und die Kooperation mit Institutionen und Berufsgruppen auf örtlicher und überörtlicher Ebene notwendig. Braun/Greiwe unterscheiden bei den Kontaktstellen zwei Typen, die sie folgendermaßen charakterisieren (Braun/Greiwe 1989, 103): „Kontaktstellen mit einem fachübergreifenden Selbsthilfeverständnis. Sie wenden sich mit offensiver Öffentlichkeitsarbeit an ein breites Spektrum von an Selbsthilfe interessierten und engagierten BürgerInnen. Eine gute Einbindung in das sozialpolitische und professionelle Umfeld wird angestrebt bzw. ist bereits realisiert". Sowie „Kontaktstellen mit einem spezifischen Selbsthilfeverständnis. Sie erbringen Leistungen nur für bestimmte Zielgruppen. Der Einbindung in das sozialpolitische und professionelle Umfeld wird nur geringe Bedeutung zugemessen" (ebd.) Die Realität ist sicherlich bunter, als es diese zwei Modelle suggerieren können.[47] Von ihrer grundlegenden Tendenz gehört die Münsteraner Kontaktstelle allerdings - geprägt vom Interesse des Sozialdezernenten - eindeutig zum ersten Typus. Dem sozialpolitischen und professionellen Umfeld und der Öffentlichkeitsarbeit wird eine hohe Bedeutung zugemessen. Neben der originären Aufgabe der Vermittlung von Kontakten zwischen den kleinen gesprächs- und handlungsorientierten Selbsthilfegruppen und Einzelpersonen und der Beratung von bereits bestehenden Gruppen fungiert die Einrichtung in hohem Maße als Ansprechpartner für Fachleute aus der Verwaltung, der Presse und den gesundheitlichen und sozialen Diensten. Mit den Mitarbeitern der einzelnen Verwaltungen hat es hierbei die meisten Kontakte gegeben.[48] Die Gesundheitstage im Jahre 91 werden in enger Abstimmung mit den städtischen Stellen organisiert. Die Servicestelle vertritt die Interessen von Selbsthilfegruppen in der örtlichen Behindertenkommission und übernimmt ab 1992 die Geschäftsführung der dritten Säule der Münsteraner Förderung, des „Kuratoriums für bürgerschaftliches Engagement und soziale Selbsthilfe".

Inwieweit diese Zielsetzungen und Arbeitsweisen die Stukturveränderung des professionellen Versorgungssystems eher ermöglichen oder einer „Erstarrung des Selbsthilfeprinzips zu einem konventionellen Bestandteil des etablierten Hilfesystems und (der) Denaturierung der Kontaktstellen zu einem konventionellen Regelangebot bzw. Einrichtungstypus" (Olk 1988, 7) Vorschub leisten,

---

47 zur Tätigkeit von Kontaktstellen vgl. die MIKS Jahresberichte 1988, 1989; 1982; DAGSHG 1987; zur sozialpolitischen Bedeutung z.B. Heinze et al. 1987

48 Der MIKS-Jahresbericht weist für das Jahr 1991 knapp 3000 Kontakte mit „Professionellen" aus. 548 entfallen hiervon auf die Vertreter der Verwaltung, mit einem größerem Abstand von 348 Nennungen folgen andere Beratungsstellen; vgl. MIKS 1992, 8.

vermag diese Arbeit nicht zu beurteilen. Daß das Anliegen der Münsteraner Selbsthilfeförderung allerdings weniger darin besteht, die „Selbsthilfe-Idee in 'produktiver Bewegung' zu halten, um die weiterreichenden Veränderungsziele nicht aus dem Auge zu verlieren"(ebd.), dürfte aus der Geschichte des Münsteraner Förderungsprogramms deutlich geworden sein. Die Forderung und Ideen der Selbsthilfegruppierungen haben bei der Etablierung der Kontaktstelle keine Rolle gespielt. Die Gefahr, die Bedeutung der Kontaktstellen zu überschätzen und den Stellenwert dieser Einrichtungen zu überhöhen, besteht auch hier. Skepsis ist jedenfalls angebracht.

Daß die Kontaktstelle einem offensichtlichen Bedarf entspricht, zeigt sich in den folgenden Jahren. 1991 nehmen mit 124 Gruppen gut die Hälfte der in Münster ansässigen Selbsthilfeinitiativen die Dienste der Einrichtung in Anspruch (MIKS 1992, 6). Entgegen der erklärten Zielsetzung, nach der auch ehrenamtlich tätige Gruppierungen aus dem Umfeld der Kirchengemeinden angesprochen werden sollen, handelt es sich jedoch vorwiegend um - z.T. auch Organisationen angehörige - gesprächs- und handlungsorientierte Selbsthilfegruppen aus dem Gesundheitsbereich. Eine Reihe von Gruppen treffen sich in den Räumlichkeiten der Einrichtung. Auch das seinerzeit vom Bürgerantrag begehrte „Selbsthilfe-Forum" findet hier seinen Raum. In diesem Sinne wird die weitere Absicherung der Einrichtung zielstrebig betrieben. Kontakte mit den Krankenkassen zwecks zusätzlicher Finanzierung sind in nächster Zukunft avisiert.

Das Kuratorium - erweiterte Möglichkeiten einer Partizipation ?

Das von den Vertretern aus Politik, Verbänden und Vereinen gebildete Kuratorium hat - wie bereits bemerkt - keinerlei Entscheidungskompetenzen über die Verteilung der Gelder aus den Stiftungen. Angesichts dieser Umstände bestehen auch von Seiten der Verwaltung Schwierigkeiten, die Tätigkeit des Gremiums zu beschreiben. „Arbeitsschwerpunkte ... waren insbesondere die ... Mitarbeit am Aufbau der Münsteraner Informations- und Kontaktstelle für Selbsthilfe und ehrenamtliches Sozialengagement (und die) Vorbereitung und Durchführung des 'Markts der sozialen Möglichkeiten'. Hinsichtlich der kooperativen Entwicklung und Begleitung eines selbsthilfebezogenen Kontakt-, Beratungs- und Informationsangebotes hat sich die Zusammenarbeit und Besetzung des Kuratoriums von Anfang an bewährt", heißt es denn auch nahezu gleichlautend in den Beschlußvorlagen der Verwaltung (Stadt Münster 1989, 3; 1990, 4).

Das Kuratorium trifft sich 3-4 mal jährlich, entscheidet vor allem über die grundsätzlichen Aufgaben und Programmschwerpunkte der Kontaktstelle und wirkt dabei durch „Entgegennahme regelmäßiger Berichte des DPWV als

Kontaktstellenträger über die laufende Arbeit der MIKS" (Kötterheinrich 1990, 7) mit. Die in diesem Gremium vertretenen Verbände werden zwischenzeitlich auch die Finanzierung der Einrichtung einbezogen. Sie übernehmen die 10%ige Restfinanzierung einer in der MIKS angesiedelten AB-Stelle. Der hauptsächlicher Wert liegt jedoch in der Einbindung der Verbandsvertreter und der damit verbundenen Verminderung von Spannungen bereits im Vorfeld von Entscheidungen. In der Sprache der Verwaltung heißt es: „Damit verbunden ist die Hoffnung, daß es in Münster gelingt, neue Formen sozialer Selbsthilfe mit den traditionellen Formen bürgerschaftlichen sozialen Ehrenamts und auch den institutionellen und trägerschaftlichen Angeboten im Bereich der sozialen Sicherung arbeitsteilig und zueinander aufbauend zu verbinden." (Stadt Münster 1987b, 27).

Letztlich hat sich dieses Vorgehen als erfolgreich erwiesen. Die Arbeit der Kontaktstelle wird eher neutral begleitet als gebremst. Das Kuratorium soll nach Abschluß des Modellprogramms erhalten bleiben. Daß sogar das Netzwerk als Vertreter des alternativen Spektrums dazu bewogen werden konnte, diesem Ausschuß beizutreten, zeigt die hohe Integrationsfähigkeit der betriebenen Politik an. In diesem Sinne wird die Erweiterung des in der Politikformulierungsphase geschlossenen „Politik-Netzes" betrieben. Vertreter von Selbsthilfeinitiativen gehören zwar nach wie vor nicht dem Kuratorium an. Einzelne Mitglieder sollen allerding zu Anfang jeder Sitzung über ihre Tätigkeit berichten (Stadt Münster 1992).

Selbsthilfeinitiativen und Wohlfahrtsverbände - Wirkungen und Folgen der öffentlichen Unterstützung

Daß die Münsteraner Selbsthilfeinitiativen die finanzielle Unterstützung durch die Stiftung „Siverdes" zum großen Teil akzeptieren, ist schon bei der Implementation des Modellversuchs in den vorangegangenen Jahren deutlich geworden. Die Förderstrukturen werden - ähnlich den beschriebenen Wirkungen des „Berliner Modellls" - gerade von gesprächs- und handlungsorientierten Selbsthilfegruppen als vergleichsweise unproblematisch angesehen, wobei das Antrags- und Bewilligungsverfahren als wenig aufwendig gilt. Bei den anderen Gruppierungen - und hier insbesondere den Selbsthilfeprojekten - prägen Gleichgültigkeit gegenüber der Umsetzung des Programms, vereinzeltes Vorgehen zur Erlangung von Fördermitteln und geringe Kommunikationszusammenhänge die Verhaltensmuster und Strategien. Die Kritik bezieht sich vor allem auf die Nicht-Begünstigung. ihrer Aktivitäten durch das Fördermodell.

Auf Seiten der Verbände weicht die anfänglich skeptische Haltung einer weitgehenden Zustimmung. Die Verbandsvertreter sind zwar aufgrund der „korporatistischen Verflechtung" mit der öffentlichen Hand an allen Phasen des Programms beteiligt. Die Beteiligung ist jedoch eine Konzession an die hohe Machtposition, die sie im Politikgeflecht der Stadt und im Bereich der Versorgung innehaben. Das Förderprogramm der Stiftung „Siverdes" ist keinesfalls als Produkt ihres Handelns zu bezeichnen. Ihre Mitgliedsvereinigungen profitieren in hohem Maß von der Stiftungsförderung. In den ersten Jahren des Modellversuchs handelt es sich dabei vornehmlich um Mitglieder des DPWV. Später werden auch Einrichtungen anderer Verbände begünstigt. Die finanzielle Unterstützung geht allerdings weit über die verbandsnahen Gruppen hinaus, als daß sich bspw. die These von einem „Selbstbedienungsladen" der Spitzenverbände der Freien Wohlfahrtspflege halten ließe (vgl. z.B. Heinze/Olk 1984).

Selbst im Kontext der viel diskutierten zentralstaatlich betriebenen Politik einer Haushaltskonsolidierung mit ihren negativen Auswirkungen auf die Finanzsituation der Kommunen (vgl. Windhoff-Héritier 1986, 226f.; Huster 1985, 193) erfolgt die Installierung des Förderprogramms keinesfalls zu Lasten der Wohlfahrtsverbände. Dies zeigt die Betrachtung der Zuschüsse für die Wohlfahrtsverbände während des Zeitraums der Selbsthilfeförderung von 1983-92.[49]

Insbesondere ab 1986 erfolgt eine weit über den Haushaltssteigerungen liegende Erhöhung der Zuschußleistungen. In absoluten Beträgen ist die Gesamtsumme von ca 3,5 auf knapp 6,5 Mio DM gestiegen. Er hat sich also nahezu verdoppelt, während der kommunale Verwaltungshaushalt in diesem Zeitraum lediglich um knapp 30 % angehoben wurde (vgl. Tabelle 13).

Anteil haben daran weniger die Globalzuschüsse an die Verbände, die in dieser Zeit von 0,56 Mio DM auf 0,85 Mio DM gestiegen sind. Dieser Satz entspricht in etwa den Erhöhungen des öffentlichen Haushalts. In starkem Maße sind allerdings die Subventionsbeträge an die Verbände im Rahmen der Obdachlosenhilfe, der Sozialstationen, und Behinderten-Fahrdiensten gesteigert worden. Lag bspw. der Zuschuß für Sozialstationen 1983 bei 1,15 Mio DM, so wurden

---

49   Wie in den Bereichen der Selbsthilfegruppen-Förderung „alten" Typs stehen zur Stützung der Wohlfahrtspflege eine Vielzahl von zweckgebundenen Haushaltstiteln zur Verfügung, die eine differenzierte Analyse erheblich erschweren. Aus diesem Grund bezieht sich die Auswertung ausschließlich auf die zweckgebundenen Haushaltstitel zur Förderung der Freien Wohlfahrtspflege. Die z.T. wesentlich höheren Mittel für investive Maßnahmen bleiben dabei ebenso ausgeklammert wie die Zahlungen im Rahmen der Jugendhilfe, der Schulausbildung und Kindergartenbetreuung u.v.a.m. Bei der Analyse wurden die Titel mit den durchlaufenden Landes- und Bundesmitteln nicht berücksichtigt. Ebenfalls ausgeklammert bleiben die Umschichtungen aus anderen Ressorts

1992 bereits 2,745 Mio DM veranschlagt. Im Bereich der Behinderten-Fahrdienste betrug der Ansatz 1992 0,6 Mio DM gegenüber einem Etat von 0,15 Mio DM im Jahre 83.

Tab. 13: Die Wohlfahrtspflege in Münster
- Zuschüsse 1983 - 1992

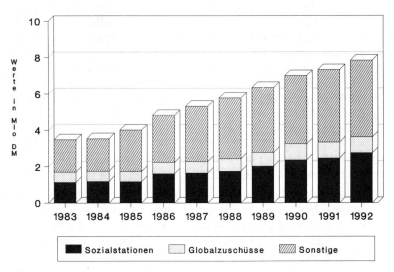

Damit bleibt allerdings nur ein Schluß: die Stellung der Verbände scheint weder von der „Finanzkrise" noch von der Einrichtung des Förderungsprogramms in besonderer Weise tangiert. Es hat den Anschein, daß das korporatistische Interessengeflecht zwischen öffentlicher Hand und den Trägern der Freien Wohlfahrtspflege trotz aller Debatten um das neue Spannungsverhältnis zwischen Selbsthilfe und Wohlfahrtsverbänden durchaus funktioniert. Die etablierten Träger sind im Bereich der gesundheitlichen und sozialen Versorgung nach wie vor der bevorzugte Ansprechpartner der öffentlichen Hand. Sie profitieren in wesentlich höherem Maße von den Subventionen als die „kleinen freien Träger. Es scheinen sich damit die bereits im Berliner Fall festgestellten Tendenzen nach einer erhöhten Förderung der Wohlfahrtsverbände im Zeichen knapper öffentlicher Mittel abzuzeichnen (vgl. Windhoff-Héritier 1982). Diese Tatsachen sollten bei einer weiteren Debatte vielleicht einmal bedacht werden.

Vor diesem Hintergrund erweisen sich die in der theoretischen Debatte angeführten Bewertungen zu den Wirkungen und den Folgen einer Selbsthilfeförderung als zweifelhaft. Die Selbsthilfeinitiativen sind weiter denn je davon entfernt, eine Nachfolge der etablierten Träger anzutreten. Selbst die des öfteren thematisierte wechselseitige Durchdringung und Beeinflussung von politisch-administrativem System und Selbsthilfeinitiativen (vgl. Abschnitt Selbsthilfeinitiativen) bleibt schwach. Sicherlich hat es gerade in den letzten Jahren eine Reihe von Tendenzen gegeben, die auf eine verstärkte Kooperation zwischen Politik, Verwaltung und Selbsthilfeinitiativen deuten, wie es bspw. die Tätigkeit der Kontaktstelle oder im Falle des Kuratoriums die verstärkte Einbeziehung von „Betroffenen" zeigt. Mögliche Anzeichen für grundlegende Veränderungen der Strukturen des etablierten Systems im Jugend-, Gesundheits-, und Sozialbereich lassen sich allerdings nicht erkennen, Rechte und Ressourcen aller Formen von Selbsthilfeinitiativen werden nur in geringem Maß verbessert.

Das Münsteraner Programm - ein Aus- und Rückblick

Bei dem Münsteraner „Modell" handelt es sich um eine Selbsthilfeförderung unter einer konservativ dominierten Regierung. Es sind jedoch nicht die unterschiedlichen parteipolitischen Vorstellungen, die diesem Programm ihr Gepräge geben. Die parteipolitischen Unterschiede spielen in diesem Prozeß keine Rolle, was nicht zuletzt die weitgehend mit den christdemokratischen Zielen übereinstimmenden sozialdemokratischen Forderungen verraten. Die Entwicklung des Programms wird vielmehr maßgeblich beeinflußt durch einen Mann aus der Verwaltung. Ihm ist es gelungen, ein „Selbst- und Mithilfe-Programm" zu installieren, das eine Ergänzung der hauptamtlichen Hilfe durch Selbsthilfegruppen und ehrenamtliche Dienste zum Ziel hat.

Daß diese Politik durchaus „erfolgreich" gewesen ist, ist vor allem auf die dokumentierten und analysierten lokalen Bedingungen und Kräftekonstellationen zurückzuführen. In der Politikformulierungsphase ist es vor allem die relativ gute Kooperation mit den Verbänden, die eine Formulierung eines „Selbst- und Mithilfe-Programms" gegen Bedenken weiter Kreise der christdemokratischen Partei ermöglichen. Die für die Stadt kostenneutrale Förderung über eine Stiftung tut ihr übriges dazu. In der nachfolgenden Implementationsphase wird das Programm von einem großen Teil von Selbsthilfeinitiativen angenommen. Widerstände gegen die Rahmenbedingungen der Förderung gibt es nur vereinzelt. Es kann offensichtlich den finanziellen Bedarf einer Mehrheit decken und als gelungen bezeichnet werden.

Der Abschluß des Modellversuchs zeigt eine Veränderung der lokalen Kräfteverhältnisse. Innerhalb der herrschenden Partei wie auch der anderen gesellschaftlichen Gruppierungen ist eine Weiterförderung nicht mehr umstritten. Eine Neuformulierung der Förderungsrichtlinien bringt hinsichtlich der Förderungsinstrumentarien und des Antragsverfahrens einzelne Verbesserungen, ohne die grundsätzlichen Förderungsstrukturen anzutasten. Die Bildung des Kuratoriums und die Versuche, weitere öffentliche Träger in die Finanzierung der Kontaktstelle mit einzubeziehen, bereiten die Erweiterung des in der Anfangsphase bestehenden geschlossenen Politiknetzes vor und deuten neue Wege der Förderung an: die Einbindung sämtlicher, auch konkurrierender Interessengruppen in die kommunale Sozialpolitik selbst.

Das Münsteraner Beispiel verdeutlicht einmal mehr, daß die in der fachlichen Diskussion konstatierten Gemeinsamkeiten zwischen Selbsthilfeinitiativen und „sozialer Bewegung", zwischen kleinen gesprächs- und handlungsorientierten Gruppen und größeren Selbsthilfeprojekten, eher einem wissenschaftlichen Konstrukt entsprechen als Ausdruck realer Verbundenheit sind. Die Analyse der Entwicklung und Umsetzung der Förderung macht deutlich, daß die viel diskutierten „Konkurrenzen" zwischen Wohlfahrtsverbänden und Selbsthilfeinitiativen wenig mit der Realität gemein haben. Die bestehende Verflechtung zwischen Verbänden und Selbsthilfeinitiativen läßt in sämtlichen Phasen des Politikprozesses nur in geringem Maße von einem von Rivalität geprägten Verhältnis zwischen „neuen" und „alten" Trägern sprechen. Einen großen Anteil hat hier sicherlich die Tatsache, daß die Förderung zu keinem Zeitpunkt zu Lasten der etablierten Verbände durchgeführt wird. Die Träger der Freien Wohlfahrtspflege bestimmen sämtliche Phasen des Politikerzeugungsprozesses mit und können mit ihren Mitgliedsvereinigungen an der Förderung teilhaben.

Das Stiftungsmodell stellt so weder ein Instrumentarium der „Entlastung" noch des „Umbaus" der sozialen Dienste dar. Die über traditionelle Organisationen, ehrenamtlich tätige oder den Wohlfahrtsverbänden nahestehende Gruppen vermag nur in geringem Maße die im Rahmen der „Entlastungsstrategie" formulierte These eines „Abbaus" der sozialen Dienstleistungen stützen. Genauso wenig leitet die „Siverdes"- Förderung mit ihren minimalen Partizipationsmöglichkeiten, der geringen Verbesserung der rechtlichen und finanziellen Ressourcen und der nur einige Teile von Selbsthilfeinitiativen berücksichtigenden Unterstützung eine Weiterentwicklung des Systems der gesundheitlichen und sozialen Versorgung ein. Vielmehr verkörpert das Münsteraner Programm eine marginale „Ergänzung" der bestehenden Finanzierungen, die entscheidende Änderungen im sozialpolitischen Bereich unterläßt.

Das „Bremer Modell" - eine Förderung nach sozialdemokratischen Grundsätzen

Der Stadtstaat Bremen steht hier als Beispiel für sozialdemokratische Politik schlechthin. Seit nahezu zwei Jahrzehnten hat hier die sozialdemokratische Partei die Vorherrschaft. Bis in die neunziger Jahre hinein hat sie mit absoluter Mehrheit regiert.[1]

Gegenüber Regionen mit stark katholisch geprägten Hintergrund sind die Wohlfahrtsverbände - und hier insbesondere die konfessionellen Träger - für die soziale und gesundheitliche Versorgung von vergleichsweise geringer Bedeutung. Der größte Teil der Versorgungsleistungen wird in öffentlicher Regie bereitgestellt. Die Arbeiterwohlfahrt (AWO) und das Deutsche Rote Kreuz (DRK) als wirtschaftlich stärkste Verbände nehmen im Rahmen der örtlichen Arbeitsgemeinschaft der Freien Wohlfahrtspflege eine Aufteilung der Aufgabenfelder vor. Im Vergleich zu einer katholischen Stadt wie Münster ist die Kooperation zwischen öffentlichen Institutionen und Trägern der Freien Wohlfahrtspflege zwar weniger entwickelt, in die Politikformulierung und -umsetzung sind sie dennoch involviert. Es existieren zahlreiche Gremien, denen sie als Verbandsvertreter oder Parteimitglieder angehören. Als Berater sind sie zudem in die parlamentarischen Gremien eingebunden.

Bremen ist neben Hamburg und Berlin eines der Zentren der Alternativszene. Es gibt zahlreiche Treffpunkte, Beratungsstellen, Projektwerkstätten, Kulturzentren und andere soziale und soziokulturelle Dienstleistungsprojekte. Auf 100 selbstorganisierte Projekte und 300 Selbsthilfegruppen beziffert ein Kenner den Bestand (Müller 1989, 251). Andere Schätzungen sprechen von 120-140 Projekten, ohne daß dabei die kleineren Gruppen mitgerechnet sind.[2]

---

1   Die SPD verliert erstmalig bei der Bürgerschaftswahl im Oktober 91 die absolute Mehrheit. Die CDU erreicht dennoch wie bei den Wahlen der letzten 20 Jahren lediglich zwischen 20-35 % der Stimmen während die FDP zeitweise nicht vertreten ist (Freie Hansestadt Bremen 1987, 57). Die Anfang der 80er Jahre ins Rathaus eingezogene Alternative Liste erreicht mittlerweile einen Anteil von gut 10 %.

2   Diese Angaben entstammen einem Gespräch mit einem Mitarbeiter des „Netzwerk Selbsthilfe" Bremen. Die Projektdichte liegt damit bei 1,9. Die Verwaltung spricht in ihrem Bericht, ohne näher zu differenzieren, gar von 600 „Selbsthilfegruppen"; vgl. SenJugSoz 1987, hierzu Abschnitt Vom „Bremer Topf" zur Ausführung von Förderungsbestimmungen; zur Projektdichte in den anderen Städten vgl. die entsprechenden Kapitel

Vom „Bremer Topf"
zur Ausführung von Förderungsbestimmungen

Ist in Münster der Einfluß von Selbsthilfeinitiativen auf die Formulierung des Förderungsprogramms schwach, so ist die Entstehung des „Bremer Modells" vor allem mit den Gruppen des Selbsthilfe- und „Alternativsektors" verbunden. Bereits zu Beginn der 80er Jahre hat es aus dem Spektrum von Initiativen des Alternativsektors in einzelnen Bereichen immer wieder Forderungen nach einer finanziellen Unterstützung ihrer Arbeit gegeben. So haben selbstverwaltete Betriebe und selbstorganisierte Projekte eine Bezuschussung von Arbeitsplätzen gefordert. Im Rahmen eines allgemeinen Fonds sollten 7 Mio DM für 150 neue Arbeitsplätze bereitgestellt werden (vgl. Sosna 1986). Die SPD geht zum Teil auf diese Forderungen ein. 1985 wird ein solcher Fonds mit einem finanziellen Volumen von 1,5 Mio DM installiert. Die finanziellen Zuschüsse belaufen sich auf ein Darlehen von 7000 DM für einen geschaffenen Arbeitsplatz, das durch eine städtische Finanzierungs-, Beteiligungs- und Entwicklungsgesellschaft (FIBEG) vergeben wird. Das Programm zeigt allerdings eine Akzentuierung nach speziell sozialdemokratischen Gesichtspunkten: Unterstützenswert sind ausschließlich beschäftigungswirksame Maßnahmen, womit lediglich ökonomische Projekte als förderungswürdig erkannt werden.

Etwa zeitgleich ist anläßlich bevorstehender Veränderungen bei der Vergabe von AB-Mitteln und der drohenden Verlagerung der Gelder an größere Träger unter der Koordination des Netzwerk das sog. ABM-Forum entstanden, in dem sich vornehmlich soziokulturelle Projekte zusammengeschlossen haben. Sie setzen auf einen Sonderfonds des Senats zur Absicherung der Betriebs- und Sachkosten und einen veränderten Förderungsmaßstab des Arbeitsamtes. Die subjektbezogene Förderung sollte mit Hilfe eines ABM-Pools durch eine objektbezogene Stützung abgelöst werden. Nachdem die beabsichtigte Erhöhung des Eigenanteils bei der Finanzierung von AB-Stellen nicht erfolgt, hat sich der Zusammenhang aufgrund der mangelnden Mitwirkung der Beteiligten bald aufgelöst. Ein Überbleibsel der Diskussionen ist die Einrichtung einer Koordinationsstelle als Instrument einer wirksameren Interessenvertretung. Das Projekteplenum des „Netzwerk" übernimmt in den folgenden Jahren die Nachfolge des Aktionskreises.

Der Anfang zu einem Förderungsprogramm im Gesundheits- und Sozialbereich erfolgt durch eine Initiative des örtlichen DPWV. Unter dem Eindruck bereits in der Bundesrepublik installierter Förderprogramme finden sich 1985 interessierte Einzelpersonen aus der Geschäftsleitung und Mitgliedsorganisationen des DPWV im internen „Arbeitskreis Gesundheitshilfe" zusammen. Sie arbeiten bereits bestehende Unterstützungsprogramme durch, recherchieren in einzelnen

Städten und entwerfen schließlich im April 1986 eine Konzeption für eine Unterstützung von „Selbsthilfegruppen und selbstorganisierten Projekten im Gesundheits- und Sozialbereich". Eine der zentralen Forderungen ist die Bereitstellung von finanziellen Mitteln in Form eines einheitlichen Fonds. Hieraus sollen Sachkosten und „in begründeten Einzelfällen" pauschal Personalkosten für fest angestelltes Personal- und Honorarkräfte bezuschußt werden. Daneben soll die Mittelvergabe durch die Einrichtung eines Beirats „auch für die senatorischen Behörden handhabbar" (DPWV 1986, 2) gemacht werden. Nach den Vorstellungen der Arbeitsgruppe soll das Gremium „drittelparitätisch aus Gruppen, Vertretern der Verwaltung und der in der Bürgerschaft befindlichen Parteien" (ebd. 5) zusammengesetzt sein.

Die Konzeption setzt also vornehmlich an der Erhöhung der Transparenz der Mittelvergabe an, die in Bremen in hohem Maße in unterschiedliche Bereiche aufgegliedert ist. Sie erfolgt in Form einer laufender Unterstützung aus Haushaltsmitteln, einmaliger Förderung aus Haushalts- oder Lottomitteln im Rahmen diverser Ressorts und Förderschwerpunkten. Für das Gros der Selbsthilfeprojekte stellen infolge der „Finanzkrise" des öffentlichen Haushalts neben den AB-Mitteln die Lottomittel die einzige Geldquelle dar. Sie werden in Bremen durch besondere parlamentarische Gremien vergeben, die noch aus der Zeit der alten Hansestadt stammen: die sog. Deputationen. Diese traditionellen Vertretungen der Kaufleute und Handwerker sind heute als Parlamentsausschüsse den jeweiligen Ressorts zugeordnet und mit Vertretern der Parteien entsprechend ihrer Verteilung in der Bürgerschaft besetzt. Hauptsächliche Ressorts für die Unterstützung von Selbsthilfeinitiativen sind die Behörden für Gesundheit und Soziales.[3]

Der Entwurf des DPWV versteht sich nicht als endgültiges Konzept, sondern als Vorschlag für eine Diskussion, an der auch die dem Verband nicht angeschlossenen Gruppen teilnehmen sollen. Bei diesen Gruppierungen stößt die Initiative im relativ dichten Bremer Kommunikationsnetz grundsätzlich auf positive Resonanz, selbst wenn einzelne Punkte noch Gegenstand interner Kritik sind. So kommt es schließlich im Frühjahr 86 zu dem später so benannten „Bremer Topf", dem „Aktionskreis Förderprogramm Selbsthilfegruppen und Selbstorganisierte Projekte im Gesundheits- und Sozialbereich", einem in der Bundesrepublik neuartigen Verbund von 4 sehr unterschiedlichen Einrichtungen

---

3   Bei der bereits benannten bundesweiten Bestandsaufnahme gibt der Senator für Jugend und Soziales an, Selbsthilfegruppen - insbesondere Selbsthilfeorganisationen als freie Träger im Bereich der Suchtkrankenhilfe - mit 164.000 DM gestützt zu haben. 1986 hat die Senatsverwaltung für Gesundheit und Sport danach 200.000 DM an Wettmitteln für unterschiedliche Gruppen zur Verfügung gestellt (vgl. Beutin/Fehse 1987, 49).

und Gruppierungen. Der DPWV Landesverband Bremen, das Hauptgesundheitsamt mit seiner Abteilung Gesundheitsberatung, der Gesundheitsladen und das „Netzwerk Selbsthilfe e. V" haben sich hier zusammengeschlossen. Diese vier Stellen sind seit Jahren in die jetzt als Selbsthilfe-Unterstützung bezeichnete Arbeit involviert.

Der DPWV Bremen als Träger der Freien Wohlfahrtspflege ist ein sehr heterogener Verband. Er vereinigt unter seinem Dach etwa 130 Mitgliedsorganisationen, die von Selbsthilfe-Organisationen und gesprächs- und handlungsorientierten Selbsthilfegruppen über Selbsthilfeprojekte bis hin zu den klassischen Nachbarschaftsheimen - und zentren reichen. Das Hauptgesundheitsamt Bremen sieht im Rahmen der gesundheitlichen Prävention seine Aufgabe insbesondere in der Anregung und Begleitung von Selbsthilfegruppen. Für diese Zwecke steht ein kleiner Topf von 10.000 DM zur Verfügung. Der Gesundheitsladen ist dagegen ein Ausfluß der neueren Initiativen im Gesundheitsbereich, die Anfang der 80er Jahre aus den bundesweit veranstalteten Gesundheitstagen hervorgegangen ist. Er beschäftigt sich vornehmlich mit gesundheitspolitischen und arbeitsmedizinischen Themen. Das „Netzwerk Selbsthilfe" ist schließlich Bindeglied zwischen den selbstverwalteten Betrieben und den selbstorganisierten, alternativen Projekten. Es berät beide Arten von Gruppen und unterstützt einzelne Gruppierungen aus seinem Fonds, der von den 400-500 Mitgliedern erbracht wird. Diese 4 Stellen bilden den sog. Unterstützerverbund, die Kerngruppe des Zusammenschlusses. Die vorher schon bestehende punktuelle Kooperation entwickelt sich nunmehr zu einem kontinuierlichen gemeinsamen Vorgehen.

In dieser Zeit nimmt die mehrgleisige Strategie des Aktionsverbundes ihren Anfang. Die Mischung besteht zum einen aus Lobbyarbeit in Form informeller und formell anberaumter Gespräche mit Vertretern von Politik und Verwaltung. Zum anderen sind es die in den folgenden Jahren relativ beständigen öffentlichkeitswirksamen Aktionen, die auf die Forderungen und Vorstellungen des Aktionsverbundes aufmerksam zu machen.

Im Juni 1986 wird der Entwurf erstmals unter der Federführung des DPWV in der Öffentlichkeit vorgestellt. In der Tagespresse ist das Echo durchweg positiv. Auch auf politischer Seite finden die Ideen Anklang. Bereits Ende Juni stellt die CDU einen Antrag in der Bürgerschaft des Landtages, Förderkriterien für eine Unterstützung von Selbsthilfeinitiativen vorzulegen und dabei den Vorschlag des DPWV zur Grundlage zu nehmen.

Zwischenzeitlich wird die Vorlage im wesentlichen von den Gruppen des Unterstützerverbundes diskutiert. Insbesondere die im Entwurf enthaltene Beschränkung auf die Unterstützung von Gruppen aus dem Gesundheits- und Sozialbereich, die hauptsächliche Begrenzung auf eine Finanzierung von Sachmitteln und die Vorschläge zur Besetzung des Beirats werden von Vertretern des Netzwerk und des Gesundheitsladens intern noch heftig kritisiert. Der interne Einigungsprozeß ist vergleichsweise unproblematisch; denn so weit sind die Vorstellungen nicht voneinander entfernt. Die in der Vorlage enthaltenen Essentials werden im wesentlichen bestätigt. Die Bedürfnisse der Projekte werden etwas stärker betont, indem der Ausbau der finanziellen Unterstützung zu einer Projektförderung verankert wird. Im Gegensatz zum Berliner Aktionsverbund wird jedoch keine völlige Auslagerung des Vergabeverfahrens aus dem politisch-administrativen System beansprucht. „Wir konnten uns nicht so recht einigen. Wir haben gedacht, vom politischen Selbstverständnis her einen selbstverwalteten Topf. Trotzdem haben wir weder uns noch dieser sehr bunten und multikulturellen Selbsthilfe-Szene zugetraut, einen solchen Verteilungskampf einigermaßen zu überstehen." (Interview/ Selbsthilfeinitiativen). In einer Hauszeitschrift des Bremer Netzwerks heißt es dazu: „Mehr als ein Mitbestimmungsmodell können die Projekte im Moment weder durchhalten, noch im besten Fall durchsetzen" (Diemer 1986, 14).

In seinem im August verabschiedeten Förderungskonzept fordert der mittlerweile auf 50 Gruppen angewachsene Zusammenschluß eine „politische, fachliche und finanzielle Förderung und Unterstützung" (SenJug/Soz 1987, Anlage 3, 5). Er wehrt sich gegen die Anschauung als „Billigmacher sozialer und gesundheitlicher Versorgung". „Selbsthilfegruppen und selbstorganisierte Projekte dürfen innerhalb der Auseinandersetzungen um Ressourcen nicht instrumentalisiert werden. Sie sind in dieser Situation besonders förder- bzw. schutzbedürftig" lautet eine der zentralen Feststellungen (ebd. 4).

Geeinigt hat man sich schließlich intern auf den Besetzungsmodus des Beirats. Nach den Vorstellungen der Gruppen soll er halbparitätisch einerseits aus Mitgliedern der Parteien und der Verwaltungen und andererseits aus den Vertretern der Selbsthilfeinitiativen gebildet werden. Der DPWV favorisiert zwar angesichts der bedeutenden Stellung der Verwaltung eine Drittelparität. Er kann sich mit diesem Vorschlag jedoch nicht durchsetzen. Ein beanspruchtes Fördervolumen wird nicht genannt. Zentrales Anliegen ist vielmehr die allgemeine Forderung nach einem „zu demokratisierenden Vergabemodell", das die Einrichtung eines einheitlichen Haushaltstitels und eine Erhöhung der Transparenz des Förderverfahrens durch die Einschaltung eines Beirats mit einer entscheidenden Funktion vorsieht.

Nun handelt es sich bei den Selbsthilfeinitiativen auch in Bremen um keine atypischen, besonders aktive Teile einer „sozialen Bewegung". Sie sind keine „selbstaktiven Felder", (Becher), die gar mit „politischen Aktionsgruppen" gleichzusetzen sind. „Der Begriff soziale Bewegung ist absolut überfrachtet für die Selbsthilfe-Landschaft. Er spiegelt etwas Falsches vor. Es ist keine jugendlich mobile, mobilisierbare Szene. Sie hat eher einen Hauch von Konservatismus. Ich meine damit nicht nur die Schlips- und Kragen-Fraktion, sondern durchaus auch die professionalisierten Projekte, die sich alternativ, feministisch, selbstverwaltet nennen. Sie sind trotzdem sehr konservativ in ihrer Politik. Ihr Alltag und ihre permanent prekären Finanzierungen, das macht sie eher auf Erhalt und Durchhalten und so was bedacht. Die politische Durchsetzung ist ziemlich schwierig, sie ist träge" (Interview/Selbsthilfeinitiativen). Mit diesen Worten charakterisiert einer der Protagonisten die Zusammenhänge.

Selbst wenn hin und wieder die Aktivierung von Gruppenmitgliedern gelingt, ist es vor allem der Unterstützerverbund mit seiner „Vorreiterfunktion", der die Durchsetzung des Förderungsprogramms im wesentlichen trägt. Er bildet das erste relativ offene „policy"-Netz in der Politikformulierungsphase des Programms, dem sich im Laufe der Zeit immer mehr Initiativen anschließen. Mit seinen Mitgliedern repräsentiert er gleichzeitig unterschiedliche Politikstile, die in den beiden Strängen von Lobby- und Öffentlichkeitsarbeit ihren Wirkungskreis finden.

Für die Kontakte im politisch-administrativen Raum sind die Vertreter des Hauptgesundheitsamts und vor allem der örtliche, den Projekten des Alternativsektors besonders nahestehende DPWV-Vorsitzenden zuständig, der als „Grenzstelleninhaber" über zahlreiche Verbindungen im Gefüge verfügt. Er ist seit mehreren Jahren in der für die Selbsthilfeförderung besonders wichtigen Deputation für Soziales als Berater tätig. Was dann „aus der Fachöffentlichkeit Neues kommt, ist schnell in der Sphäre der Politik mit drin. Da wird dann schon gebastelt : Können wir nicht die chaotische Lottomittel-Förderung ein wenig strukturieren ?" (Interview/Verbände).

Die Öffentlichkeitsarbeit wird wiederum vornehmlich von den Vertretern des „Netzwerk" und des Gesundheitsladens getragen. Sie erreicht eine hohe Resonanz in den Medien, vor allem bei den Tageszeitungen, die über zahlreiche Aktionen wie das Trommeln vor dem Haus der Bürgerschaft, über den öffentlichen Gang zum Sozialsenat berichten, kurzum: über zahlreiche, kleine Aktivitäten, die in anderen Städten vielleicht ohne Widerhall geblieben wären. Damit gelingt im Laufe der Zeit eine Begriffsbesetzung: Mit der Bezeichnung „Bremer Topf" werden in der folgenden Zeit des öfteren Berichte in den Tageszeitungen angekündigt, die auf den Zusammenschluß der Gruppen und gleichzeitig auf ihre Forderungen nach einem Förderungsprogramm eingehen.

Dieser zweigleisigen Strategie sind auch bei der Mehrheitspartei erste Erfolge beschert. Die Bürgerschaftsfraktion der SPD bringt im September ebenfalls einen Antrag ein, der angesichts der versuchten Besetzung des Feldes Selbsthilfeförderung durch die CDU ganz im Zeichen des eigenen politischen Profils steht. Mit einem Rekurs auf die Gemeinsamkeiten zwischen (den Anfängen) der Arbeiterbewegung und der „neuen Selbsthilfebewegung" werden die Verbindungen zu den sozialdemokratischen Vorstellungen betont und die sozialdemokratische Sichtweise verdeutlicht. So werden etwaige Bestrebungen nach einem Ersatz des öffentlichen Versorgungsangebots durch Selbsthilfeleistungen ausdrücklich abgelehnt. In seinen praktischen Konsequenzen fällt er allerdings hinter den Vorschlag der Oppositionspartei zurück. Es ist nicht von Förderkriterien, sondern lediglich von einem Auftrag an der Senat die Rede. Er soll eine Bestandsaufnahme über die in Bremen tätigen Gruppen erstellen und darlegen, „durch welche Maßnahmen die schon bisher geleistete Förderung der Selbsthilfegruppen gezielter und effektiver vorgenommen werden kann" (Bremische Bürgerschaft 1986b). Die Vorlage des DPWV und der anderen Initiativen sollte dabei seine Berücksichtigung finden.

In der Bürgerschaftssitzung im Oktober 86 führt dieses Thema zu parlamentarischen Debatte über die unterschiedlichen Zielsetzungen der jeweiligen Parteien. Die CDU sieht große Übereinstimmungen zwischen ihren gesellschaftlichen Leitvorstellungen von Entstaatlichung und Privatisierung und den Vorschlägen der Initiativen, während sich Vertreter der SPD von „konservativen Bestrebungen (abgrenzen), den Gedanken der Selbsthilfe unter das Prinzip der Subsidiarität einzuordnen" (Bremische Bürgerschaft 1986d, 3611). Entsprechend den politischen Mehrheitsverhältnissen wird die Eingabe der CDU und ein weitergehender Änderungsantrag der Grünen abgelehnt. Dennoch ist der Antrag der SPD-Fraktion parteiübergreifend konsensfähig. Er findet auch bei den Oppositionsparteien eine nahezu ungeteilte Zustimmung.

Mit der Verabschiedung des SPD-Antrags hat das Thema bereits früh einen Eingang in die parlamentarische Ebene gefunden. Die Installierung eines Förderprogramms ist damit jedoch in Ferne gerückt. Die Vorlage dieses Berichts verzögert sich infolge von internen Schwierigkeiten immer wieder. Personalmangel infolge des Einstellungsstopps beim öffentlichen Dienstes fällt hier nach Aussagen der Mitarbeiter der Verwaltung besonders ins Gewicht. Jedenfalls liegt im Frühjahr 87 die erwartete Antwort der Senatsverwaltung noch nicht vor.

Weniger Zeit nimmt dagegen die Beantwortung einer Anfrage der CDU zur bestehenden Förderung von Vereinen, Initiativen und Verbänden in Anspruch. Nicht einmal zwei Monate braucht die zuständige Senatsabteilung, um eine über 500 Seiten umfassende Antwort zu verfassen. Hier zeigt sich ein ähnliches Politikmuster wie in den anderen Städten. Es wird auf große Leistungen im Bereich der Unterstützung dieser Gruppen hingewiesen, die nach Angaben der Verwaltung insgesamt 70 Mio DM erhalten. Etwa 35 Mio DM werden danach für die „Selbsthilfe-Unterstützung" verwandt, wobei 5 Mio DM aus Lottomitteln stammen (Bremische Bürgerschaft 1987a). Zuschüsse an die Wohlfahrtsverbände sind ebenso einbezogen wie die Übernahme von Personalstellen durchweg etablierter Organisationen.

Im Gegensatz zu anderen Orten ist diese Antwort allerdings weniger ein Anlaß öffentlichkeitswirksamer Auseinandersetzungen. Vor dem Hintergrund dieser Größenordnungen bringt diese Antwort die beteiligten Gruppen des Aktionsverbundes vor allem dazu, ihre Anliegen nochmals deutlich zu machen. Sie wollen keine Verteilung der gesamten Mittel übernehmen, sondern sich auf Verteilung der Mittel für kleinere Gruppierungen beschränken, die bisher nicht gefördert werden. „Der Bremer Topf versteht seine Forderungen als **nicht** gegen die Arbeit der Wohlfahrtsverbände gerichtet und macht ihnen auch die Förderung ihrer Arbeit nicht streitig" (Bremer Topf o. J., 1) heißt es in einer Selbstdarstellung, die sich u.a. gegen einen vermeintlichen Widerstand der Wohlfahrtsverbände richten soll. Vornehmlich bemängelt wird das Förderungsverfahren, in dem „undurchschaubare politische und persönliche Präferenzen" und „kurze Drähte" zu den Vergabegremien (taz v. 30.03.87; vgl. auch Bremer Topf, o. J. 2) nach Ansicht von Gruppenvertretern über die Förderung entscheiden. Die Träger der Freien Wohlfahrtspflege reagieren denn auch weniger ablehnend als distanziert. Es gibt zwar in örtlichen Gremien des öfteren Diskussionen um die Aktivitäten des DPWV im Zusammenhang mit den Gruppen der Alternativprojekte. Im Rahmen der Arbeits- und Aufgabenteilung gilt das Handlungsfeld jedoch als ein dem DPWV ureigenes Terrain.

Die Einrichtung eines Haushaltstitels ist innerhalb der herrschenden SPD ebenfalls umstritten. Es zeigen sich die bereits in anderen Studien konstatierten Hemmnisse, die eine Politikformulierung unter dominanten Mehrheitsverhältnissen erheblich erschweren (vgl. z. B. Schmidt 1980; v. Beyme 1984, 406). Die Politikerzeugung kann im wesentlich geringeren Maße von Initiativen Einzelner geprägt werden, sondern bedarf stattdessen einer breiteren parteiinternen Konsensbildung. So bestehen auch innerhalb der Deputations- wie auch in der Bürgerschaftsfraktion der SPD rivalisierende „policy"-Netze von Befürwortern und Verweigerern. Unterstützt wird die Idee eines Förderprogramms prinzipiell vom damaligen Sozialsenator, der damit in einzelnen Kreisen und insbesondere der Deputationsfraktion der Abteilung Soziales Beistand findet. Demgegenüber steht eine erhebliche Gegenwehr von Teilen der Gesundheitsbehörde und Vertretern von Organisationen in den Deputationen, die um den Verlust ihres Einflusses fürchten.

Einen wichtigen Stellenwert hat in diesem Rahmen das zweigleisige Vorgehen des Unterstützerverbundes von Verhandlungen und „Aktionismus". Es werden Kontakte mit politischen Vertretern innerhalb der Bürgerschaft, den Deputationen und der Verwaltung aufgenommen, um sie als Fürsprecher zu gewinnen. „Es war wirklich kleine Überzeugungsarbeit. Wir haben so viele Rückfragen gekriegt, daß wir manchmal gemerkt haben, das braucht einfach Zeit, das muß wachsen. Wir haben häufig einen Termin nach dem anderen aneinandergereiht. Wir haben Gespräche mit den Deputierten gehabt, den verschiedenen Parteien der Deputationen Jugendhilfe, Soziales und Gesundheit. Es gibt viele Ansprechpartner, das muß erst mal bewältigt werden. Die wußten teilweise überhaupt nicht, was eine Selbsthilfegruppe ist. Und wenn sie es begriffen haben, war die Nachfrage, weshalb das Geld kostet" (Interview/Selbsthilfeinitiativen). Im März 87 findet der erste von mehreren Kongresses statt, der zum einen der Öffentlichkeitsarbeit und zum anderen den internen Abstimmungsprozesse unter einem großen Teil der Gruppen dienen sollen. Teilnehmer sind neben den Initiativen aus dem Bereich der Projekte der Alternativszene auch traditionelle Selbsthilfe-Organisationen wie die im DPWV vertretenen „Guttempler" und die „Deutsche Parkinson-Vereinigung". Drei Monate später wird von Seiten des „Bremer Topf" bei der Behörde für Jugend und Soziales ein weiteres Mal der von der Bürgerschaft geforderte Senatsbericht eingefordert, der den Selbsthilfeinitiativen immer noch nicht vorliegt. Der Entwurf wird zu diesem Zeitpunkt schon seit einigen Wochen innerhalb der Behörde, mit Teilen der Deputationen und mit der SPD-Fraktion abgestimmt. Die Selbsthilfeinitiativen als Betroffene werden nicht beteiligt, obwohl, so der Grundton, „gemeinsam ein durchschaubares und gerechtes System der Förderung von insgesamt 600 Gruppen aus dem Bereich der Selbsthilfe und selbstorganisierten Projekte geschaffen werden" (SenJugSoz 1987) sollte. Bei einem weiteren öffentlichen Besuch beim Sozialsenator erhalten die beteiligten Gruppen schließlich einzelne Vorab-Exemplare.

Der Bericht nimmt in seinen grundsätzlichen sozialpolitischen Aussagen die Kritik an der mangelnden „Transparenz" des Förderungsverfahrens auf und stößt damit bei Gruppen auf Zustimmung. Bei der Festlegung der angelegten Förderstrukturen gibt es allerdings hohe Differenzen.

Sie beziehen sich zum einen auf die Festsetzung des Adressatenkreises, die sich im Verwaltungsbericht im wesentlichen an der in der wissenschaftlichen Debatte vorgenommenen Definition von den vorwiegend im Gesundheitsbereich tätigen, kleinen Gesprächsgruppen orientiert (vgl. DAGSHG 1987, 5). In erster Linie gilt diese Gruppierung als förderwürdig, während die Selbsthilfeprojekte als „selbst organisierte Projekte (SOP)" eher einen Sonderfall darstellen. Ihre Bezuschussung soll dem Senator für Arbeit vorbehalten bleiben. Die Komplikationen sind damit nicht gelöst; denn in diesem Ressort liegen die Leitvorstellungen bei der Prüfung nicht in einem Selbsthilfebezug der Maßnahmen,. sondern in der Beschäftigungswirksamkeit der Projekte. Auf „Information und

Transparenz" setzt die Sozialverwaltung daher auch in diesem Bereich (SenJugSoz 1987, 23).

Zum zweiten soll die Mittelvergabe weiterhin in das politisch-administrative System eingebunden bleiben. Es ist lediglich beabsichtigt, die Gruppen beim künftigen Förderungsverfahren zu beteiligen, indem sie die Fachdeputationen durch Beratung unterstützen. Eine Installierung eines Beirats mit einer entscheidenden Funktion wird abgelehnt.

Zum dritten sollen keine zusätzlichen Mittel bereitgestellt werden. Stattdessen ist geplant, die Zuteilung der bisher verausgabten Mittel von 2,8 Mio DM für so definierte Selbsthilfegruppen neu zu strukturieren, um die „Transparenz der Mittelvergabe" zu erhöhen. Hierzu ist vorgesehen, aufgrund der „sehr unterschiedlichen Ausgangs- und Problemlagen" der Selbsthilfeinitiativen „einzelne Förderungsschwerpunkte" zu bilden, so daß die „verschiedenen Gruppen jeweils nur in verwandten Feldern inhaltlich zueinander in Konkurrenz geraten können" (SenJugSoz 1987, 17). Nach den Vorschlägen der Senatsverwaltung sind für die Förderung der unterschiedlichen Gruppen acht Bereiche vorgesehen, die nicht allein beim Sozialsenat, sondern auch beim Senator für Gesundheit angesiedelt sind.

Diese Vorstellungen stoßen bei den Gruppen des Aktionsverbundes auf erhebliche Kritik. Die kritischen Punkte sollen bei der weiteren Formulierung und Ausgestaltung des Programms berücksichtigt werden. Im Juli 87 findet zu diesem Zweck eine weitere offizielle Verhandlungsrunde zwischen „Bremer Topf", dem Senat, Parteien und Deputationsmitgliedern über die Einführung einer Selbsthilfeförderung und die Verfahrensregeln statt.

Ganz so unumstritten ist dieses Vorgehen allerdings nicht. Teile des Sozialsenats versuchen in der Zwischenzeit, trotz der fehlenden Voraussetzungen einen Beschluß der Bürgerschaft zu bewirken und diese Absicht damit zu unterlaufen. Auch in der Bürgerschaftsfraktion, den Deputationen und dem Gesundheitssenat ist der Prozeß der internen Meinungsbildung noch nicht im Sinne der Installierung eines Programms abgeschlossen. In der laufenden Legislaturperiode kommt es daher zu keiner Entscheidung mehr. Mit der Regierungserklärung des mit knapper absoluter Mehrheit wiedergewählten SPD-Senats im Oktober 87 werden allerdings weitere Schritte in dieser Richtung vorbereitet. Die beabsichtigte verstärkte Förderung von Selbsthilfe findet darin seine Erwähnung.

Der zweite Selbsthilfekongreß der Initiativen im November 87 steht ganz im Zeichen eines Förderungsprogramms. Die ursprünglichen Forderungen werden stark relativiert und den realpolitisch existierenden Bedingungen angepaßt. Es sollen nunmehr 5 Förderschwerpunkte eingerichtet werden. Der Schwerpunkt „Gesundheit, Krankheit, allgemeine soziale Benachteiligung" (Bremer Topf

1988, 16) als erster, sowie Arbeitslose, Fraueninitiativen und -projekte, Ausländerinitiativen und Eltern-Kind-Gruppen als weitere Bereiche. „Mit der Trennung des SH-Spektrums (Selbsthilfe-Spekturms Anm. d. Verf.) in die 5 Bereiche wird erstens eine politisch beschlossene Trennung zum Teil nachvollzogen und zweitens eine betroffenennahe, überschaubare Struktur als notwendig erkannt," heißt es hierzu als Ergebnis des Kongresses (Bremer Topf 1988, 16).

Das hängt allerdings nicht nur mit den Vorgaben von Politik und Verwaltung zusammen, sondern auch mit der Aufsplittung der Gruppen selbst. In einzelnen Bereichen existieren bereits seit Jahren Verfahren der Abstimmung zwischen einzelnen Selbsthilfeinitiativen und Verwaltung, die auch von den Gruppen für gut befunden werden. So besteht bspw. im Ausländerbereich seit Mitte der 80er Jahre ein Beratungsgremium aus Vertretern von Vereinen, Wohlfahrtsverbänden und Verwaltung, das die Kriterien für die Mittelvergabe festlegt und die vorliegenden Anträge berät. Die Vergabe der Mittel im Rahmen eines einheitlichen Fördertopfes ist daher auch auf Seiten der Initiativen strittig. Es werden Verteilungskonflikte zwischen kleinen und großen, bedürftigen und weniger bedürftigen Gruppen befürchtet. Es gibt daher auch Überlegungen, Unterabteilungen für unterschiedliche Bereiche zu schaffen. So wird denn die Aufteilung in einzelne Schwerpunktbereiche auch nicht völlig abgelehnt.

Und weiter lautet es in einer wahrhaft akrobatischen Formulierung: „Der BREMER TOPF konzentriert sich zunächst auf den ersten Bereich: Gesundheit und Soziales. Hier soll exemplarisch nach einem Beiratsmodell SH gefördert werden. Die anderen Bereiche praktizieren tatkräftige Solidarität mit den Zielen des BREMER TOPFs bzw. werden dazu aufgerufen, transparente Förderrichtlinien und demokratische Beteiligungsformen für ihre Bereiche durchzusetzen" (ebd.). Es handelt sich fraglos um eine „Begriffsklitterung", wenn die eng gefaßten Ressorts Krankheit und Behinderung sowie Gesundheitsförderung als Bereiche Gesundheit und Soziales bezeichnet werden. Das Eingeständnis, daß die im „Bremer Topf" zusammengeschlossenen Gruppierungen nicht sämtliche Gruppierungen im Spektrum der örtlichen Selbsthilfe-Landschaft repräsentieren, tritt dabei nur zu offensichtlich hervor. Vielleicht sollte man in diesem Zusammenhang daran erinnern, daß es auch in Bremen keinesfalls eine breite „soziale Bewegung" ist, die den Motor für ein Förderprogramm auf Seiten der Gruppen darstellt, sondern der einigermaßen begrenzte Kreis des Unterstützerverbundes. Trotz der relativen Breite des Zusammenschlusses ist die Interessenidentität zwischen den einzelnen Selbsthilfeinitiativen keineswegs so groß, als daß sie für das gesamte Spektrum von Selbsthilfeinitiativen zu einem gemeinsamen Handeln führen könnte.

Der Kongreß markiert in vielerlei Hinsicht einen Wendepunkt. Er vollzieht die Anpassung an die gegebenen Verhältnisse. Die Aktivitäten des Verbundes beziehen sich im Sinne einer pragmatisch-realpolitisch orientierten Strategie auf ein wesentlich stärker eingegrenzten Wirkungskreis. Mitte Dezember wird erstmals wird ein Förderbetrag genannt. 3 Mio DM an Haushaltsmitteln sollen danach zur Verfügung stehen. In Fall des „zu demokratisierenden Vergabemodells" bleibt die ursprüngliche Forderung bestehen: es wird an einem Beirat mit Entscheidungsfunktion festgehalten. Damit stößt der Bremer Topf bei Vertretern aus Politik und Verwaltung allerdings weiterhin auf Ablehnung.

Eine erste finanzielle Anerkennung ist die Aufnahme des „Bremer Topfes" in den bereits benannten Modellversuch des BMJFFG. Entscheidenden Anteil hat daran aber weniger die Haltung der kommunalen und staatlichen Gremien als die Fürsprache eines aus dem Spektrum des Netzwerk stammenden, zu diesem Zeitpunkt beim Bundesministeriums arbeitenden Mitarbeiters, der für die Initiierung des Modellversuchs maßgeblich verantwortlich gewesen ist. In den Abstimmungsrunden über die Aufnahme unterschiedlicher Kontakt- und Informationsstellen setzt er sich massiv für den Bremer Unterstützerverbund ein, der schließlich den Zuschlag erhält.[4]

In der Zwischenzeit werden die offiziellen und inoffiziellen Kontakte von Seiten des „Bremer Topf" mit den Vertretern der Deputationen und dem Senat werden weiter gepflegt. Kurz vor den Haushaltsberatungen Anfang des Jahres 1988 erfolgt eine weitere Verhandlungsrunde mit dem Bremer Senat, bei der die Modalitäten einer Selbsthilfeförderung diskutiert und geregelt werden. Die Forderungen des Interessenverbundes erfahren mittlerweile eine grundsätzliche Zustimmung von Vertretern innerhalb der Deputationen und Mitarbeitern der mittleren Verwaltungsebene: „Wir hatten gute Fürsprecher im Senat vor allem im Ressort Soziales. Wir hatten auch Fürsprecher in den Deputationen, in den Ressorts, aber wir hatten genauso auch immer Gegner. Und dann haben wir uns die Fürsprecher immer zu eigen gemacht" (Interview/Selbsthilfeinitiativen). So zeichnet sich die folgende Phase besonders deutlich durch eine enge Kooperation von Initiativen-Vertretern und Teilen von Politik und Verwaltung aus. Die Begründung des erhöhten Mittelbedarfs für die Selbsthilfe-Förderung wird gemeinsam mit Vertretern der Senatsverwaltung für Soziales erarbeitet. Im Februar stellt die Deputationsfraktion der SPD im Rahmen der Haushaltsberatungen einen Antrag auf die Bereitstellung von zusätzlich 1,85 Mio DM.

Die Einrichtung eines Förderprogramms scheint damit kurz bevorzustehen. Als eine der wenigen Gruppierungen sieht der Bremer Verbund den Beratungen

---

4   Die Zuschüsse liegen für drei Jahre bei 80.000 DM jährlich für einen mit organisatorisch-inhaltlich befaßten Fragen befaßten Psychologen und eine Viertel-Verwaltungsstelle.

optimistisch entgegen. Im parlamentarischen Prozeß scheitert die Initative aber bereits im Vorfeld am Finanzsenator. Die nach der Wahl im Dezember neu ins Amt gelangte Gesundheitssenatorin meldet weiteren „Beratungsbedarf" an, womit auch die Front der internen Gegner des Förderprogramms wächst. Es sind vor allem die Vertreter von Organisationen innerhalb der Deputationen, die gegen die Implementation des Förderungsprogramms vorgehen. Die Entscheidung wird damit erst einmal auf die Beratungen zum Nachtragshaushalts vertagt.

Ein weiteres Mal findet auf Seiten des Aktionsverbundes ein Wechsel der unterschiedlichen Politikstile statt. Auf der einen Seite werden kleine öffentliche Aktionen beim Gesundheitssenat durchgeführt, auf der anderen Seite erfolgen informelle und formell anberaumte Gespräche, die sogar zwischen dem Plenum des Initiativen-Zusammenschlusses und SPD-Deputierten stattfinden. Von der Seite der SPD- Fraktion wird nochmals deutlich gemacht, daß im Rahmen des Programms keine Mittel für feste Personalstellen zur Verfügung gestellt werden könnten.

In der folgenden Zeit passiert der Antrag erneut die administrativen und parlamentarischen Hürden. Ein vorläufiger Schnittpunkt und Übergang zur Implementation wird mit den Beratungen zum Nachtragshaushalts erreicht. Im Rahmen der Verhandlungen setzen sich schließlich die Fürsprecher des Förderungsprogramms durch. Für das laufende Haushaltsjahr sollen Haushaltsmittel in Höhe von 500.000 DM zur Verfügung gestellt werden. Per Senatsbeschluß vom 15.06.88 werden für eine „Modellphase" von vorerst zwei Jahren zusätzlich zu den bereits von den einzelnen Deputationen vergebenen Lottomitteln Haushaltsmittel in Höhe von 1 Mio DM jährlich zur Verfügung gestellt. Über die Vergabe der Mittel sollen nicht näher benannte Beratungsgremien entscheiden, die aus Vertretern von Selbsthilfeinitiativen, Verwaltung und Deputierten zusammengesetzt sein sollen. Die Deputationen als politische Ausschüsse behalten das letzte Wort.

Im Vergleich zu den anderen Städten soll jedoch eine relativ offene Kleinbearbeitung stattfinden; die Modalitäten des Verfahrens sollen zwischen den Vertretern der Deputationen, der Verwaltungen und der Selbsthilfeinitiativen näher abgestimmt werden.

Bereits in der folgenden Zeit zeigen sich erhebliche Diskrepanzen zwischen den erklärten Absichten auf der politischen Seite und der Durchführung des Senatsbeschlusses auf der Ebene einzelner Abteilungen der Verwaltung. Während einerseits die Ausgestaltung des Verfahrens zwischen Politik, Verwaltung und Gruppen geregelt wird, wird andererseits von einzelnen Abteilungen der Verwaltung bereits die Umsetzung des Senatsbeschlusses vorgenommen. Zu diesem Zweck werden von den verantwortlichen Mitarbeitern der einzelnen Ressorts die einzelnen Gruppen eingeladen und bereits entworfene Kriterien präsentiert.

Auch die Kleinbearbeitung des Verfahrens zwischen den Vertretern der Gruppen und den Mitgliedern der Deputationen und der Verwaltung ist von Auseinandersetzungen bestimmt. Einer der Streitpunkte ist nach wie vor die Bestimmung des Selbsthilfebegriffes. Die in der fachlichen Diskussion kursierende, vornehmlich an gesprächs- und handlungsorientierten Gruppen im Gesundheitsbereich orientierte Begriffsbestimmung von Selbsthilfegruppen[5] liefert für Politik und Verwaltung die Begründung für den Ausschluß von bestimmten Gruppierungen. „Es war ein Kampf, was Selbsthilfe heißt. Es war vom Senat her ein Bestreben, den klassischen Selbsthilfebegriff zu bevorzugen, wo die professionalisierte Tätigkeit für andere einen Grenzfall darstellt" (Interview/ Selbsthilfeinitiativen).

Schwierigkeiten bestehen auch für die Förderung von nicht-rechtsfähigen Gruppen. Die Regelungen der Landeshaushaltsordnung, die nach Meinung einzelner Verantwortlicher eine Rechtsform der unterstützten Gruppen voraussetzen, stellen ein Hemmnis für die Förderung von geringgradig organisierten Gruppen dar.

Auch die Aufsplittung der Wett- und Haushaltsmittel mit ihren unterschiedlichen Entscheidungsformen ist nach wie vor umstritten. Während die Haushaltsmittel allein durch die Verwaltung vergeben werden, muß bei der Verteilung der Wettmittel die Zustimmung der Deputationen eingeholt werden.

Von Seiten des „Bremer Topfs" wird weiter am Konzept einer ressortübergreifenden Förderung und der Forderung nach einem Beirat mit einem „Letztentscheidungsrecht" festgehalten. Das läßt sich allerdings im Rahmen des Politikgeflechts nicht durchsetzen. Im August konstituiert sich schließlich ein Beratungsgremium, das auch vom Aktionsverbund gestützt wird.

Im Dezember 88 wird schließlich das zwischen den Behörden Gesundheit und Soziales gemeinsam abgestimmte Vergabekonzept verabschiedet, das die Mittelvergabe für eine Modellphase von zwei Jahren regeln soll. Für die Unterstützung von Selbsthilfeinitiativen werden zusätzlich zu den in den einzelnen Ressorts veranschlagten Wettmitteln weitere Beträge aus dem öffentlichem Haushalt bereit gestellt. Beläuft sich der Landeszuschuß für das laufende Jahr auf rd. 500.000 DM, so wird der Betrag für das Haushaltsjahr 1988 auf 1 Mio DM gesteigert. Zusammen mit den Wettmitteln stehen in den einzelnen Abteilungen

---

5   vgl. DAGSHG ebd., zur Problematik dieser Definition auch Behrendt et al.1981

der Verwaltung 1989 damit rd. 1,7 Mio DM zur Verfügung. Bezogen auf die Einwohnerzahl und die Art der vergebenen Zuschüsse ist dies ein vergleichsweise hoher Betrag. Gut 3 DM pro Einwohner werden damit jährlich an Sachmitteln zur Verfügung gestellt. In Berlin macht der Anteil von Sach- und Personalmitteln in den ersten Jahren gerade mal 4 DM aus. Zieht man nur die Sachmittel in Betracht, sind es dort anfangs 2 DM pro Einwohner.

Die Förderungsbestimmungen

„Selbsthilfe ist grundsätzlich politisch, fachlich und materiell zu fördern", lautet die erste Aussage, die sinngemäß der Konzeption des Aktionsverbundes entnommen ist. „Selbsthilfe bedeutet aktive Mitwirkung bei der Lösung von Problemen und ist nicht gleichzusetzen mit finanzieller Eigenbeteiligung. Selbsthilfeförderung folgt dabei dem Prinzip der Subsidiarität .... Selbsthilfe darf ... nicht als Forderung nach Ersatz staatlicher Dienstleistungen verstanden werden" (SenJugSoz/SenGes 1988, 1). Diese Sätze aus der Präambel der „allgemeine(n) Bestimmungen zur Förderung von Selbsthilfe" markieren die sozialdemokratischen Leitvorstellungen zu einer Förderung, die sich strikt von konservativ-liberalen Sichtweisen abgrenzen wollen.

Die Aktivitäten von „Selbsthilfegruppen, -initiativen und -projekte(n)" werden ausdrücklich als unterstützenswert erkannt. Die im Rahmen der Politikformulierung geäußerten Bedenken hinsichtlich der Aufnahme von nicht-rechtsfähigen Gruppierungen sind letztlich nicht von Bedeutung. Die Förderung ist an keine spezielle Organisationsform gebunden. Die nur geringgradig organisierten Gruppen können von den Maßnahmen profitieren, wenn jemand dafür persönlich haftbar zeichnet. Dachorganisationen, Bundes- und Ländervereinigungen bleiben allerdings von den Subventionen ausgeschlossen. Nur die Primärgruppen, nicht die Träger können Anträge auf Zuschüsse stellen. Eine Formulierung, die angesichts der Erfahrungen mit bestehenden Programmen in anderen Bundesländern aufgenommen wurde. Hier sind z. T. übergeordnete Zusammenschlüsse für ihre Mitgliedsvereinigungen antragsberechtigt, was sie auch entsprechend nutzen. Des öfteren sind die Titel aus diesem Grunde bereits Anfang des Jahres ausgeschöpft (vgl. Olk 1990, 15).

Die Tätigkeiten von Selbsthilfegruppen und -projekten gelten zwar beide grundsätzlich als förderwürdig. Bei den eigentlichen Kriterien setzt sich allerdings die vom Senat favorisierte, insbesondere an den originären Selbsthilfegruppen des Gesundheitsbereichs orientierte Begriffsbestimmung durch. So müssen die Gruppen eine Reihe von „Bestimmungsmerkmalen von Selbsthilfe" (ebd. 6) erfüllen, die von der „Betroffenheit durch ein gemeinsames Problem" über das Kriterium „keine oder nur geringe Mitwirkung professioneller Helfer" bis hin zum Vorliegen keiner „Gewinn-, sondern Bedarfsorientierung" (ebd. 6) reichen. So wird auch zwischen der Förderung von Selbsthilfegruppen und „selbst organisierten Projekten (SOP)" (ebd. 4) unterschieden. „Gefördert wird immer das konkrete Vorhaben und nicht eine bestimmte Form des Zusammenschlusses" (ebd. 3), lautet die Formulierung, die sehr stark den Regelungen des Münsteraner und des von der CDU errichten Berliner Programms ähnelt. Projekte sind danach bestimmte begrenzte Vorhaben, die der Selbsthilfe dienlich sein müssen. Die Auseinandersetzungen um die Begriffsbestimmungen von Selbsthilfe im Vorfeld der Politikformulierung werden damit nicht eindeutig geregelt. Die Unterstützung von Selbsthilfeprojekten wird zwar für gut geheißen, sie gelten allerdings eher als Sonderfall der öffentlichen Förderung.

Sind diese Bestimmungen bereits ein Gemengegelage aus wissenschaftlicher Definition und Normvorgaben aus Politik und Verwaltung, so gilt dies erst recht für die anderen Kriterien und Grundsätze des Förderungsprogramms, die bereits die unterschiedlichen Schwerpunktbereiche der öffentlichen Unterstützung deutlich machen. So soll bspw. „Selbsthilfe insbesondere ... sich im Bereich der Gefährdeten und Straffälligenhilfe engagieren", zu „mehr Miteinander von alten und jungen Menschen beitragen sowie die Lebensqualität der älteren Generation absichern helfen," oder zur „Veränderung der gesellschaftlichen Situation von Frauen und zu ihrer Selbstbestimmung in allen Lebensbereichen beitragen" (ebd. 4). Quasi als sozialdemokratische Variante wird die „Bemühung um eine solidarische Bewältigung von Arbeitslosigkeit" (ebd. 3) als förderwürdig angesehen. Tätigkeitsbereiche und Arbeitsziele der Gruppen sind damit klar definiert.

Eine Absicherung der Tätigkeit von in hohem Maße ressortübergreifend handelnden Selbsthilfeprojekten ist nicht beabsichtigt. Kosten für feste Personalstellen werden nicht übernommen. Es handelt sich in erster Linie um ein Sachmittel-Programm. Daneben werden auch Honorarmittel als Aufwandsentschädigung und zur Fortbildung gezahlt. Die Zuschüsse werden grundsätzlich als freiwillige Leistungen im Rahmen einer Starthilfe, „Überbrückungshilfe bspw. vor dem Anlaufen einer Drittmittelfinanzierung" (ebd. 8), als ergänzende Hilfen und für die laufenden Kosten gewährt. Sie können ausdrücklich auch zusätzlich zu einer bestehenden Förderung gewährt werden. Heißt es aber im Vorwort der Bestimmungen noch, daß Selbsthilfe nichts mit finanzieller Eigenbeteiligung zu tun habe, so wird dies an anderer Stelle präzisiert: „In jedem Fall ist vom Antragsteller der Einsatz angemessener eigener Mittel bzw. Leistungen zu verlangen" (ebd.). Was dabei als angemessene Eigenbeteiligung gilt, wird nicht weiter ausgeführt.

Die aus den anderen Programmen wohlbekannten „administrativen und politischen Kontrollinteressen" (Heinze et al. 1988, 189) sind auch hier anzutreffen. So müssen die geförderten Gruppen die Finanzen offen legen und dem Zuwendungsgeber regelmäßig einen Einblick in die Tätigkeit verschaffen, Rechenschaftsberichte erstellen und die Verwendung der Mittel differenziert nachweisen.

Die Verwaltung und die politischen Gremien haben beim Förderverfahren eine nach wie vor gewichtige Stellung. Die Ressorts sind für die Begleitung der Fördermaßnahmen und die „Einleitung eines offenen Beratungsverfahrens zur Entwicklung konsensfähiger Maßstäbe für die Mittelvergabe" (ebd.) zuständig. Zu diesem Zweck ist die Benennung von Kontaktpartnern und Verantwortlichen aus den einzelnen Referaten geplant. Diese sollen Vorschläge für die Vergabe der Mittel aufstellen, die dann in Zusammenarbeit mit den Gruppen und den beteiligten Deputierten beraten und verabschiedet werden. In jedem Förderschwerpunkt soll von der Verwaltung hierzu eine Vergaberunde anberaumt werden, zu der die Vertreter der Fachdeputationen und sämtliche antragstellenden Gruppen „nach Möglichkeit vor Beginn des Haushaltsjahres" (ebd. 5) eingeladen werden. In Fällen, in denen während dieses Beratungsprozesses „schwerwiegende Einwände nicht ausgeräumt werden können" (ebd. 6), soll die Fachdeputation darüber unterrichtet werden.

Erhalten bleibt die Trennung in die acht Förderschwerpunkte, wobei „Gruppen, Initiativen und Projekte sich grundsätzlich" (ebd. 4) einem der Förderschwerpunkte zuordnen sollen. Es wird beim Antragsverfahren auf Transparenz gesetzt, ohne die entscheidende Stellung der Verwaltung beim Förderverfahren anzutasten. Lediglich im Bereich Gesundheitsförderung geht die Partizipation über dieses Modell hinaus. Hier ist ein Beirat vorgesehen, der über die Vergabe der Gelder ein Mitspracherecht hat. Nach wie vor haben die Deputationen allerdings das Letztendscheidungsrecht.

Das „Bremer Modell" ist in einer engen Bindung zwischen Selbsthilfeinitiativen und politisch-administrativem System entstanden. Der Einfluß der Gruppen auf die Strukturen und Verfahrensregeln des Programms ist allerdings schwach. Lediglich bei der grundsätzlichen Bereitstellung von Mitteln können sie sich durchsetzen. Der an den ursprünglichen Forderungen des Aktionsverbundes gemessene eher dürftige „Output" des Politikerzeugungsprozesses wird auch bei der Gegenüberstellung zur fachlichen Debatte um die Bedeutung von Selbsthilfeaktivitäten deutlich. Mit der erstrittenen Orientierung auf die Selbsthilfegruppen und -projekten als Ausläufern der „neuen sozialen Bewegungen" und der zusätzlichen Bereitstellung von finanziellen stellt das Bremer Programm zwar kein Instrumentarium eines Abbaus sozialstaatlicher Leistungen dar. Als Element einer „Umbau"-Strategie ist die Installierung allerdings genauso wenig zu begreifen. Die eingeräumten Mitbestimmungsmöglichkeiten sind gering. Die „Routinen und Muster der Arbeitsteilung" (Heinze et al. 1988, 189) werden weder durchbrochen noch wird das „herkömmliche professionell-bürokratische Versorgungssystem auf die Prinzipien von Selbstbestimmung und Autonomie" (ebd.) umgestellt. Das „Bremer Modell" hat daher wenig mit der von Ulrich Beck angesprochenen „Entgrenzung von Politik",, zu tun, mit einem „ ‚Macht-verlust', den das zentralisierte politische System im Zuge der Durchsetzung und Wahrnehmung von Bürgerrechten in den Formen einer neuen politischen Kultur erfährt" (Beck 1986, 311). Es ist eher noch ein Ausdruck der bestehenden Machtstrukturen. Bestenfalls stellt es ein Konglomerat aus parteipolitischen Anschauungen, vereinzelten Angeboten an die hiesige Bewegung und admini-strativen und fiskalpolitischen „Zwängen" dar, wobei die bestehenden admini-strativen Aufgabenteilungen und ressortspezifischen Zielsetzungen überwiegen.

Bei der Analyse des Politikerzeugungsprozesses tritt vor allem die Wahrneh-mung und Reaktion des Programms auf Seiten der beteiligten Gruppen hervor. Vergleicht man den „policy-output" mit den einzelnen, anfänglichen Forderun-gen des Verbundes, so erscheinen die Ergebnisse mehr als gering. Von einem einheitlichen Förderprogramm ist nicht mehr die Rede. Es sollen nunmehr acht Bereiche gebildet werden. Auch der Kompromißvorschlag des Unterstützerver-bundes auf Bildung von 5 Schwerpunkten kann sich nicht durchsetzen. Vom angestrebten „zu demokratisierenden Vergabemodell" ist ebenfalls wenig übrig geblieben.

Angesichts der Erfahrungen mit dem unter der CDU errichteten „Berliner Mo-dells" müßte ein Großteil der Selbsthilfeinitiativen und hier insbesondere die Selbsthilfeprojekte das Förderungsprogramm ablehnen. So heißt es auch in Bremen zu Anfang der Politikformulierung: „Es wird notwendig werden, daß die Gruppen im Verlauf der Durchsetzung eines Bremer Förderprogramms an Mindestbedingungen festhalten und an diesen das ganze möglicherweise plat-zen lassen: Eine Mindestbedingung müßte eine Mindestgröße des Fördertopfes betreffen, eine andere den Beirat, seine Entscheidungskompetenz und die Pari-tät" (Diemer 1986, 17).

Prinzipiell abgelehnt wird es allerdings zu keinem Zeitpunkt. Der geringe Um-fang der finanziellen Mittel und der mangelnde Einfluß auf ihre Verteilung wird zwar kritisiert. Insgesamt erkennt man jedoch einen „Lernprozeß der Politisch Verantwortlichen" (taz. v. 18.06.88), meint, daß die Selbsthilfe als „eigenstän-dige Form sozialer und gesundheitlicher Problembewältigung anerkannt" (ebd.) sei. Die Einrichtung eines Haushaltstitels mit bescheidenem Ausmaß wird von den meisten Gruppen sogar als Erfolg ihres Vorgehens angesehen. „Die Bremer Richtlinien sind ein wichtiger Schritt gewesen, die Arbeit der Bremer Selbsthil-febewegung zu stabilisieren" (Pagel, 1989, 15), meint einer der Vertreter aus dem Unterstützerverbund. „Es ist natürlich nicht nur eine Befriedigung, sondern auch eine Deckung des Bedarfs und eine Einlösung des vielleicht wichtigsten Zieles" (Interview/ Selbsthilfeinitiativen). In einer Presseerklärung anläßlich eines Kongresses heißt es: „Einigermaßen zufrieden, wenn auch schon viel zu bescheiden geworden" (vgl. taz v. 31.01.89).

Gegenüber dem Berliner Programm stellen die im Aktionsverbund „Bremer Topf" zusammengeschlossenen Initiativen nur geringe Erwartungen an das Programm als ein Finanzierungsinstrument für Personalstellen. Einstmalige Forderungen vor allem von Seiten des „Netzwerk Selbsthilfe" werden bereits bei den internen Diskussionsprozessen allmählich relativiert. Innerhalb des Unterstützerverbundes wird das Argument der vorhandenen Finanzknappheit der öffentlichen Hand eher akzeptiert. Von daher wird auch eher gebilligt, daß aus diesem Förderprogramm in erster Linie Sachmittel finanziert werden.

Für diese Haltung ist die relativ gute Stellung der Bremer Selbsthilfeprojekte mit verantwortlich. Die hiesige Arbeitsverwaltung hat verstärkt auf die dezentral organisierten Träger bei der Ausstattung von AB-Stellen gesetzt und damit in erheblichem Maß die Entwicklung von Projekten mit sozialen und gesundheitlichen Dienstleistungen gefördert. Die Zahl der AB-Stellen liegt schätzungsweise bei 450 - 500 (Interview/Selbsthilfeinitiativen). Hierbei handelt es um eine Schätzung, die auf dem „mittelgroßen" Typus von Projekten beruht. Es gibt zahlreiche kleinere Vereine, die über eine begrenzte Zeit über eine ABM-Stelle verfügen.

Die Lage stellt sich indes immer wieder prekär da, wenn das Land Bremen wie 1987 verstärkt von den Kürzungen der Gelder infolge der AFG-Novelle betroffen ist. Lagen die Zuweisungen der Bundesanstalt für Arbeit für das Landesarbeitsamt Bremen 1986 noch bei 152 Mio DM, so betragen sie 1989 nur noch 93 Mio DM (taz v. 3.03.89). Sie wurden damit in drei Jahren um mehr als ein Drittel reduziert. Kompensiert werden soll dieser Rückgang durch Kürzung der besonders teuren Plätze für Akademiker, die überproportional in AB-Maßnahmen beschäftigt sind. Machen die Akademiker an den gesamten Arbeitslosen etwa 10 % aus, so sind von den 3800 ABM-Kräften etwa 35 % Hochschulabgänger. Dieser Anteil soll auf 20 % abgebaut werden, die Zahl dieser auf AB-Basis beschäftigten Akademiker also um 500 auf etwa 900 reduziert werden (Bremer Nachrichten v. 24.02.88) Die Selbsthilfeprojekte sind in doppeltem Sinne davon betroffen: denn ihr hauptsächliches Finanzierungsinstrument sind einerseits die Mittel der Bundesanstalt für Arbeit, die andererseits vor allem von Akademikern besetzt sind.

Die Auseinandersetzungen um die Finanzierung dieser Personalstellen finden jedoch außerhalb der Diskussionen um ein Förderprogramm im Gesundheits-

und Sozialbereich statt. Es gibt zwar einzelne personelle Verflechtungen wie innerhalb des „Netzwerk Selbsthilfe" oder einzelnen Gruppen, die in beiden Verbunden tätig sind. Ein großer Teil der soziokulturellen Projekte ist allerdings nicht in den Aktionsverbund „Bremer Topf" eingebunden, sondern verfügt über einen eigenen Zusammmenschluß. Sie fordern vom Senat einen besonderes Programm zur Sicherung der durch den Abbau der AB-Mittel gefährdeten Stellen. 1989 wird schließlich ein solches Stammkräfteprogramm mit einem Volumen von 2,8 Mio DM eingerichtet. Hieraus werden 80 Stellen, davon etwa 40-50 Stellen im Bereich des Alternativsektors auf zwei Jahre befristet bezuschußt. Es handelt sich dabei allerdings nicht um eine „Diversifizierung von Finanzquellen" in Form einer zusätzlichen Stützung von Projekten, die „als nicht-profit-orientierte Einrichtungen soziale Dienste erbringen" (Olk 1990, 13). Entscheidend für eine finanzielle Stützung ist vielmehr das Kriterium der Beschäftigungswirksamkeit der angelegten Maßnahmen.

Die Umsetzung des „Bremer Modells"

Die Adressaten des Modellversuchs

Im Rahmen des Bremer Programms wird eine relativ hohe Anzahl von Gruppen finanziert. Werden in Berlin in den ersten Jahren durchgängig 140 - 170 Gruppen subventioniert, so sind es in Bremen in den ersten Jahren bereits über 200 Gruppen (vgl. Tabelle 14).[6] In den nächsten Jahren steigt diese Anzahl auf 300 Gruppierungen von Selbsthilfeinitiativen an, die zum Teil als Träger einer Reihe von kleineren Gruppen fungieren. Die Verwaltung spricht aus diesem Grund in einem Bericht von „deutlich über 1.000 pro Jahr", die von der „neuen Selbsthilfeförderung" (SenGesJugSoz 1994, 11) erfaßt werden.

Wie in den anderen Förderungsprogrammen zeigt sich, daß die Organisationsform der Gruppen keineswegs die Chance auf eine öffentliche Unterstützung

---

6   Die Erstellung einer detaillierten Übersicht ist im Fall des Bremer Förderprogramms nicht möglich; denn verläßliche Aussagen über die Ablehnung von Anträgen können nicht getroffen werden. In den einzelnen Ressorts wurden bei den Berichten lediglich die bewilligten Anträge in die Unterlagen aufgenommen. Ähnliches gilt für die von den Verwaltungen erstellten Vorlagen für die Entscheidungen in den Deputationen, aus denen in einer Reihe von Fällen die Antragssummen der einzelnen Gruppen nicht ersichtlich sind. Die folgenden Angaben sind im wesentlichen dem jüngst erschienenen Senatsbericht (SenGesJugSoz 1994) und zahlreichen Materialien der Verwaltung entnommen; vgl. hierzu auch die folgenden Abschnitte.

erhöht. So erfahren die Mitgliedsvereinigungen von Selbsthilfe-Organisationen ebenso wie die anderen Formen von Selbsthilfeinitiativen eine finanzielle Unterstützung. Hauptsächlich handelt es sich um die Vertreter der „neuen Selbsthilfebewegung", die gesprächs- und handlungsorientierten Selbsthilfegruppen und Selbsthilfeprojekte.

Den größten Bereich mit etwa 100 geförderten Gruppen stellt der - im erwähnten Senatsbericht zusammengefaßte - Bereich Krankheit und Behinderung sowie Gesundheitsförderung dar. Auch die Frauenprojekte, -gruppen und -initiativen und Ausländerinitiativen werden vergleichsweise häufig gefördert. Durchschnittlich 60-70 bzw. 50 Gruppen kommen in den Genuß von öffentlichen Geldern. Mit steigender Tendenz werden auch die so benannten „Mutter-Kind-Gruppen/Spielkreise" bezuschußt. Sind es 1989 28 Gruppierungen, so werden vier Jahre später bereits über 40 Gruppen mit öffentlichen Geldern unterstützt. In den anderen Schwerpunkten liegt die Zahl der finanzierten Gruppen durchweg niedriger. So erreichen die Bereiche Arbeitslose, Gefährdete und Ältere Menschen in den jeweiligen Jahren zusammen genommen nicht einmal ein Fünftel der gesamten Bewilligungen (vgl. Tabelle 15).

Tabelle 14: Das "Bremer Programm"
- Bewilligungen in Zahlen 1988-91 -

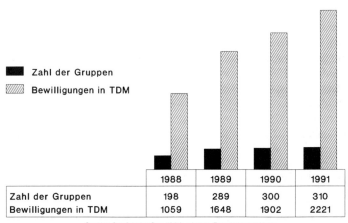

	1988	1989	1990	1991
Zahl der Gruppen	198	289	300	310
Bewilligungen in TDM	1059	1648	1902	2221

Quelle: SenGesJugSoz 1994; eigene Zusammenstellung

Antragsberechtigt sind zwar in allen Fällen nur die Primärgruppen und nicht die Dach- und Wohlfahrtsverbände selbst. Allerdings bleibt auch den Verbänden die Förderung nicht verschlossen. Gerade in dem traditionellen Feld der Seniorenarbeit können sie in erhöhtem Maße mit den ihnen angeschlossenen Gruppen an der Austeilung der Mittel profitieren.

Die Vergabe der Mittel

Die durch die Aufsplittung der Förderung bedingten Verfahrensregeln wirken sich in sämtlichen Programmstrukturen aus So sind die einzelnen Schwerpunkte sehr unterschiedlich ausgestattet.

Festgelegt nach Maßgabe der bereits in den einzelnen Ressorts verausgabten Wettmittel und der zusätzlich bereitgestellten Haushaltsmittel schwankt der Etat der einzelnen Bereichen im ersten Haushaltsjahr zwischen 54.000 DM und 380.000 DM (vgl. Tabelle 16). Daß mit dem Förderprogramm keineswegs eine Vereinheitlichung des Verfahrens angestrebt ist und die Aufgabenteilung und die bestehenden Konkurrenzen zwischen den einzelnen Ressorts durchbrochen wird, zeigt sich besonders deutlich am Schwerpunkt Krankheit und Behinderung. Die hier zur Verfügung stehenden Gelder sind nochmals jeweils zur Hälfte zwischen den senatorischen Behörden Soziales und Gesundheit aufgeteilt.[7]

Die durchschnittliche Fördersumme beträgt rd. 6000 DM pro Antrag. Dieser Durchschnittswert besagt allerdings nur wenig; denn die Streubreite der vergebenen Mittel ist enorm. Werden in einzelnen Schwerpunkten Anträge bis zur Höhe von 50.000 DM bewilligt, so sind es in anderen Bereichen Fördersummen höchstens 2.500 DM pro Maßnahme. Dies hängt wiederum mit der Struktur des Programms zusammen; denn in den einzelnen Bereichen stehen unterschiedlich hohe Fördermittel einer unterschiedlich hohen Anzahl von Gruppen gegenüber. Besonders kraß ist das Verhältnis in einem Schwerpunkt wie dem Frauenbereich, in dem einerseits 80 Gruppen vertreten sind, während andererseits der Etat sich anfangs auf 250.000 DM beläuft (vgl. Tabelle 16). In anderen Schwerpunkten sieht es ähnlich aus. So werden bspw. im Ausländerbereich durchschnittlich 3800 DM an eine Gruppe vergeben. Selbsthilfeinitiativen in den Bereichen Spielkreise, Ältere Menschen und Gefährdetenhilfe erhalten im Mittel zwischen 3000 - 4000 DM je Maßnahme. Relativ günstig steht dagegen

---

7 Der Etat für das Ressort Krankheit und Behinderung sowie Gesundheitsförderung ist in der nebenstehenden Tabelle analog den Ausführungen des Senatsberichts aufgrund der schwierigen Abgrenzung der einzelnen Förderbereiche zusammengefaßt. Die Bereiche entsprechen den aufgeführten Ressorts Krankheit und Behinderung (KBeh) und Gesundheitsförderung (Gesf.), Frauen, Ausländer (Ausl.), Mutter-Kind-Gruppen/ Spielkreise (EKG), Alte Menschen (Alte) und Gefährdetenhilfe (Gef.).

Tab. 15: Das Bremer Förderungsprogramm
-die unterstützten Gruppen in den Ressorts -

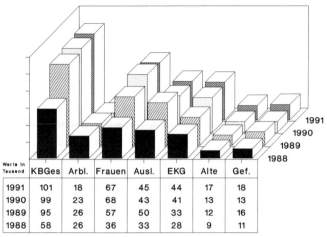

Werte in Tausend	KBGes	Arbl.	Frauen	Ausl.	EKG	Alte	Gef.
1991	101	18	67	45	44	17	18
1990	99	23	68	43	41	13	13
1989	95	26	57	50	33	12	16
1988	58	26	36	33	28	9	11

Quelle: SenGesJugSoz 1994; Legende siehe Fußnote 7

Tab. 16: Das Bremer Förderungsprogramm
- Die Mittelvergabe in den Ressorts -

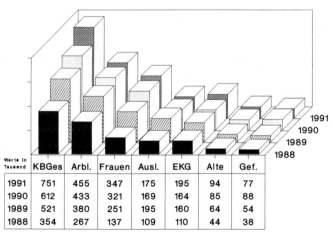

Werte in Tausend	KBGes	Arbl.	Frauen	Ausl.	EKG	Alte	Gef.
1991	751	455	347	175	195	94	77
1990	612	433	321	169	164	85	88
1989	521	380	251	195	160	64	54
1988	354	267	137	109	110	44	38

Quelle: SenJugSoz 1994; Legende siehe Fußn. 7

der Bereich Arbeitslosen-Initiativen da, der von der politisch festgelegten, finanziell relativ großzügigen Bemessung profitiert. Die Zuschüsse betragen hier durchschnittlich 10.000 DM. Die Subventionen scheinen hier den Bedarf an Sachmitteln zu decken: „Ich würde mal sagen, das ist einer der wenigen Förderschwerpunkte, wo das Geld an Sachmitteln fast reicht. Der Bedarf, der ange-meldet ist, ist natürlich immer höher, aber ich habe nicht das Gefühl, daß die Gruppen am Hungertuch nagen, weil sie ihre Ideen nicht umsetzen können,“ meint denn auch einer der Gruppenvertreter (Interview/Selbsthilfeinitiativen).

Für die Vergabe der Mittel ist die im Vorfeld problematisierte Aufsplittung der Gelder in Haushalts- und Wettmittel nicht entscheidend. Sie werden von der Verwaltung gemeinsam bewirtschaftet. Wie in den anderen Förderprogrammen zeigen sich die Grenzen vor allem da, wo es weniger um Zuschüsse an originäre Selbsthilfegruppen als um die finanzielle Unterstützung von Projekten geht, also in Fällen, in denen ein höherer Mittelbedarf insbesondere für die Finanzierung von Personalstellen benötigt wird, wo es „ohne festes Personal und ohne feste, teurere Räumlichkeiten nicht mehr geht“ (Interview/Verwaltung). Die Schwächen der auf Sach- und Honorarmittel begrenzten Unterstützung treten hier deutlich hervor.

Nun gibt es von Seiten der Senatsverwaltung durchaus Bemühungen, die Finanzierung zumindest eines Teiles dieser Gruppen in anderen Ressorts sicherzustellen. Es handelt sich dabei um die auch in den anderen Fallstudien praktizierte Strategie, die Förderung auf andere Ressorts zu überantworten. Die Möglichkeiten sind allerdings beschränkt; sie beziehen sich in erster Linie auf die Unterstützung von sogenannten Beschäftigungsinitiativen im Bereich des Senators für Arbeit. Für Projekte aus dem Bereich der psychosozialen Dienstleistungen ist dies ein oft hinderliches Kriterium; denn es geht bei ihnen weniger um Beschäftigung als um Beratung. „Wir versuchen sie zwar als beschäftigungswirksam zu deklarieren um den Senator für Arbeit an der Finanzierung zu beteiligen, aber der Weg ist weit, bis das beschäftigungsrelevant ist“ (Interview/Verwaltung).

Bestimmungen und Kriterien

Die Konflikte in der Politikformulierungsphase um die Regelung der Bestimmungen setzen sich in der Implementation vor allem in der Frage der Förderkriterien fort. Besonderes Gewicht erhält diese Auseinandersetzung durch die Aufgliederung des „Bremer Modells“ in die unterschiedlichen Ressorts, die den Selektionscharakter der angelegten Maßstäbe deutlich hervortreten lassen. Die keineswegs eindeutigen Ausführungen zur Festsetzung des Adressatenkreises und der Regelung des Eigenanteils lassen erheblichen Raum für Interpretationen der jeweiligen verantwortlichen Mitarbeiter in den einzelnen Bereichen.

In einigen Bereichen existiert ein breiterer Selbsthilfebegriff, in anderen Bereichen handelt es sich um eine eher engere Definition. Während im ersten Fall Selbsthilfegruppen und -projekte gleichermaßen gestützt werden, macht es im zweiten einen großen Unterschied aus, ob es sich um „Selbsthilfegruppen, -initiativen oder -projekte" handelt. Der Maßstab ist hier der sog. Projektbezug der jeweiligen Maßnahme. Selbsthilfeprojekte werden nicht als „ganzheitlicher" Ansatz, sondern es wird lediglich wie in der Implementationsphase des unter dem CDU-Senat errichteten Berliner und des Münsteraner Programms der „der Selbsthilfe dienliche Teil" der Aktivitäten bezuschußt. Das hat insbesondere in der Anfangsphase des Programms zu Praktiken geführt, nach denen die originären Selbsthilfegruppen Zuschüsse erhalten, während das Projekt als Träger oder Beratungsstelle der Gruppen leer ausgegangen ist. Der Zwang, jeweils besondere Projekte oder Selbsthilfegruppen „herauszumalen", um eine Sachmittel-Förderung zu erhalten, ist damit besonders groß. Die Förderung folgt hier, um es mit Heinze et al. auszudrücken, „instrumentellen Gesichtspunkten, die den ganzheitlichen und alternativen Arbeitsansätzen der Gruppen und Projekte keineswegs gerecht werden können" (Heinze et al. 1988, 192f.).

Ähnliches gilt auch für die grundsätzliche Verpflichtung, sich jeweils mit der Tätigkeit einem Bereich zuzuordnen. „Manche werden von einem Fördertopf zum anderen getrieben und den stehen dann die Haare zu Berge" (Interview/-Selbsthilfeinitiativen). Es gibt zwar prinzipiell die Möglichkeit, sich mit speziellen Maßnahmen an einzelne Bereiche zu wenden. So kann ein Frauenprojekt zum Thema Arbeitslosigkeit auf der einen Seite im Frauenbereich Zuschüsse für die Finanzierung der laufenden Arbeit erhalten, während sie Gelder für das spezielle Vorhaben vom Bereich Arbeitslose erhält. Etwa ein Viertel der Gruppen haben diese Chance wahrgenommen. Hierbei handelt es sich allerdings um keineswegs allen Gruppen offenstehende Möglichkeit. Es besteht bei den einzelnen Ressort das Bestreben, diese Möglichkeiten zu unterbinden. [8]

---

8 Dabei reicht es in Einzelfällen für einen Beitrag zur Kuriositätensammlung. „Da war eine Männergruppe. Die sind zuerst bei dem Schwerpunktbereich Frauen reingerutscht. Sie hätten dann als einzige Männer zur Vollversammlung hin müssen, ja wir sind auch eingeladen zur Frauen-Vollversammlung. Zuletzt sind sie dann bei dem Topf Gefährdetenhilfe untergekommen. Das war auch eine Eselsbrücke, die dahin geführt hatte, da sie sich sehr viel mit Männer und Gewaltfragen auseinandergesetzt haben". (Interview/Selbsthilfeinitiativen).

Besonders deutlich wird dies an der Aufteilung der Förderung auf die einzelnen Schwerpunktbereiche, die weniger eine Konzession an die jeweiligen Arbeitsschwerpunkte von Selbsthilfeinitiativen als ein Ausdruck der bestehenden Machtstrukturen ist. Die Förderung ressortübergreifend angelegter Arbeit der Initiativen unterliegt damit engen Grenzen. So gibt es Bestrebungen, die unterstützenswerten Zielsetzungen der Gruppen ausschließlich auf den ursprünglichen Zweck des jeweiligen Ressorts festzuschreiben.

Auch über die Frage des angemessenen Eigenanteils bestehen erhebliche Differenzen. Nach Auffassung des Finanzsenators soll ein finanzieller Eigenanteil von 20 % erbracht werden. Diese Vorschrift wird allerdings in den einzelnen Bereichen ebenfalls recht unterschiedlich ausgelegt. In einigen Bereichen ist er niedriger, in den anderen zum Teil höher. In einem Schwerpunkt wird dabei als besondere Variante einer sozialdemokratisch geprägten Förderung folgendermaßen verfahren. „Jetzt haben wir Gruppen, insbesondere im Bereich der alternativen Dienstleistungen, die eine sehr hohen Eigenaufwand haben, aber selber kein Geld. Da sind wir auf die Idee gekommen, von einer materiellen Eigenleistung und der Fördersumme im Verhältnis 1:1 auszugehen. Wenn jemand 5000 Mark Förderung bekommt, muß er im Werte von 5000 Mark eine materiell bewertbare Eigenleistung nachweisen. Die Gruppen, die das gemacht haben, haben schnell gemerkt, sie kommen viel, viel höher" (Interview/Verwaltung).

Nun mag dies für Gruppen mit einem hohen Anteil an „freiwilliger", unbezahlter Arbeit tatsächlich unproblematisch sein. Erheblich komplizierter wird dies allerdings bei professionalisierten Projekten, die sich im Zuge der Professionalisierung weniger durch ein hohes Maß an „freiwilligem sozialen Engagement", sondern durch einen „qualitativ anderen" Arbeitsansatz auszeichnen. Hier gewinnt es an Bedeutung, an welchen Kriterien eine solche Bewertung vorgenommen wird. In diesem Fall ist es ein Satz von 12 DM pro Stunde, also ein Durchschnittswert für ungelernte Tätigkeiten. Das hat insbesondere bei den Projekten zu erheblichem Unmut geführt hat. Die abweichenden Praktiken in den übrigen Schwerpunkten hat jedoch auch hier zu einem anderen Verfahren geführt. „Auf das Aufschreiben des Aufwands wird jetzt allerdings verzichtet. Irgendwann glauben wir das. Es hat sich alles eingespielt (Interview/Verwaltung)."

Bedeutend dürfte hierfür auch die Bewilligungspraxis im Zeichen der „knappen öffentlichen Kassen" sein, die eine Mitarbeiterin des Frauenbereiches folgendermaßen umschreibt: „Wir sagen generell, wenn die Kriterien erfüllt sind, dann werden alle gefördert. Die kleinen werden bevorzugt, den großen wird etwas abgekappt" (Interview/Verwaltung). In diesem Sinne hat das Förderprogramm wie in den anderen Fällen ebenfalls eine beschränkte Funktion als Seismograph Da die Unterstützung mit den bestehenden Instrumentarien nicht garantiert werden kann, werden 1990 eigenständige Haushaltstitel in Höhe von rd. 200.000 DM für Frauen- und Gesundheitsprojekte und weitere Haushaltstitel im Bereich der Drogenarbeit und Gewalt gegen Kinder eingerichtet.

Mitbestimmung in der Praxis - das Antragsverfahren

Die Verwaltung hat im Förderverfahren eine nach wie vor gewichtige Bedeutung. Sie soll die Anträge entgegennehmen, einen Vergabevorschlag entwickeln, ihn in einer gemeinsamen Verhandlungsrunde mit den antragstellenden Gruppen abstimmen und zur Entscheidung an die Deputationen weiterleiten (vgl. Übersicht 4). Zu den Verhandlungen sollen zweimal jährlich Versammlungen anberaumt werden. So heißt es zumindest in der Formulierung der Richtlinien. Die Praxis ist davon allerdings weit entfernt. Es haben sich in den einzelnen Schwerpunkten unterschiedliche Beteiligungsformen entwickelt, die von Vorgaben der einzelnen Ressortmitarbeiter und einer Vielzahl anderer Faktoren abhängig sind.

Im Arbeitslosen- und Frauenbereich erfolgt die Abstimmung über eine gemeinsame Verhandlungsrunde. Hier wird eine Liste mit den Antragssummen der einzelnen Gruppen und den Empfehlungen der Verwaltung vor der Vollversammlung an die einzelnen Antragsteller gesandt und später abgestimmt. In einigen anderen Bereichen existieren Mischformen von Abstimmungsrunden, Mitbestimmungsmodellen und Regelungen auf eher informeller Ebene. Die weitestgehende Form der Partizipation erfolgt in dem Ressort des Senators für Gesundheit. Dort existiert für den Schwerpunkt Gesundheitsförderung und Krankheit und Behinderung ein externer Beirat aus Vertretern von alternativen Gruppen und Organisationen, der das Vorschlagsrecht über die Vergabe der Mittel hat. Ab 1991 besteht ein solches Gremium auch für das Ressort Krankheit und Behinderung beim Sozialsenat.

Eine allgemeingültige Bewertung läßt sich angesichts der unterschiedlichen Beteiligungsformen kaum treffen. Sie ist nicht allein von den Partizpationsstrukturen abhängig, sondern steht zu zahlreichen anderen Faktoren in Beziehung. „In einigen läuft es erstaunlich gut, in anderen geht es manchmal drunter und drüber" (Interview/Selbsthilfeinitiativen). Dieser Ausspruch, der hier die Erfahrungen von Seiten der Gruppen bezeichnet, macht wohl am besten diesen Sachverhalt deutlich.

Daß die bestehenden Formen der Kooperation das Binnenverhältnis zwischen Gruppen und Verwaltung wesentlich prägen, ist an dem Beteiligungsverfahren im Ausländerbereich besonders deutlich zu erkennen. In diesem Schwerpunkt existiert - wie bereits erwähnt - seit Mitte der 80er Jahre ein beiratähnliches Konstrukt aus Vertretern eine örtlichen Dachverbandes von Ausländervereinigungen, Wohlfahrtsverbänden und Mitarbeitern der Verwaltung, das Vergabevorschläge für die Haushaltsmittel macht. Wenig kompliziert ist die Unterstützung ebenfalls in anderen kleinen Bereichen. Eine geringe Anzahl von Gruppen, gepaart mit den Initiativen wohlwollend gegenüberstehenden Verwaltungsvertretern, erlauben eine aus der Sicht der Beteiligten unproblematische, relativ einfache Abwicklung des Verfahrens. Auf eine ähnliche Weise werden die bestehenden Kontakte im Bereich Ältere Menschen genutzt, der bekanntlich von den Verbänden dominiert wird.

In den anderen relativ großen Bereichen wird die in den Richtlinien festgelegte gemeinsame Abstimmungsrunde sehr unterschiedlich gehandhabt. Zur Regelung des Entscheidungsprozesses haben sich diverse Formen und Strukturen herausgebildet. So hat sich im Frauenbereich ein interner Kreis von zuständigen Mitarbeiterinnen aus der Verwaltung und Vertreterinnen der einzelnen Gruppen konstituiert, der die Erarbeitung der Vergabevorschläge vornimmt. Dagegen erfolgt im Ressort Arbeitslose eine Unterteilung in vier einzelne untergeordnete Felder, um die Zahl der zu behandelnden Anträge relativ niedrig zu halten.

Im Förderschwerpunkt Arbeitslosen-Initiativen ist die Beteiligung relativ unproblematisch, was nicht zuletzt mit der - politisch festgelegten - relativ hohen Ausstattung des Bereichs zu tun hat. Wesentlich prekärer stellt sich die Lage in dem anderen zahlenmäßig wesentlich größeren sehr heterogenen Förderschwerpunkt Frauen dar. Hier sind traditionelle Gruppierungen und Vertreter der „neuen Selbsthilfebewegung" ebenso vertreten wie eher ehrenamtlich arbeitende Gruppen und stärker professionalisierte Projekte. Zum einen bezieht sich die Kritik auf die zuständigen Verwaltungsmitarbeiterinnen, die „einen sehr, sehr schlechten Umgangston mit den Gruppen haben und viele Dinge über deren Köpfe hinweg machen und danach noch protokollieren, als wäre es mit den Gruppen abgestimmt" (Interview/Selbsthilfeinitiativen). Zum anderen gilt es auch auf den Umgang der Gruppen untereinander, die sich z.T. in hohem Maß befehden. Fraktionierungen und Konflikte auf den Vollversammlungen sind dabei an der Tagesordnung. Von Bedeutung sind hierfür vielleicht auch die von einer Verwaltungsmitarbeiterin genannten Mängel in den Kommunikationsstrukturen. Im Gegensatz zu den Fördermodellen der anderen Städte besteht in Bremen kein eigenständiges Referat zur Abwicklung des Förderverfahrens. Es handelt sich um eine zusätzliche Aufgabe, die von den Mitarbeitern und Mitarbeiterinnen durchgeführt wird. Auf die entstandene Arbeitsüberlastung werden denn eine Reihe von Schwierigkeiten zurückgeführt. „Es entstehen manchmal Mißverständnisse, die so gar nicht entstehen, wenn man von vornherein Zeit gehabt hätte, miteinander zu reden" (Interview/ Verwaltung).

Übersicht 4: Das Bremer Programm
Antrags- und Bewilligungsverfahren

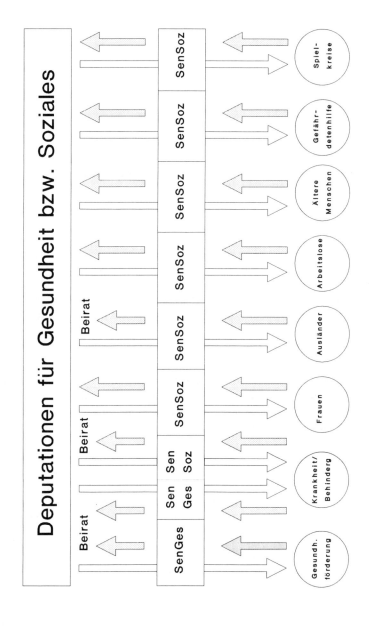

Deputationen für Gesundheit bzw. Soziales

In anderen Ressorts gibt es zeitweilig auch andere Erfahrungen: „In einem Fall hatte die Verwaltung gar keinen Vorschlag gemacht und die Gruppen gefragt, wir wissen nicht, was wir machen sollen, bitte sagen Sie mal Ihre Meinung dazu. Es gab dann Gruppen, die sagten, wir sehen das nicht ein, daß das in dem Maße gefördert wird. Die Zielsetzung ist nicht ganz klar. Das ist Partizipation, Demokratie im besten Sinne." (Interview/Selbsthilfeinitiativen). Das ist allerdings eher die Ausnahme als die Regel. Die Beteiligungsverfahren dienen in erster Linie der Vergabe der Mittel und weniger grundsätzlichen Diskussionen. „Es wird halt mit den Antragstellern schon geredet, aber breiter diskutiert wird gar nichts", meint eine Mitarbeiterin der Verwaltung.

Das heterogene Bild über die Beteiligungsformen setzt sich in den anderen Bereichen wie den durch die Aufsplittung der Mittel in unterschiedliche Senatsressorts getrennten Förderschwerpunkt Krankheit und Behinderung. Ist sie in der Abteilung für Gesundheit vergleichsweise einfach, so findet eine Mitbestimmung bei der anderen Senatsabteilung in der Anfangsphase der Umsetzung überhaupt nicht statt. Die Vergaberunden beschränken sich hier auf die Regelungen der formalen Angelegenheiten, was nicht zuletzt des öfteren Anlaß interner Auseinandersetzungen zwischen dem Beirat des Bereichs beim Senator für Gesundheit und der zuständigen Senatsabteilung gewesen ist. Längere Verhandlungen zwischen Beirat, dem Aktionsverbund des „Bremer Topfes" und Vertretern aus Politik und Verwaltung führen schließlich zu der Einrichtung eines solchen Beratungsgremiums auch in diesem Bereich.

Selbst die bestehenden Beiratskonstruktionen erlauben keine einheitliche Beurteilung des Verfahrens.; denn zu unterschiedlich sind die Praktiken bei der Beteiligung. Es hat sich letztendlich ein Modell mit keinerlei juristischer Absicherung durchgesetzt. „Sie hängt von Gnaden des entsprechenden Referenten ab, der entweder den Verteilungsvorschlag absegnen läßt oder relativ autoritär sagt, na ja, ich leg Euch das mal vor, aber ich habe die Vorlage schon lange geschrieben. Die kommt nächste Woche drauf" (Interview/Selbsthilfeinitiativen). Dann und wann sind es nicht nur die Entscheidungen der Ressortmitarbeiter, die Unmut erregen. Auch die Beurteilungen des mit den Vertretern von Gruppen und Organisationen besetzten Beirats stoßen nicht immer auf Zustimmung der antragstellenden Gruppen.

Der Beirat ist zwar weit von einem Entscheidungsrecht entfernt, er kann aber ein Vermittlungsfunktion wahrnehmen. Es werden Finanzierungsquellen für Anträge sondiert, die aufgrund ihrer Höhe nur schwerlich aus dem Programm gefördert werden können. Strittige Probleme werden in der Regel gemeinsam gelöst. Die Nähe zu den politischen Parteien und Beschlußgremien zeigt sich auch bei einem Streitpunkt zu Anfang der Implementationsphase. Die Verwaltung hat zu diesem Zeitpunkt trotz gegenteiliger Ankündigungen einen Teil der

Haushaltsmittel vergeben, ohne die Deputationen einzubeziehen. Der Aktionsverbund „Bremer Topf" sieht sich genötigt, die Gleichbehandlung einzufordern.

Das „Bremer Modell" stellt also kein einheitliches Vergabeverfahren dar. Von seiner Struktur durch die administrativen Interessen geprägt, ist auch die Dauer des Antrags- und Bearbeitungsverfahrens relativ langwierig. Es dauert teilweise mehr als ein Jahr - in Einzelfällen sogar bis zu drei (!) Jahren - von der Antragsannahme bis zur endgültigen Entscheidung. Auch die politisch-administrativen Steuerungs- und Kontrollinteressen sind in ausgeprägten Maße anzutreffen. Bei einem Antrag auf eine laufende Förderung müssen Unterlagen wie die gesamte Buchhaltung öffentlich gemacht werden und regelmäßig Einblick in die Tätigkeit der Gruppen geleistet werden. Die Abrechnungen unterliegen einer strengen Kontrolle. Aber auch hier gilt die bereits bei der Analyse des „Berliner Modells" getroffene Feststellung: die einzelnen Gruppen führen ihre Abrechnungen besser als von ihnen erwartet durch. „Von einem sehr peniblen Buchhalter ... haben wir die Rückmeldung bekommen, daß er doch sehr überrascht ist, wie gut und wie sauber die Gruppen die Abrechnung machen" (Interview/Selbsthilfeinitiativen).

Wandel der politischen Verhältnisse - Zwischenschritte und Tendenzen

Erstmals seit den 70er Jahren verliert die SPD bei den Landtagswahlen im September 91 die absolute Mehrheit und bildet in Folge eine Koalition mit den Grünen und der FDP. Die Grundsätze der Selbsthilfeförderung werden von der neuen Mehrheit anerkannt. „Eigeninitiative und Selbsthilfe werden finanziell unterstützt. Eine Entscheidung über die Ausweitung der Mittel und eine Veränderung der Förderschwerpunkte erfolgt nach Vorlage des (zweiten) Selbsthilfeberichts, " heißt es hierzu in den Koalitionsvereinbarungen (zitiert nach SenGesJugSoz 1994, 1)

Die Vorlage dieses Berichts verzögert sich indes immer wieder. Die bekannten administrativen Strukturen sind dafür in erster Linie verantwortlich. Nach den ursprünglichen Planungen sollte die Modellphase 1990 abgeschlossen werden und die Neuformulierung des Programms erfolgen. Die Verwaltung sollte zu diesem Zweck einen Erfahrungsbericht zusammenstellen, der die Grundlage für eine Neugestaltung der Richtlinien durch die von den Mitarbeitern der Gesundheits- und Sozialbehörde gebildeten Senatskommission dienen sollte. Die de jure bestehende Kommission ist im Laufe der Implementationsphase bis auf einen Einzelfall nicht tätig gewesen. Das Programm ist in seinem Bestand allerdings nicht gefährdet. Der Ansatz der Wettmittel für die laufende Legislaturperiode wird zwar gemindert. Diese Reduzierung wird jedoch durch zusätzliche Haushaltsmittel ausgeglichen. Der Anteil der Landesmittel beträgt seit dem Jahr 1991 1,4 Mio DM.

1991 stehen für die Selbsthilfeunterstützung im Rahmen der einzelnen Ressorts rd. 2,2 Mio DM zur Verfügung. Mit diesem Betrag werden etwa 300 Gruppen unterstützt (vgl. Tabelle 17). Die durchschnittlichen Bewilligungssummen steigen damit geringfügig auf 7200 DM pro Antrag.

Tabelle 17: Das "Bremer Programm"
- Bewilligungen in Zahlen 1991-93 -

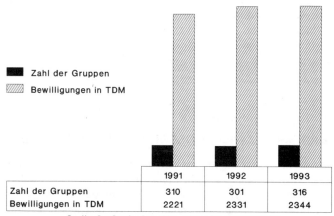

	1991	1992	1993
Zahl der Gruppen	310	301	316
Bewilligungen in TDM	2221	2331	2344

Quelle: SenGesJugSoz 1994; eigene Zusammenstellung

Die sog. selbst organisierten Projekte werden verstärkt aus der Selbsthilfeunterstützung ausgelagert. Einige Projekte im Bereich Kinder, Frauen und Drogen erhalten nunmehr aus Haushaltsmitteln eine Förderung von Personalstellen.[9]

---

9   1991 werden selbstorganisierte Projekte aus dem Bereich Kinder, Frauen, Drogen und Schuldnerberatung mit insgesamt knapp 2 Mio DM unterstützt. Dieser Betrag dürfte für die Finanzierung von 15 Personalstellen nebst Sachmitteln ausreichend sein.
    Die Senatsverwaltung weist im bereits angeführten Bericht öffentliche Leistungen in Höhe von rd. 3,5 Mio DM auf. Zum Teil handelt es sich hierbei jedoch um Gruppierungen im Bereich Behinderte, Ausländer, Wohnungshilfe und Straffälligenbetreuung, die bereits vor der Einrichtung des Bremer Programms bezuschußt wurden; vgl. SenGesJugSoz 1994 13.

Auch der Tätigkeit von dezentralen Unterstützungsstellen wird ein großes Gewicht beigemessen. Nach Auslaufen des Modellversuches erhält der Aktionsverbund „Bremer Topf" eine Unterstützung aus öffentlichen Mitteln. Die Arbeit von anderen Unterstützungsstellen soll verstärkt gefördert werden.

Die grundlegenden Strukturen des Bremer Programms bleiben allerdings bestehen. Eine Zusammenlegung der Bereiche ist nach wie vor nicht angestrebt. Einzig die Zusammenfassung der Förderschwerpunkte Krankheit und Behinderung sowie Gesundheitsförderung zu einem einheitlichen Ressort ist im Zuge der Bildung des neuen Senats avisiert. Es sind eher die kleinteiligen Umsetzungen als die großen Schritte, mit denen bei der Entwicklung von Gruppen und der weiteren Zukunft des Förderprogramms zu rechnen ist.[10]

Die Wirkungen auf die Gruppen

Das „Bremer Modell" bedeutet vor allem Segmentierung der Förderung. Die durch die administrativen Zuständigkeitsregelungen bedingten „Zwänge" wirken sich in allen Bereichen der finanziellen Unterstützung aus. Es sind daher die durch Aufsplittung in unterschiedliche Förderschwerpunkte verursachten Strukturen, die unter den beteiligten Gruppen den größten Widerspruch hervorrufen. Die unterschiedliche Auslegung der Kriterien und abweichende Abwicklung der Mittelvergabe machen die Förderung in starkem Maße vom jeweiligen Tätigkeitsfeld und dem Verständnis des zuständigen Ressorts abhängig. „Die Ausfilterungen durch das acht-Töpfe-System ist nach wie vor beachtlich. Das führt dann evtl. dazu, daß nicht einmal die Mittel ausgeschöpft werden," heißt es hierzu von Vertretern von Projekten (Interview). Wie in den anderen Förderungsprogrammen betrifft das vor allem die Selbsthilfeprojekte. Ihrem vergleichsweise hohen finanziellen Bedarf und ihrem zum großen Teil ressortübergreifenden Tätigkeitsbereich wird mit dem Ansatz und den Verfahrensregeln prinzipiell nur wenig entsprochen.

Das Förderungsprogramm wird von den verschiedenen Gruppen dennoch positiv aufgenommen. Das gilt nicht nur für die kleineren Gruppen und Initiativen wie die gesprächs- und handlungsorientierten Selbsthilfegruppen, für die die

---

10   Das ist wohl auch allgemein der Fall. Helga Burkert berichtet von Förderprogrammen als „ ‚Restposten' im Haushalt, wenn sich abzeichnet, daß noch etwas Geld zur Verfügung steht" (Burkert 1990, 22). Haushaltsstellen in Höhe von wenigen tausend Mark, unterstützt durch öffentlichkeitswirksame Ankündigungen, sind mehr die Regel als die Ausnahme.

wie die gesprächs- und handlungsorientierten Selbsthilfegruppen, für die die Zuordnung zu den jeweiligen Förderschwerpunkten trotz der grundsätzlichen Problematik relativ unkompliziert ist. Ihre geringen finanziellen Bedürfnisse können zudem mit den vorhandenen Mitteln weitgehend zufriedengestellt werden. Auch von den Projekten wird das Programm als Stabilisierungsinstrument ihrer Tätigkeit anerkannt. „Auf der Ebene der Sachmittel-Förderung hat sich eine relativ positive Entwicklung ergeben"... „Für die breite Landschaft ist ein besseres Förderungsinstrumentarium da" (Interview) heißt es relativ einmütig auf Seiten von Gruppen und Verwaltung. Wie im Fall der anderen Fallstudien ist das Verhältnis zwischen Gruppen und politisch-administrativem System weniger von einem „Störverhältnis" als von einer, wenn auch nicht unbedingt konfliktfreien, so doch durchaus fruchtbaren Kooperation geprägt. Man ist in seinen Ansprüchen nicht befriedigt, aber ansatzweise zufrieden gestellt. Wie im Fall des Münsteraner Programms heißt es: „Sobald die Rahmenbedingungen geklärt sind, würde ich mal sagen, ist das Verhältnis gut" (Interview/Verwaltung). Grundsätzliche Debatten um die Funktion des Programms als mögliches Instrumentarium zum Abbau oder Umbau des sozialer Dienstleistungsangebots spielen in der Praxis denn auch keine wesentliche Rolle.

Für die Akzeptanz des „Modells" scheint die fehlende Erwartungshaltung auf Seiten der Gruppen als ein Förderinstrument für Personalstellen ebenso von Bedeutung wie das enge Kommunikationsnetz zwischen politischen Beschlußgremien und dem „Bremer Topf", das des öfteren eine Regelung von strittigen Fällen erlaubt. Auch die Funktion des Programms als Indikator für mögliche „Lücken" öffentlicher Unterstützung mag dafür verantwortlich sein. „Dadurch, daß die Selbsthilfegruppen-Förderung existiert, ist ein Handlungsbedarf entstanden, die großen professionellen Projekte mit zu finanzieren. Es hat ein bißchen den Prozeß der Absicherung und den Anfängen der Absicherung von professionellen Projekte zurückgeschlagen" (Interview/Selbsthilfeinitiativen). So wird die Einrichtung zusätzlicher Haushaltstitel im Bereich der Frauen- und Drogenprojekte ausdrücklich begrüßt.[11]

Das Binnenverhältnis zwischen den einzelnen Gruppen und der Zusammenschluß im Rahmen des Aktionsverbundes ist dafür ebenfalls mit ausschlagge-

---

11 Rolf Schwendter hat die vorherrschende Haltung einmal folgendermaßen charakterisiert: „Ein großer Teil der in selbstverwalteten Projekten Agierenden wird im Herzen realutopisch, subsistenzfreundlich und fundamentalistisch sein, im Kopf jedoch pragmatisch, marktorientiert und realpolitisch (Schwendter 1989, 21). Das scheint nach der gegenwärtigen Situation allerdings ein Bild der Vergangenheit zu sein. Die Entwicklung ist jedenfalls in Richtung einer von Utopien freien, realpolitisch pragmatischen Strategie weiter vorangeschritten.

bend. Im Vergleich zu anderen Städten sind die Berührungspunkte und Verflechtungen zwischen den einzelnen Formen von Selbsthilfeinitiativen relativ
hoch. Das hängt zum einen mit der Vielzahl der „kleinen freien Träger" zusammen, die eine Reihe von Primärgruppen unter ihrem Dach versammelt haben, zum anderen mit dem keineswegs schematischen Ablauf von Transforma-
tionsprozessen. So entwickeln sich eine Reihe von kleinen Gesprächsgruppen
und Initiativen sich nicht zu selbstorganisierten Projekten. „Ein Verbund schafft
eine Identität. Daß es sehr viel Trennendes gibt, ist auch klar. Es gibt allerdings
auch viel Gemeinsamkeiten. Es ist sicherlich gelungen, diese Gemeinsamkeiten
herauszuheben und das Trennende beiseite zu lassen. Das hat es ermöglicht und
den Topf stark gemacht", meint denn auch einer der Beteiligten (Interview/
Selbsthilfeinitiativen).

Von allen Fallstudien erweist sich der Bremer Verbund hinsichtlich der Zahl
der zusammengeschlossenen Gruppen und der Breite und Kontinuität des Zusammenschlusses als der bei weitem größte und beständigste. Dies dürfte wohl
auch auf Bundesebene zutreffend sein.[12] Dennoch bleibt die Aufsplittung der
Förderung bleibt nicht ohne Auswirkungen auf den Zusammenschluß. Es nehmen vorwiegend Gruppen und Projekte aus den beiden Bereichen Gesundheitsförderung sowie Krankheit und Behinderung an den sechswöchentlichen Vollversammlungen teil. Daß es nach fünf Jahren immer noch 30-70 Vertreter sind,
spricht für die Qualität des Zusammenschlusses, aber auch für die Kerngruppe.
Sie sorgt für die Kontinuität der Arbeit und trägt nach wie vor einen großen Teil
der Aktivitäten „Wenn es uns nicht gäbe, würde es zweifellos anders aussehen", heißt es von ihren Vertretern. Was denn vor allem entscheidend ist, ist
die beständige Zusammenarbeit der vier Unterstützungsstellen des „Bremer
Topfes".

Die Erfüllung des „wichtigsten Ziels" der finanziellen Absicherung hat wie in
den anderen untersuchten Städten einiges zur Verwandlung der „Bewegungs-"
in „Etablierungsenergie" beigetragen. „Es hängt vielleicht auch damit zusammen, daß die Kritik von keiner Seite ganz besonders groß ist. Man fängt etwas
an, mit relativ großem Trara, und dann gibt es auch relativ schnell eine Phase
von allseitigem Zugucken, man hat eine begrenzte Kritik und dann läuft es ir-
gendwie. Einen großen Schwung für eine Bewegung, ein drei-Topf-Modell
kriegen wir nicht zustande" lautet es in realistisch -pragmatischer Mischung auf
Seiten eines Vertreters der Selbsthilfeinitiativen.

---

12 Eine ähnlicher Verbund dürfte allenfalls, wenn auch nicht in dieser Ausprägung, in
    München und Nürnberg aufzufinden sein; vgl. Bobzien et al. 1989, 194; Netzwerk
    Franken 1986, 8ff.

Forderungen nach einem einheitlichen Förderprogramm werden nicht mehr erhoben. Allenfalls wird noch die Zusammenlegung der Bereiche Krankheit und Behinderung, Gesundheitsförderung, Gefährdetenhilfe und Ältere Menschen zu einem Förderschwerpunkt eingeklagt. Auch eine gemeinsamer Beirat, der über die Eingaben der Gruppen entscheiden soll, steht nicht mehr zur Diskussion.

Das Bremer Programm -
eine zusammenfassende Betrachtung

Das „Bremer Modell" zeigt die Formulierung eines in engem Kontakt zwischen Selbsthilfeinitiativen und politisch-administrativen System entstandenen Programms. Den wichtigsten Anteil in der Phase der Politikformulierung hat weniger die herrschende Partei als der Unterstützerverbund der Selbsthilfeinitiativen mit seiner zweigleisigen Strategie politisch-administrativer Lobby- und außerparlamentarischer Öffentlichkeitsarbeit. Sein beständiges Vorgehen auf diesen Ebenen legt den Grundstein für die Anerkennung des Problems „Selbsthilfe-Unterstützung".

Die Reaktionen der Wohlfahrtsverbände als einer wesentlichen Interessengruppe gefährden den Politikerzeugungsprozeß nur wenig. Der DPWV ist aktiv in die Formulierung des Programms involviert. Die anderen Träger der Freien Wohlfahrtspflege reagieren eher abwartend-distanziert als strikt ablehnend. Der vereinzelte Widerstand von Vertretern traditioneller Organisationen stellt vor diesem Hintergrund kein bedeutungsvolles Hindernis dar.

Die Politikformulierungsphase weist vor allem auf die erheblichen Hemmnisse hin, die einem Politikerzeugungsprozeß unter stabilen Mehrheitsverhältnissen gegenüberstehen. Es sind weniger einzelne profilierte Fürsprecher einer Partei, die dem Anliegen letztendlich zum „Durchbruch" verhelfen. Ausschlaggebend ist vielmehr die Reaktion weiter Kreise innerhalb der Mehrheitsfraktion, die mit der Annahme der Forderungen des Unterstützerverbundes die Voraussetzungen für die Formulierung des Programms schafft. Unterstützt wird dieser Prozeß durch die hohe Resonanz, die der öffentlichkeitswirksame Teil des Zusammenschlusses der Selbsthilfeinitiativen in den Medien erfährt.

Das Bremer Programm macht so die Möglichkeiten und Grenzen eines relativ funktionierenden Handlungszusammenhangs von Selbsthilfeinitiativen deutlich. Ist der Aktionskreis bereits in die Politikformulierung involviert, so kann er die Umsetzung der Maßnahmen in Einzelfällen beeinflussen. Die entscheidende Bedeutung haben allerdings die administrativen Zuständigkeiten und ressortspezifischen Zielsetzungen, die die Programmstrukturen in den Prozeduren der Mittelvergabe und der Partizipation wesentlich bestimmen.

In der Entwicklung des „Bremer Topfes" wird damit das klassische Politikmuster erkennbar, nach dem einzelne Forderungen vom politisch-administrativen System aufgenommen werden, während weitergehende Reformansätze ausgeblendet werden. Momente einer „selbsthilfeunterstützenden" Strukturpolitik sind demgemäß nicht festzustellen. Genauso wenig kann allerdings von einer auf den Abbau sozialstaatlicher Leistungen zielenden Politik gesprochen werden. Eine mit der Selbsthilfeförderung verbundene Subsumtion des öffentlichen Versorgungsangebots findet im Rahmen der Selbsthilfeförderung nicht statt. Die auf die Vergabe von Sachmitteln beschränkte Unterstützung ist viel zu beschränkt, um Schritte in dieser Richtung zu erlauben. Die in der sozialpolitischen Diskussion geführte Debatte um die Selbsthilfeförderung als Mittel zum Abbau des Sozialstaats spielt in der Förderpraxis und den politischen Debatten de facto keine Rolle.

Die Förderung von Selbsthilfeinitiativen hat denn auch keine Erschütterung des korporatistischen Interessengeflechts zwischen Verbänden und politisch-administrativem System zur Folge. Wie in den anderen Fallstudien gilt auch hier: Die Wohlfahrtsverbände profitieren von der Förderung, ohne daß das Programm als Produkt ihres Handelns zu bezeichnen wäre.

Vor diesem Hintergrund lassen sich die Behauptungen einer Wandlung der Selbsthilfeinitiativen zu „neuen" Trägern der Wohlfahrtspflege kaum stützen. Die Etablierung stößt immer wieder an enge - nicht nur - fiskalische Grenzen. Selbst die Folgen der in den letzten Jahren stattgefundenen Annäherung zwischen Gruppen und politisch-administrativem System bleiben in diesem Zusammenhang ambivalent: inwieweit diese Annäherung die Chancen auf einen „sozialen Wandel" im Sinne einer selbsthilfeunterstützenden Strukturpolitik beinhaltet, ist mehr als fraglich. Gegenwärtig zeigt das „Bremer Modell" mehr über die Kontinuität und Konsistenz von politisch-administrativer Strukturen als über deren Erneuerung.

Die Unterstützung über Förderungs-Programme - eine abschließende Bewertung

Gibt es nun einen Unterschied in den Strukturen der einzelnen Förderungsprogramme ? Sind die Differenzen tatsächlich so hoch, wie es die Verlautbarungen der einzelnen Parteien oder die Meinungsäußerungen in der wissenschaftlichen Diskussion anzeigen?

Beim ersten Blick tritt vor allem die Besonderheit der jeweiligen Programme hervor. Die unterschiedlichen Städte mit ihren unterschiedlichen Traditionen und Ausprägungen der Selbsthilfe-Landschaft und den unterschiedlichen Regierungen machen jedes Selbsthilfeförderungsprogramm zu einem Einzelfall mit jeweils eigenen Förderstrukturen. Sie unterscheiden sich hinsichtlich der Adressaten und Nutznießer, in der Frage der zur Verfügung gestellten Zuschüsse und sie variieren in den bereitgestellten Partizipationsmöglichkeiten. Verursacht werden diese Differenzen vor allem durch die lokalen Kräftekonstellationen zwischen den jeweiligen Interessengruppen von Politik und Verwaltung, Selbsthilfeinitiativen und Wohlfahrtsverbänden. Die Differenzen verschwimmen und verlieren ihren Erklärungswert, wenn der „Output" dieser drei führenden Städte auf dem Selbsthilfesektor den Bewertungen hinsichtlich der Folgen und Wirkungen einer Selbsthilfeförderung in der fachpolitischen Debatte gegenübergestellt werden.

So lassen sich die Vermutungen, die die Selbsthilfeförderung mit einem „Umbau des Sozialstaats" verknüpft sehen, nur schwerlich belegen. In keinem Fall ist das Volumen der meist als Modellversuche konzipierten Förderungsprogramme reduziert worden. Unter bestimmten Umständen wird auch eine Aufnahme von Projekten in andere Haushaltstitel veranlaßt. In keinem Fall werden während der Entwicklung und Umsetzung der Förderprogramme allerdings substantielle Änderungen getroffen, die vielleicht die Aussagen von einem langsamen Lernprozeß von Politik und Verwaltung über neue Beteiligungsformen bis hin zur allseits bestimmenden „Selbsthilfegesellschaft" oder der Förderung von Selbsthilfeinitiativen im Sinne einer gesellschaftsgestaltenden Strukturpolitik stützen könnten. Die finanziellen Zuschußbeträge entsprechen nicht entfernt den Projekten mit höheren finanziellen Unterstützungsbedarf. Selbst dabei bleiben sie noch das, was sie immer gewesen sind, was insbesondere in finanziellen Krisen der öffentlichen Haushalte kraß hervortritt: als Bestandteil der sog. freiwilligen Mittel ein „Gnadenrecht". Die Auseinandersetzungen um die Beteiligungsformen sprechen in dieser Richtung eine deutliche Sprache. Die Entscheidungsstrukturen behaupten sich aber trotz aller Mitbestimmungsrechte als hart. Sogar ein relativ gut funktionierendes Interaktionsnetz von einzelnen Gruppierungen hat es bislang nicht vermocht, das Entscheidungsmonopol der Verwaltung zu durchbrechen. Es werden allenfalls sekundäre Entscheidungen verlagert. Die Förderung von Selbstbestimmung spielt in der Praxis nur eine geringe Rolle.

Aber auch die Behauptungen sind irrig, die die Unterstützung von Selbsthilfeinitiativen mit einer Reprivatisierung bisher öffentlich erbrachter Dienstleistungen gleichsetzen. Die vergebenen Zuschüsse sind viel zu gering, als daß sie eine größere Verlagerung öffentlich erbrachter Dienstleistungen in die Hände von Selbsthilfeinitiativen gestatten. - jenseits aller Einwände, die sich auf die Grenzen solcher Absichten beziehen. Adressaten, vergebene Mittel und eingeräumte Mitbestimmungsmöglichkeiten unterscheiden sich selbst zwischen einer SPD/AL und einer CDU-Regierung nur minimal. Sicherlich sind die Programme durchaus in der Lage, den finanziellen Bedürfnissen von Gruppen nachzukommen. Ihre Installierung und Umsetzung verläuft allerdings nach einer anderen Logik als der eines Um- oder Abbaus des Sozialstaats. Sie weist auf die mühsame Durchsetzung kleinteiliger Politik angesichts bestehender Machtstrukturen hin. Die Grenzen in der Unterstützung werden in allen Fällen praktisch nicht an parteipolitischen Optionen, den Organisationsformen der unterschiedlichen Gruppen oder wie auch immer gestalteten Kriterien gezogen, sondern am finanziellen Bedarf der einzelnen Gruppierungen entschieden. Ist die Unterstützung von Gruppen mit geringen finanziellen Ansprüchen im Rahmen der Programme noch vergleichsweise unproblematisch, so wird es bei den Gruppen mit einem höheren Förderbedarf wesentlich schwieriger. Die von allen Parteien betonte Reform des Sozialstaats findet mittels der Selbsthilfe-Förderprogramme nicht statt. Vor diesem Hintergrund erweist sich die Diskussion um eine „neue Subsidiarität" einprägsam als ideologische Auseinandersetzung, die praktisch keine Auswirkungen auf die Förderpraxis hat.

Ein prägender Einfluß der unterschiedlichen parteipolitischen Vorstellungen läßt sich weder in den Prozeß- noch in den Programmstrukturen der Selbsthilfe-Förderung nachweisen. Die jeweiligen Optionen kommen zwar immer wieder in der bevorzugten Förderung eines speziellen Klientels zum Ausdruck. Jenseits dieser Bestimmungsgröße verliert sich allerdings ihre Erklärungskraft, was besonders deutlich der Regierungswechsel in Berlin beweist. Nachdem die politischen Maßnahmen des Gegners jahrelang kritisiert worden sind, wird schließlich vom SPD/AL-Senat zum großen Teil eine Fortschreibung der alten Politik betrieben, das gleiche „Paket" in einer „etwas anderen Aufmachung" herausgebracht. Insofern ist die Meinung auch kurzschlüssig, daß bspw. die CDU mit der Installierung einer Selbsthilfe-Förderung in erster Linie eine Politik des Sozialabbaus verfolgt, während die SPD auf beschäftigungspolitische Effekte setzt. Die unter einer sozialdemokratischen Regierung praktizierte Förderung ist in ihren Strukturen genauso wenig oder viel von einer solch „subsidiären" Politik geprägt. Die Unterschiede liegen allenfalls in dem Prozeß der Durchsetzung von Politik, ohne daß sich dies in deutlichen Konturen der Inhalte niederschlägt. In keinem der drei Fälle ist das kleinste Anzeichen einer Reform des Sozial- und Gesundheitssystems oder einer „Humanisierung" der öffentlichen Dienste ersichtlich ist. In besten Fall bleibt sie auch bei einer sozialdemokratisch/grünen Regierung trotz ideologischer Abgrenzung von konservativ-liberaler Politik als Beiwerk des etablierten Versorgungssystems bestehen.

„Sensible" Politiker mit einem Gespür für neue Themen in der Sozialpolitik, die die Formulierung eines Programms zu ihrem ureigenen Anliegen erklären und es teilweise gegen den Widerstand der eigenen Partei durchsetzen - das ist der wesentliche politische Einflußfaktor, der den Programmen ihr Gepräge gibt. Wo er fehlt, können noch funktionierende Zusammenschlüsse von Selbsthilfeinitiativen den Prozeß mit beeinflussen. Ansonsten bleibt ihr Einflußnahme schwach. Nur unter besonders günstigen Bedingungen können sie in die Formulierung von Programmen eingreifen. In diesem Rahmen haben die entwickelten Förderungsprogramme ihren Platz: als Mittel zur - zeitlich begrenzten - Dethematisierung sozialstaatlichen Abbaus, zur Erhöhung der persönlichen oder politischen Kompetenz oder zur Abgrenzung gegenüber konkurrierenden parteipolitischen Vorstellungen.

Ähnliche Aussagen müssen getroffen werden, wenn die Bewertungen der wissenschaftlichen Diskussion zu den Wirkungen der öffentlichen Förderung auf Verbände und Selbsthilfeinitiativen betrachtet werden. Die Selbsthilfeförderung bedeutet eine „Herausforderung" und sogar eine Bedrohung für die Wohlfahrtsverbände, behaupten die einen. Die anderen sprechen von einem „Selbstbedienungsladen" für die traditionellen Träger. Die Untersuchungsergebnisse lassen an beiden Feststellungen zweifeln.

In allen Fällen sind die Träger der Freien Wohlfahrtspflege in den Prozeß der Formulierung und Umsetzung der Programme eingebunden. Dies ist allerdings eher ein Ausdruck der hohen Machtposition im Bereich der gesundheitlichen und sozialen Versorgung als daß die Programme einen Ausfluß ihres Handelns darstellen. Es gibt zwar in allen Städten Anzeichen für eine - zumindest in den Anfängen der Politikformulierung - nicht unbedingt förderliche Stellung der Wohlfahrtsverbände. Lediglich der DPWV beteiligt sich aktiv an beiden Phasen, während die Vertreter der anderen Verbände eine begleitende, eher zurückhaltende Rolle beziehen. Rivalitäten zwischen den Verbänden um die Verteilung von öffentlichen Geldern haben die Installierung und Umsetzung der Förderungsprogramme nur in geringem Maße behindert. Konflikte konnten in der Regel bereits im Vorfeld der Politikformulierung zwischen Kommunen und Verbänden bestehenden Gremien ausgeräumt werden. In allen Städten sind die Förderungsprogramme kein zusätzliches Instrument zur Förderung der Freien Wohlfahrtspflege. Sie geht weit über die verbandsnahen Gruppen hinaus, wobei die Verbände allerdings gleichzeitig mit denen ihnen angeschlossenen Gruppierungen an der finanziellen Unterstützungen partizipieren können.

Die Anfang bis Mitte der 80er Jahre geführte Diskussion um die Gründung eines siebten Wohlfahrtsverbandes als einer gemeinsamen Interessenvertretung von Selbsthilfegruppen, initiativen und -projekten mutet in diesem Zusammenhang ein wenig befremdlich an. Entgegen den zum damaligen Zeitpunkt geäußerten Meinungen wird die Tätigkeit nicht als Konkurrenz erlebt. Die „Selbsthilfe-Förderung" erscheint trotz teilweise gegenteiliger Verlautbarungen als Teil einer Politik, die keine Gefährdung der eigenen Position mit sich bringt. Die Träger der Wohlfahrtspflege sind in keiner Weise von der Förderung tangiert. Die im Vergleich zur Globalförderung geringen Zuschüsse der Förderungsprogramme gehen keinesfalls zu ihren Lasten.

Im Hinblick auf die Selbsthilfeinitiativen zeigt diese Arbeit deutlich, daß es zwischen sozialen Bewegungen und Selbsthilfegruppierungen keine bis geringe Verbindungen im Sinne eines Handlungszusammenhangs gibt. Der Begriff „soziale Bewegung" ist tatsächlich für die Selbsthilfe-Landschaft überfrachtet. „Er spiegelt etwas Falsches vor", hat einer meiner Gesprächspartner diesen Sachverhalt ausgedrückt. Durch diese Gleichsetzung von Selbsthilfeinitiativen und „neuen sozialen Bewegungen wird den Selbsthilfegruppierungen ein Impetus unterstellt, den sie selbst in ihrer Entstehungsgeschichte kaum gehabt haben. Die Gemeinsamkeiten bestehen denn auch eher im wissenschaftlichen Oberbegriff als in der Alltagswirklichkeit. Frei nach dem Motto „1000 Mark ist besser als gar nichts" lassen zahlreiche Selbsthilfeinitiativen ihre Aktivitäten auf eine ehrenamtliche Arbeit reduzieren, oder sorgen gemeinsam mit den traditionellen Trägern der Wohlfahrtspflege für die Verbreitung des „Selbsthilfegedankens". Von einem „Stachel im Fleisch der Bürokratie", dem „autonomen Handeln" gegen die gesellschaftlichen Machtfaktoren ist nicht viel zu spüren. Zum großen Teil haben sie sich auf dem niedrigen Niveau der öffentlichen Unterstützung eingerichtet. Die Berührungspunkte zwischen Selbsthilfeinitiativen und den Restbeständen sozialer Bewegungen sind denn mehr Fiktion als Ausdruck der Realität. Der Bewegungsimpetus der Selbsthilfeinitiativen

In allen Orten lassen sich in den vergangenen Jahren Tendenzen für eine Angleichung von politisch-administrativem System und Selbsthilfeinitiativen feststellen, allerdings weniger in dem Sinne, der vielleicht die Hoffnung auf einen „sozialen Wandel" nährt. Bei Politik und Verwaltung ist mittlerweile unumstritten, daß das Gros der Gruppen die staatliche Ordnung nicht gefährden will. Professionalisierung, Vertrieblichung und Hierarchisierung von Selbsthilfeinitiativen sind in allen Fällen unverkennbar. Es gibt die Großprojekte mit unmittelbarem Anschluß zum zuständigen Amtszimmer und direkten Zugang zur Finanzierungsquelle, die nun nicht mehr Selbsthilfe-, sondern vor allem Wirtschafts- und Arbeitsförderung heißt. Allerdings sollte man den Sinn für die Proportionen nicht verlieren. Eine diese Entwicklung fördernde finanzielle Unterstützung erfolgt zur Zeit nicht und ist auch zukünftig nicht in Sicht. Die Tätigkeit von Selbsthilfeinitiativen erfolgt nach wie vor auf finanziell sehr unsicherer Basis. Die Annahmen zur Transformation von Selbsthilfeinitiativen zum Nachfolger der Wohlfahrtsverbände gehen daher fehl. Eine Annäherung der Gruppen an einzelne Wohlfahrtsverbände, das vereinzelte Entstehen von „Betroffenen-Funktionären" und kleinen „Sozialkonzernen" und der teilweise Einzug des „kooperativen Modells" in die Verbandsarbeit mit gleichzeitig steigenden öffentlichen Zuschüssen an die Träger der Freien Wohlfahrtspflege ist die bei weitem realistischere Zukunft.

Die Arbeit macht daher vor allem eines deutlich: die Selbsthilfeförderung ist von einer historischen Konstellation getragen, die heute nicht mehr gängig ist. Abseits des Wirtschaftsbereichs ist sie de facto ein so marginales Problem geblieben, daß sich selbst die Einflußfaktoren auf diesen Prozeß als Marginalien verlieren. Getragen wurde sie seinerzeit von der heute fast historisch zu nennenden Debatte um die „Zukunft des Sozialstaats", der Neuregelung zwischen Eigenarbeit und sozialstaatlicher Versorgung, an der sich Politiker, Fachleute und Selbsthilfeinitiativen vor dem Hintergrund sozialer Bewegungen beteiligten. Transportiert wurden diese Auseinandersetzungen zum Teil auch in den Medien, die ihnen damit den Anstrich eines politischen Problems gaben. Umgesetzt wurde sie schließlich - meist fernab des öffentlichen Interesses - auf dem Boden der lokalen Kräftekonstellationen, die den Programmen letztendlich ihr spezifisches Aussehen gaben. Die gesellschaftlichen Bedingungen gehen in diesen Prozeß ebenso mit ein wie die Akteure einer Zeit. In diesem Sinne treten vor allem die Zusammenhänge hervor, die den Diskussionen eines Abschnitts ein besonderes Deutungsmuster geben und so schließlich auch das Klima für die Formulierung und Umsetzung von Förderprogrammen auf dem Hintergrund lokaler Verhältnisse bereitet haben.

Der erste Akteur sind die neuen sozialen Bewegungen. Sie transportieren Inhalte und hinterlassen ihre Spuren. Sie tragen die Kritik an den Grenzen des Sozialstaats und hinterlassen die Hoffnung auf einen Ausweg aus der „Einbahnstraße" (Hegner) der Industriegesellschaft. Nun sollte man sich hüten, ihre Bedeutung zu überschätzen. Sie sind selbst ein Produkt der tiefgreifenden gesellschaftlichen Wandlungsprozesse, aber auch gleichzeitig Akteur von gesellschaftlichen Verhältnissen gewesen. Zu jedem Zeitpunkt eine Minderheitenbewegung, geht ihre Wirkung jedoch weit über ihren eigenen Trägerkreis hinaus. Ihr Einfluß auf weite Bevölkerungskreise ist unverkennbar, sei nun auf das Bewußtsein über die Begrenztheit der natürlichen Ressourcen oder die Lebenseinteilung allgemein. Und nicht zuletzt macht sie deutlich, daß es eine steigende Bereitschaft von Menschen gibt, selbst initiativ zu werden.

Es ist die Zeit der Umbau-Theorien des Sozialstaats, die Anfang der 80er Jahre anbricht. Ein neues Deutungsmuster in der Literatur entsteht: Selbsthilfeförderung als gesamtgesellschaftliches Prinzip. Der zweite Akteur in Form des Wissenschaftlers betritt damit die Bühne.

Es ist eine Zeit der ideellen und auch praktischen Anerkennung von Selbsthilfe. Selbsthilfeaktivitäten werden von den Politisch Verantwortlichen anerkannt, für ihre Zwecke instrumentalisiert, und diffundieren in das politische System. Der dritte Akteur in Form des Politikers erscheint. Es entstehen Unterstützungsprogramme für so bezeichnete Selbsthilfegruppen, Selbsthilfe-Unterstützungsstellen, Programme des „Zweiten Arbeitsmarkts" mit einem geringen Status, ohne die grundsätzlichen Strukturen anzutasten, unterstützt vom „Zeitgeist" eines „Postmaterialismus".

Die Zeit bleibt nicht stehen, die Konjunkturen wechseln. Die „Formen der sozialen Integration" werden noch brüchiger, die gesellschaftlichen „Freisetzungsprozesse" noch massiver, aber ein „neuer Realismus", Technikfaszination und Patriotismus stehen neben der Massenarbeitslosigkeit. Die Gegensätze zwischen „Alternativen" und „System" verschwimmen. Die Kritik verpufft an einer „postmodernen" Stimmungslage (vgl. Brand 1988). Dies bleibt nicht ohne Auswirkungen auf die Konstellationen der Selbsthilfeförderung: das Interesse der Fraktionen erlischt. Die Programme bleiben das, was sie immer gewesen sind, marginale Sonderprogramme einer bestimmten Zeit.

Eine der Sozialstaatsdebatte vergleichbare Förderungsdiskussion findet heute nicht mehr statt. Wenn überhaupt, beschränkt sie sich auf Mitglieder von Verwaltungen und Spezialisten aus der Fachwelt und den Initiativen, die sich eine ähnliche Situation herbeiwünschen, eine Situation, in der die Unterstützung von Selbsthilfe-Ansätzen wieder zu einem Thema politischer Auseinandersetzungen wird oder zumindest von den Politisch Verantwortlichen nicht „vergessen" wird.

LITERATUR

Abgeordnetenhaus von Berlin 1982a: Große Anfrage der Fraktion der CDU über „Alternatives Leben", Drucksache 9/349

Abgeordnetenhaus von Berlin, 1982b: 17. Sitzung v. 25. Februar 1982, Plenarprotokoll, S. 947-949

Abgeordnetenhaus von Berlin, 1982c: Kleine Anfrage der Abgeordneten Anke Brunn (SPD) über „39 Mio. DM für Alternativprojekte", Drucksache 9/439

Abgeordnetenhaus von Berlin, 1982d: Antrag der Fraktion der AL über Mittelvergabe für Selbsthilfe- und Alternativprojekte, Drucksache 9/862

Abgeordnetenhaus von Berlin, 1982e: Protokoll der 62. Sitzung des Hauptausschusses v. 18.11.82

Abgeordnetenhaus von Berlin, 1982f: 34. Sitzung v. 9. Dez. 1982, Plenarprotokoll, S. 2125-2147

Arbeitskreis zur Finanzierung von Alternativprojekten, 1980: Gesellschaftlich sinnvolle Arbeit, selbstbestimmt organisiert, gesellschaftlich bezahlt, Ms. Berlin, Nov.

Arbeitskreis zur Förderung autonomer Frauenprojekte, Bürgerinitiativen und Alternativprojekte, 1982: Presseerklärung v. 2.09.82, Berlin

Asam, Walter H., 1983: Selbsthilfe - analytische Konkretisierung eines sozialpolitischen Schlagwortes. In: Asam/Heck (Hg)

Asam, Walter H., Michael Heck (Hg), 1983: Soziale Selbsthilfegruppen in der Bundesrepublik Deutschland. Aktuelle Forschungsergebnisse und Situationsdiagnosen, München

Asam, Walter H., Michael Heck, (Hg) 1989: Hilfe zur Selbsthilfe, München

Asam, Walter H., Michael Heck, 1987: Probleme der Selbsthilfeorganisation - ein Lehrstück für die Wohlfahrtsverbände. In: Boll/Olk (Hg)

Badelt, Christoph, 1980: Sozioökonomie der Selbstorganisation, Frankfurt/Main

Badelt, Christoph, 1985: Politische Ökonomie der Freiwilligenarbeit, Frankfurt/Main

Badura, Bernhard, 1978: Volksmedizin und Gesundheitsvorsorge. In: WSI-Mitteilungen 70/1978

Badura, Bernhard, 1981: Sozialpolitik und Selbsthilfe aus traditioneller und sozialepidemiologischer Sicht. In: Badura/v. Ferber (Hg)

Badura, Bernhard, Peter Groß, 1976: Sozialpolitische Perspektiven. Eine Einführung in die Grundlagen und Probleme sozialer Dienstleistung, München

Badura, Bernhard, Christian v. Ferber (Hg), 1981: Selbsthilfe und Selbstorganisation im Gesundheitswesen, München/ Wien

Badura, Bernhard, Christian v. Ferber (Hg), 1983: Laienpotential, Patientenaktivierung und Gesundheitsselbsthilfe, München/Wien

Badura, Bernhard, Christian v. Ferber, Krüger, Jürgen, Theo Thiemeyer, Alf Trojan, 1981: Sozialpolitische Perspektiven. In: Badura/v. Ferber

Balke, Klaus, 1987, Selbsthilfegruppen und Unterstützung - Die Wohlfahrtsverbände besetzen ein neues Feld. In: Boll/Olk (Hg)

Balke, Klaus, Rainer Markworth, 1989: Untersuchung zum Stand der Förderung von Selbsthilfegruppen in den Kommunen und Ländern der Bundesrepublik Deutschland 1988, NAKOS-Extra, Nr.4, Mai

Bartsch, Franz-Josef, 1990a: Was wird aus dem Fink-Topf. In: Netzwerk-Rundbrief Nr. 45,

Bartsch, Franz-Josef, 1990b: Ein Fink kann besser sein als ein Spatz in der Hand. In: Netzwerk-Rundbrief Nr. 46, 21-22

Bauer, Rudolph, Hartmut Dießenbacher, (Hg), 1984 : Organisierte Nächstenliebe. Wohlfahrtsverbände und Selbsthilfe in der Krise des Sozialstaats, Opladen

Bauer, Rudolph, 1988: Wiederholt sich die Geschichte ? Selbsthilfeinitiativen und Wohlfahrtsverbände. In: Selbsthilfezentrum München (Hg)

Becher, Bertold, 1985: Sozialpolitische Aktionsgruppen. Herausforderung und Chance für Sozialverwaltung und Sozialarbeit. In: Reis/ Dorenburg (Hg)

Becher, Hans-Joachim, 1982: Die Neue Soziale Frage, Opladen

Becher, Bertold, Peter Grieger, Anita Jakubowski, Uta Renn, 1987: Sozialpolitische Aktionsgruppen und ihre Beziehungen zum politisch-administrativem System, Analyse der Bedingungsfaktoren. In: Kaufmann (Hg)

Beck, Ulrich, 1986: Risikogesellschaft. Auf dem Weg in eine andere Moderne, Frankfurt

Behrendt, Jörn-Uwe, Christiane Deneke, Ralf Itzwerth, Alf Trojan, 1981: Selbsthilfegruppen vor der Vereinnahmung ? Zur Verflechtung von Selbsthilfezusammenschlüssen mit staatlichen und professionellen Sozialsystemen. In: Badura/ Ferber (Hg)

Bellermann, Martin, 1977: Sozialstaat und Selbsthilfe, Diss. FU Berlin FB 15

Bellermann, Martin, 1981: Bedingungen und Formen von Arbeiterselbsthilfe im 19. Jahrhundert. In: Kickbusch/Trojan (Hg)

Bellermann, Martin, 1986: Subsidiarität und Selbsthilfe - Entwicklungslinien in der Sozialstaatsdiskussion und heutige Aktualität. In: Heinze (Hg)

Beutin, Lothar, Wilhelm Fehse, 1987a: Hier ist die Kommunalpolitik gefordert. Neue Wege zur Förderung von Selbsthilfe-Zusammenschlüssen ? In: Das Parlament, H.19/20, Bonn

Beutin, Lothar, Wilhelm Fehse, 1987b: Die Förderung von Selbsthilfegruppen durch die öffentliche Hand in der Bundesrepublik Deutschland und Berlin (West) - eine Bestandsaufnahme, Berlin, Dez.

Beutin, Lothar, Wilhelm Fehse, Wolfgang Thiel, 1989: Die Förderung von Selbsthilfe-Zusammenschlüssen in der Bundesrepublik Deutschland und Berlin (West) - Ergebnisse und Konsequenzen einer bundesweiten Befragung. In: Asam et al.(Hg)

Beyme, Klaus v., 1984: Parteien in westlichen Demokratien, Opladen

Beywl, Wolfgang, 1984: Die Bedeutung alternativer Sozialprojekte in Nordrhein - Westfalen. Pilotstudie im Auftrag des Ministers für Arbeit, Gesundheit und Soziales des Landes Nordrhein-Westfalen, Ms., Brühl

Beywl, Wolfgang, Hartmut Brombach, 1984: Neue Selbstorganisationen. Zwischen kultureller Autonomie und politischer Vereinnahmung. In: Aus Politik und Zeitgeschichte, H.11

Blanke, Bernhard, Adalbert Evers, Helmut Wollmann (Hg), 1986: Die zweite Stadt. Neue Formen lokaler Arbeits - und Sozialpolitik. In: Leviathan-Sonderheft Nr.7

Bobzien, Monika, Reinhard Fuß, Wolfgang Stark, 1989: Die Förderung von Selbsthilfegruppen und alternativen Projekten. In: Asam/Heck (Hg)

Boll, Fritz, Thomas Olk (Hg), 1987: Selbsthilfe und Wohlfahrtsverbände, Freiburg

Boll, Fritz, 1987: Selbsthilfe und Caritas. Neue Relationen und verbandspolitische Konsequenzen. In: Boll/Olk (Hg)

Borgmann-Quade, Rainer: Gewinnung finanzieller Ressourcen und Verbändepolitik. In: Trähnhardt et al. (Hg)

Brand, Karl-Werner, 1988: Selbsthilfe und neue soziale Bewegungen. Historische und Internationale Vergleichsaspekte. In: Selbsthilfezentrum München (Hg)

Brand, Karl-Werner, 1983, Dieter Rucht, Detlef Büsser, 1983: Aufbruch in eine neue Gesellschaft, Frankfurt/Main

Braun, Joachim, Peter Röhrig, 1986: Soziales Engagement: Ehrenamtliche Mitarbeit und Selbsthilfe im Bereich Soziales, Gesundheit und Jugend. In: Klingemann (Hg)

Braun, Joachim, Peter Röhrig, 1987: Praxis der Selbsthilfeförderung. Das freiwillige soziale Engagement am Beispiel von 4 Städten, Frankfurt/Main

Braun, Joachim, Andreas Greiwe, 1989: Kontaktstellen und Selbsthilfe. Bilanz und Perspektiven der Selbsthilfeförderung in Städten und ländlichen Regionen, Köln 1989

Breitkopf, Helmut, 1983: Entwicklungschancen und Barrieren hinsichtlich der Teilnahme an gesundheitlichen Selbsthilfegruppen in der Bevölkerung in der Bundesrepublik. In: Asam/Heck (Hg),

Bremen, Klaus 1987: Vom allmählichen Verschwinden des Altruismus. Das Verhältnis des Deutschen Paritätischen Wohlfahrtsverbandes zur neueren Selbsthilfe-Bewegung: Probleme und Perspektiven. In: Boll/Olk (Hg)

Bremer Topf, 1988: Ergebnisse des internen Beratungsprozesses vom 2. Selbsthilfe-Kongreß und des letzten Selbsthilfe-Plenums Bremen. In: NAKOS-Info Nr. 14, Feb.

Bremer Topf, o. J.: Was will der Bremer Topf? Ms, Bremen

Bremische Bürgerschaft (Landtag), 1986a: Antrag der Fraktion der CDU. Förderung von Selbsthilfegruppen, Drucksache 11/681

Bremische Bürgerschaft (Landtag) 1986b: Antrag der Fraktion der SPD. Förderung von Selbsthilfegruppen, Drucksache 11/709

Bremische Bürgerschaft (Landtag), 1986c: Änderungsantrag der Fraktion der Grünen zum Antrag der Fraktion der SPD v. 16. Sept. 1986, Förderung von Selbsthilfegruppen, Drucksache 11/721

Bremische Bürgerschaft (Landtag), 1986d: 61. Sitzung v. 1.10.1986, Plenarprotokoll, S. 3609 - 3616

Bremische Bürgerschaft (Landtag), 1987a: KA der CDU v. 9. Jan. 87, Verwendung von Haushalts- und Lottmitteln für Vereine, Organisationen, Verbände Initiativen und Gruppen, Drucksache 11/887

Bremische Bürgerschaft (Landtag), 1987b: 80. Sitzung v. 24.06.1987, Plenarprotokoll, S. 4869 - 4870

Breuer, Rolf, 1981: Welle oder Bewegung? - Zur Frage der Gesellschaftsveränderung durch „Selbsthilfe". In: Neue Praxis, Sonderheft 6

Brunn, Anke, 1986: Selbsthilfe zwischen Sozialabbau und Selbstbestimmung. In: Heinze (Hg)

Burkert, Helga, 1990: Fördermodelle für Selbsthilfegruppen - Initiativen und - Projekte in den Städten und Landkreisen der alten BRD. In: NAKOS (Hg)

Beyme, Klaus von, 1985: Parteien in den westlichen Demokratien, München

Bobzien, Monika Reinhard Fuß, Wolfgang Stark, 1989: Die Förderung von Selbsthilfegruppen und alternativen Projekten. In: Asam/Heck (Hg)

Czytrich, Günter, 1984: Handlungsstrukturen im Verhältnis freier und behördlicher Wohlfahrtspflege. Thesen aus der Sicht der Verbandsökonomie. In : Bauer/ Dießenbacher (Hg)

Dammann, Bernd, 1984: Das Verhältnis von alternativen und etablierten Trägern der Wohlfahrtspflege angesichts der Probleme einer „neuen" Sozialpolitik. In: Bauer/ Dießenbacher (Hg)

Daum, Karl-Werner, 1981: Selbsthilfe und Laienhilfe - Ergänzung oder Widerspruch? In: Theorie und Praxis der sozialen Arbeit, Nr.10

Deimer, Klaus, Dieter Jaufmann, 1983: Soziale Selbsthilfegruppen. In: Asam/ Heck (Hg)

Deimer, Klaus, Dieter Jaufmann, Ernst Kistler, Martin Pfaff, 1983: Selbsthilfe in der Sozialpolitik - ein Lösungsansatz ? In: Aus Politik und Zeitgeschichte v. 27.8.83

Deimer, Klaus, Dieter Jaufmann, 1986a: Wohlfahrtsverbände und Selbsthilfe - Konkurrenz um „Leistungsnutzer" oder kooperative Verflechtung ? In: Trähnhardt et al. (Hg)

Deimer, Klaus, Dieter Jaufmann, 1986b: Subsidiaritätsprinzip, Neue Subsidiarität und Nachbarschaftshilfe. In: Heinze (Hg)

Dettling, Warnfried, 1982: Die „Neue Soziale Frage". In: Becher, H. J. (Hg),

Dettling, Warnfried, 1983: Die CDU und die Alternativen - entfernte Verwandte ? In: Fink (Hg)

Dettling, Warnfried, 1984: Neues Verständnis von staatlicher Politik. In: Neue Gesellschaft 31, H.4

Deutsche Arbeitsgemeinschaft Selbsthilfegruppen (DAGSHG), 1987, Selbsthilfegruppen-Unterstützung. Ein Orientierungsrahmen, Gießen

Deutscher Bundestag, 1985: Leistungsfähigkeit des Gesundheitswesens und Qualität der gesundheitlichen Versorgung der Bevölkerung, Antwort der Bundesregierung auf eine Große Anfrage, BT-Drucksache 10/3374

Deutscher Verein für öffentliche und private Fürsorge, 1986: Probleme bei der Gewährung von Zuwendungen im sozialen Bereich und Überlegungen zu ihrer Verbesserung. In: Nachrichtendienst des Deutschen Vereins für öffentliche und private Fürsorge, 66. Jg., Nr. 9

Diemer, Niko, Wolfgang Völker, 1981: Im freien Flug über das Handgemenge ? Über Selbsthilfe und Vergesellschaftung im Reproduktionsbereich. In: Widersprüche, H. 1

Diemer, Niko, 1986: Selbsthilfe- und Projektförderung in Bremen. In: Kuss-Blättle Nr. 1

Dittrich, Walter, Gerhard Fuchs, Dieter Rucht, Gerd-Uwe Watzlawcik, o. J.: Zwischen Bürokratie und Selbstregulierung: Zur Organisation arbeitspolitischer Programme in ausgewählten Gross-Städten der Bundesrepublik Deutschland, München, Ms.

DPWV, LV Bremen & Paritätisches Bildungswerk LV Bremen, 1986: Vorschlag für eine Konzeption zur Förderung von Selbsthilfegruppen und selbstorganisierten Projekten im Gesundheits- und Sozialbereich, Ms., Bremen. April,

Ehrenberg, Herbert, Anke Fuchs, 1980: Sozialstaat und Freiheit, Frankfurt

Evers, Adalbert, 1981: Über Selbsthilfe, zwei Kulturen und Alternativbewegung. In: Kickbusch/Trojan (Hg)

Euchner, Walter, 1985: Stoßseufzer eines traditionalistischen Policy-Analysis- Muffels, in: Hartwich (Hg)

Fehse, Wilhelm, Hinrich Garms, 1992: Zur Neustrukturierung der gesundheitlichen und sozialen Dienste - eine Untersuchung am Beispiel von drei Problemfeldern, Berlin, Ms., August

Ferber, Christan v., 1967: Sozialpolitik in der Wohlfahrtsgesellschaft, Hamburg

Fink, Ulf (Hg), Keine Angst vor Alternativen. Ein Minister wagt sich in die Szene, Freiburg

Fink, Ulf, 1984: Hilfe zur Selbsthilfe. Ein Berliner Modell. In: Aus Politik und Zeitgeschichte, H.11

Fink, Ulf, 1986: Subsidiarität - Lösung für sozialpolitische Probleme der Gegenwart. In Heinze (Hg)

Fink, Ulf, 1988: Förderung von Selbsthilfegruppen - eine politische Aufgabe. In: Thiel (Hg)

Franz, Hans-Jürgen, 1987: Selbsthilfe zwischen sozialer Bewegung und spezifischer Organisationsform sozialpolitischer Leistungserbringung. In: Kaufmann (Hg)

Freie Hansestadt Bremen, Statistisches Landesamt, 1987: Statistisches Handbuch 1980-1985, Bremen

Freier, Dietmar, 1986: Aus dem täglichen Miteinander und gelegentlichen Gegeneinander von freier Wohlfahrtspflege und staatlicher Sozialpolitik. In: Thränhardt et al. (Hg)

Fuchs, Gerhard, Dieter Rucht , Erhard Treutner, 1987: Kommunale Arbeitspolitik im Umbruch: Das Beispiel München, Zwischenbericht des Projekts „Entwicklungsperspektiven von Arbeit" des Sonderforschungsbereiches 333 der Universität München, München Ms.

Fuß, Reinhard, Ingrid Schubert, 1985: Münchener Selbsthilfeförderung: oder von der Verwirklichung einer Idee. In: Widersprüche, H.17

Gartner, Alan, Frank Riessmann, 1978: Der aktive Konsument in der Dienstleistungsgesellschaft. Zur politischen Ökonomie des tertiären Sektors, Frankfurt

Geißler, Heiner, 1976: Die Neue Soziale Frage. Analysen und Dokumente, Freiburg

Gerlach, Ernst. 1986: Historische Last oder konstruktives Element - Freie Träger aus sozialdemokratischer Sicht. In: Trähnhardt (Hg)

Geronimo, 1990: Feuer und Flamme. Zur Geschichte und Gegenwart der Autonomen, Amsterdam

Glotz, Peter, 1978: Nicht nur eine Frage von Kommunikationstechniken. In: Hoffmann-Axthelm, Dieter et. al. (Hg), Tunix, Mescalero und die Folgen. Berlin

Greiwe, Andreas, 1987: Der Münsteraner Modellversuch zur Förderung der bürgerschaftlichen Selbst- und Mithilfe. In: Jarre/Krebs (Hg)

Gross, Peter, 1982: Der Wohlfahrtsstaat und die Bedeutung der Selbsthilfebewegung. In : Soziale Welt, Jg.33, Heft 1

Gross, Peter, 1986: Die neue Macht des Schicksals. Zur Ordnungspolitik des Sozialstaats. In: Heinze (Hg)

Grottian, Peter, 1983: Steuergelder für Alternativprojekte? In: Grottian/Nelles (Hg), Großstadt und neue soziale Bewegungen. Basel/Boston/Stuttgart

Grottian, Peter, 1985: Sozialstaat und Alternativprojekte. In: Olk/Otto (Hg)

Grottian, Peter, Friedrich Krotz, Günter Lütke, 1986: Die Entzauberung der Berliner Sozialpolitik. In: Blanke/ Evers/ Wollmann (Hg)

Grottian, Peter, Friedrich Krotz, Günter Lütke, Heide Pfarr, 1988: Die Wohlfahrtswende. Der Zauber konservativer Sozialpolitik, München

Grottian, Peter, 1988: Konservative Sozialpolitik: Die paradoxe Legitimierung sozialstaatsabbauender, familien- und frauenfeindlicher Politik ? In: Grottian et al.

Halves, Edith, Hans-Wilhelm Wetendorf, 1986: „Natürlich hat sich die Gruppe mit der Zeit verändert ..." Verläufe von Selbsthilfegruppen. In: Trojan (Hg)

Hartwich, Hans-Herrmann (Hg), 1985: Policy-Forschung in der BRD, Frankfurt/ Main, Opladen

Hegner, Friedhart, 1979: Inwieweit sind Sozialstationen geeignet, die nichtprofessionelle Erbringung sozialer Leistungen zu fördern ? In: Zeitschrift für Sozialreform, 25

Hegner, Friedhart, 1981: Zur Systematisierung nicht-professioneller Sozialsysteme. In: Badura/Ferber (Hg)

Hegner, Friedhart, 1985a: Soziale Dienste zwischen Beruf und Freiwilligkeit. In: Dierkes/Strümpel Hg), Wenig Arbeit - aber viel zu tun, Opladen

Hegner, Friedhart, 1985b: Öffentliche Förderung von Selbsthilfe und Selbstorganisation. In: Keim/Vascovics (Hg), Wege zur Sozialplanung, Opladen

Hegner, Friedhart, 1986: Zukunftswege der Industriegesellschaft: Ausbau der 'Einbahnstraße' oder Umbau zur 'Zweibahnstraße'? In: Heinze (Hg)

Heinze, Rolf G. (Hg), 1986: Neue Subsidiarität: Leitidee für eine zukünftige Sozialpolitik ? Opladen

Heinze, Rolf G., 1986a: „Neue Subsidiarität" - Zum soziologischen und politologischen Gehalt eines aktuellen sozialpolitischen Konzeptes. In: Heinze (Hg)

Heinze , Rolf G., 1986b: Selbsthilfegruppen im System der sozialen Sicherung, Paderborn, Ms.

Heinze, Rolf G., Thomas Olk, 1984: Rückzug des Staates - Aufwertung der Wohlfahrtsverbände. Verbandliche Wohlfahrtspflege und verbandliche Subsidiarität. In: Bauer/Dießenbacher (Hg)

Heinze, Rolf G., Thomas Olk, Josef Hilbert, 1988: Der neue Sozialstaat. Analysen und Reformperspektiven, Freiburg

Hesse, Joachim Jens, 1985: „Policy"-Forschung zwischen Anpassung und Eigenständigkeit, Speyerer Arbeitshefte, H. 62, Speyer, Jan

Huber, Joseph, 1980: Wer soll das alles ändern. Die Alternativen der Alternativbewegung, Berlin

Huber, Joseph, 1984: Duale Sozialpolitik. Fremdversorgung und Eigenbeteiligung. In: Opielka et al. (Hg)

Huber, Joseph, 1985: Die Regenbogengesellschaft. Ökologie und Sozialpolitik, Frankfurt

Huber, Joseph, 1987: Die neuen Helfer. Das Berliner Modell und die Zukunft der Selbsthilfebewegung, München

Huster, Ernst-Ulrich, 1985: Struktur und Krise kommunaler Sozialfinanzen. In Leibfried/Tennstedt (Hg)

Illich, Ivan, et al. 1979: Entmündigung durch Experten. Zur Kritik der Dienstleistungsberufe, Reinbek

Institut für Sozialwissenschaftliche Analysen und Beratung (ISAB), 1990: Bilanz und Perspektiven der Selbsthilfeförderung in Kreisen, Städten und Gemeinden. Tagungsbericht, Köln

Jakubowski, Anita, 1989: Ansätze zur Förderung von Selbsthilfegruppen in anderen Bundesländern. In Schriftenreihe der G.I.B, Bottropper Dokumente, H. 3

Jann, Werner, 1981: Die Kategorien der Policy-Forschung, Speyerer Arbeitshefte, H. 18

Jann, Werner, 1983: Der Policy-Ansatz. Ein Überblick über Entwicklungen in der Bundesrepublik Deutschland und in den USA, Speyerer Arbeitshefte, H. 45, Speyer, April

Jarre, Jan, Hartmut Krebs, 1987 (Hg): Soziale Selbsthilfe- und Initiativgruppen in kommunalen Aktionsfeldern, Rehburg-Loccum

Kaiser, Manfred, 1985: Alternativ-ökonomische Beschäftigungsexperimente, quantitative und qualitative Aspekte. Eine Zwischenbilanz. In: MittAB, 18.Jg., Heft 1

Kardorff, Ernst, v., Oppl, Hubert (Hg), 1989: Selbsthilfe und Krise der Wohlfahrtsgesellschaft, München

Kaufmann, Franz-Xaver (Hg), 1987: Staat, intermediäre Instanzen und Selbsthilfe, München

Kickbusch, Ilona, Alf Trojan, 1981 (Hg): Gemeinsam sind wir stärker. Selbsthilfegruppen und Gesundheit, Frankfurt

Kippe, Rainer, Christian Presch, 1987: Stellungnahme zur Tagung. In: Jarre/Krebs (Hg)

Klages, Helmut, Joachim Braun, Peter Röhrig,(Hg) 1987: Soziale Selbsthilfe. Entwicklungsperspektiven und Unterstützungsmöglichkeiten durch die Sozial - und Gesundheitspolitik von Bund, Ländern und Kommunen, Speyer

Klingemann, Harald (Hg), 1986: Selbsthilfe und Laienhilfe. Alternativen einer Gesundheitspolitik der Zukunft ? Lausanne

Kötterheinrich, Karl-Heinz, 1989: Absichern und Fördern: Die Arbeit eines Beirates für eine Selbsthilfe-Kontaktstelle (MIKS Münster). In: Braun/Greiwe

Kreft, Dieter, 1987: Öffentliche Träger, Wohlfahrts- und Jugendverbände, selbstorganisierte (alternative) Projekte und Initiativen - Zur Entwicklung ihres Verhältnisses. In: Boll/Olk (Hg)

Kreutz, Henrik, Gerhard Fröhlich, Dieter Maly, 1984: Alternative Projekte: Realistische Alternativen zur Arbeitslosigkeit? In: MittAB, 17.Jg. H.

Krotz, Friedrich, 1986: Die Berliner Förderung von Selbsthilfe: Hilfe zur Autonomie oder Instrumentalisierung ? Teilbereicht des DFG-Projekts „Neue Subsidiaritätspolitik", Berlin, August

Krotz, Friedrich, 1987: Es könnte auch ganz anders sein... In: Jarre/Krebs (Hg)

Krotz, Friedrich, 1988: Die Instrumentalisierung der Selbsthilfe. Erfahrungen mit dem ‚Berliner Modell'. In: Grottian et al.

Kühn, Dietrich, 1986: Die informellen Abstimmungs- und Entscheidungsprozesse der Wohlfahrtsverbände und der kommunalen Ausschüsse im Vorfeld der Arbeit der Ausschüsse und Arbeitsgemeinschaften. In: Thränhardt et al. (Hg)

Kück, Marlene, 1983: Neue Sozialpolitik mit alten Instrumenten: Das 7,5-Millionen-Programm des Berliner Senats für den Selbsthilfe- und Alternativsektor. In: Neue Praxis, H.3

Labisch, Alfons (Hg), 1989: Kommunale Gesundheitsförderung. Aktuelle Entwicklungen, Konzepte, Perspektiven, Frankfurt/Main

Löns, Joachim, 1987: Selbsthilfeinitiativen aus Sicht der Evangelischen Verbändewohlfahrt. In: Boll/Olk (Hg)

Lütke, Günter, 1985: Selbsthilfepolitik - kritische Anmerkungen zur Berliner Praxis. In: Reis/Dorenburg (Hg)

Lütke, Günter, 1988: Die Sozialstationen: Qualitativer Umbau oder Abbau gesundheitlicher Versorgung ? In: Grottian et al.

Mailänder, Ulf, 1989: Grün-Alternatives Biedermeier - Ein kritischer Blick auf die Berliner Projektszene der ausgehenden Achtziger. In: Stattbuch 4

Matzat, Jürgen, 1986: Zum Verhältnis von Profession, Laienhilfe und Selbsthilfe. In: Klingemann (Hg)

Merchel, Joachim, 1984: „Alte" und „neue" Subsidiarität. In: Neue Praxis, H.4

Merchel, Joachim, 1986a: Durchsetzungschancen von Wohlfahrtsverbänden und selbstorganisierten Initiativen im Interessengeflecht kommunaler Sozialpolitik. In: Thränhardt et. al. (Hg)

Merchel, Joachim, 1986b: Selbsthilfe-Förderung als Herausforderung für kommunale Sozialpolitik. In: Neue Praxis, H.2

Merchel, Joachim, 1988: Über den Wohlfahrts-Filz oder wie die Subsidiarität im richtigen Leben funktioniert. Anmerkungen aus einer westfälischen Stadt In: Neue Praxis, H.1

Moeller, Michael L., 1978: Selbsthilfegruppen, Reinbek

Moeller, Michael L., 1981: Anders helfen, Selbsthilfegruppen und Fachleute arbeiten zusammen, Stuttgart

Moeller, Michael L., 1988: Von der Subsidiarität zur Solidarität, In: Thiel (Hg)

Monath, Gabriele, 1989: Öffentlichkeitsarbeit und selbsthilfeunterstützende Veranstaltungen einer Selbsthilfe-Kontaktstelle (IKOS Würzburg). In: Braun/ Greiwe

Müller, Clemens, 1989: Dezentrales Selbsthilfe-Unterstützungsmodell BREMER TOPF. In: Braun/Greiwe

Münder, Johannes, 1986: Selbsthilfe und (neue ?) Subsidiarität - politische Mode oder rechtlich geboten ? In: Neue Praxis, H. 5

Münder, Johannes, Hans-Jürgen Hoffmann, 1987: Sozialpolitische Gestaltung durch die Kommunen. Mythos oder Realität. In: Soziale Welt, H.38

Münsteraner Informations- und Kontaktstelle für Selbsthilfe (MIKS), 1990: „Zweieinhalb Jahre MIKS" Tätigkeitsbericht (01/88 - 07/90) Ms., Münster

NAKOS (Hg), 1990: Selbsthilfegruppen-Förderung - Eine soziale und gesundheitspolitische Herausforderung, H. 10, Dez.

Nesemann, Christa /Scheinert, Karin, 1987: Staatsknete für Berliner Frauen - und Alternativprojekte. Eine Dokumentation des Arbeitskreises zur Förderung autonomer Frauenprojekte, Bürgerinitiativen und Alternativprojekte im Auftrag der Alternativen Liste für Demokratie und Umweltschutz, Ms., Berlin, Mai

Nesemann, Christa, 1989: Viel geschafft und wenig erreicht. In : Contraste, Nr. 9

Nelles, Wilfried, Wolfgang Beywl, 1984: Selbstorganisation: Alternativen für Verbraucher, Frankfurt/Main

Netzwerk Franken, 1986: Der Alternativtopf. Eine Dokumentation, Nürnberg

Novy, Klaus, 1981: Alternative Ökonomie - vorwärts oder rückwärts ? In: Müschen et al., Wer (A)lternativ sagt, muß auch (B)ewegung sagen - Abstraktes und Besonderes zu Selbstverwaltung, Produktionskollektiven, Tagungshäusern und Politikverständnis, Bonn

ÖTV, 1987: ÖTV-Dialog, Zeitschrift der ÖTV Berlin, H.1

Offe, Claus, 1975: Berufsbildungsreform. Eine Fallstudie über Reformpolitik, Frankfurt/Main

Olk, Thomas, 1987: Zwischen Verbandsmacht und Selbstorganisation. Antworten der Wohlfahrtsverbände auf die Herausforderung der „neuen Selbsthilfebewegung". In: Boll/Olk (Hg)

Olk, Thomas, 1988: Kontaktstellen - Einziger Weg einer angemessenen Selbsthilfegruppen-Förderung? In: NAKOS-Extra, H. 11

Olk, Thomas, 1990: Erfahrungen mit Selbsthilfegruppen-Förderungstöpfen in ausgewählten Ländern und Kommunen. In: NAKOS(Hg)

Olk, Thomas, Heinze, Rolf G., 1985: Selbsthilfe im Sozialsektor. In: Olk/Otto (Hg)

Olk, Thomas, Hans-Uwe Otto, 1981: Wertewandel und Sozialarbeit - Entwicklungsperspektiven kommunaler Arbeitspolitik. In: Neue Praxis, H. 11

Olk, Thomas, Hans-Uwe Otto (Hg), 1985: Gesellschaftliche Perspektiven der Sozialarbeit 4, Neuwied/Darmstadt

Opielka, Michael (Hg), 1985: Die ökosoziale Frage. Entwürfe zum Sozialstaat, Frankfurt/Main

Opielka, Michael, 1987: Autonomie oder Integration. Alternativprojekte im Sozialstaat oder: Brauchen wir einen 7. Wohlfahrtsverband? In: Boll/Olk (Hg)

Opielka, Michael, Martin Schmollinger, Angelika Frohmann-Ritter (Hg), 1984 : Die Zukunft des Sozialstaats, Stuttgart

Opielka, Michael, Georg Vobruba (Hg), 1986: Das garantierte Grundeinkommen. Entwicklung und Perspektiven einer Forderung, Frankfurt a. M.

Oppl, Hubert, 1989: Selbsthilfe als Herausforderung für die Sozialarbeit. In: Kardorff/Oppl (Hg)

Pagel, Jobst, 1989: Selbsthilfeförderung in Bremen - oder Suppe für alle im BREMER TOPF ? In: NAKOS-Info Nr. 19, Juni

Pankoke, Eckart, 1983: Selbstaktive Felder in der Sozialarbeit. Gruppenselbsthilfe. Gruppenselbsthilfe und ehrenamtlicher Sozialdienst. In: Sozialpädagogische Blätter H. 4

Peters, Jan (Hg), 1979: Alternativen zum Atomstaat, Berlin

Pfütze, Hermann, 1988: Gemeinwohl und Selbsthilfe. In: Thiel (Hg)

Prognos AG, 1984: Entwicklung der Freien Wohlfahrtspflege bis zum Jahr 2000, Studie im Auftrag der Bank für Sozialwirtschaft GmbH, Basel

Raschke, Joachim, 1985: Soziale Bewegungen. Ein historisch-systematischer Grundriß, Frankfurt/New York

Reiter-Schwarz, Monika, 1987: München - Chancen und Risiken eines Modellprojekts. In: Selbsthilfegruppen-Nachrichten, Gießen

Riedmüller, Barbara, 1986: Lokale Beschäftigungspolitik. Entwicklungstendenzen und Hindernisse am Beispiel München. In: Blanke/Evers/ Wollmann (Hg)

Roth, Roland (Hg), 1980: Parlamentarisches Ritual und politische Alternativen, Frankfurt/Main

Roth, Roland, 1987: Kommunikationsstrukturen und Vernetzungen in den neuen sozialen Bewegungen. In: Roth/Rucht (Hg)

Roth, Roland, Dieter Rucht (Hg), Neue soziale Bewegungen in der Bundesrepublik Deutschland, Frankfurt/Main 1987

Runge, Brigitte, Fritz Vilmar, 1987: Handbuch Selbsthilfe, Frankfurt

Schaper, Klaus, 1987: Sozial- und beschäftigungspolitische Aspekte neuer sozialer Bewegungen. In Roth/Rucht (Hg)

Schmidt, Manfred G., 1980: CDU und SPD an der Regierung, Frankfurt/New York

Schmidt, Manfred G., 1982: Wohlfahrtsstaatliche Politik unter bürgerlichen und sozialdemokratischen Regierungen. Ein internationaler Vergleich, Frankfurt/New York

Schmidt, Manfred G.,(Hg) 1988a: Staatstätigkeit. International und historisch vergleichende Analysen, Wiesbaden, PVS H. 19

Schmidt, Manfred G., 1988b: Sozialpolitik. Historische Entwicklung und internationaler Vergleich, Opladen

Schulz, Walter, 1987a: Soziale Dienste in der Krise oder: Den Aufschwung spürt man allerorten. In: Jarre/Krebs (Hg)

Schulz, Walter, 1987b: Erfolge und Gefährdungen des Selbsthilfeansatzes. In: Jarre/Krebs (Hg)

Schwendter, Rolf, 1981: Alternative Einrichtungen in der Sozialarbeit. In: Projektgruppe Soziale Berufe (Hg), Sozialarbeit. Problemwandel und Institutionen, München

Schwendter, Rolf, 1989: Der Sozialpolitik entfliehen ? Thesen zur Sozialpolitik. In: Contraste, Nr. 3

Seibert, Horst, 1986: Zum Verhältnis zwischen öffentlicher und freier Wohlfahrtspflege und Selbsthilfeinitiativen aus der Sicht der Diakonie. In: Thränhardt et al. (Hg)

Selbsthilfezentrum München (Hg), 1988: Zurück in die Zukunft. Selbsthilfe und gesellschaftliche Entwicklung, München

SenGesSozFam,1982: Grundsätze der Förderung von Selbsthilfegruppen, Senatsvorlage 870/82, August

SenGesSozFam, 1983: Förderung von Selbsthilfegruppen. 66. Sitzung d. Hauptausschusses v. 15. Dez. 1982, Berlin, Mai

SenGesSozFam,1984a: Förderung von Selbsthilfegruppen, 34. Sitzung des Abgeordnetenhauses v. 9.Dez. 1982 und 56. Sitzung des Abgeordnetenhauses v. 9. Dez. 83, Berlin, Mai

SenGesSozFam(Hg), 1984b: Hilfe durch Selbsthilfe - Selbsthilfegruppen in eigener Darstellung. Ein Wegweiser, 4. Auflage Berlin

SenGesSoz, 1985a: Förderung von Selbsthilfegruppen. 82. Sitzung des Abgeordnetenhauses v. 7. Dez. 1984, Berlin, Okt.

SenGesSoz, 1985b: Kongreßdokumentation „Neue Wege in der Sozial- und Gesellschaftspolitik, Berlin

SenGesSoz, 1986: Förderung von Selbsthilfegruppen. 17. Sitzung des Abgeordnetenhauses v. 6. Dez. 85, Berlin, Sept.

SenGesSoz, 1987a : Aus Problemen Chancen machen: Sozialmodell Berlin, Ms., Berlin, Juli

SenGesSoz, 1987b: Förderung von Selbsthilfegruppen. Sitzung des Abgeordnetenhauses v. 12. Dez. 86, Berlin, Sept.

SenGesSoz, 1988: Förderung von Selbsthilfegruppen. 66. Sitzung des Abgeordnetenhauses v. 11. Dez. 87, Berlin, Sept.

SenGesSoz, 1989: Förderung von Selbsthilfegruppen. 88. Sitzung des Abgeordnetenhauses v. 9. Dez. 88, Berlin, Okt.

SenGesJugSoz, 1994: Förderung von Selbsthilfe in der Stadtgemeinde Bremen 1988 bis 1993. Zweiter Selbsthilfebericht, Bremen, April

SenJugSoz, 1987: Förderung von Selbsthilfegruppen in Bremen, Bremen, Sept.

SenSoz, 1990a: Förderung von Selbsthilfegruppen, Senatsvorlage (Entwurf)

SenSoz, 1990b: Das Berliner Programm zur Förderung von Selbsthilfegruppen und Selbsthilfeprojekten - Förderkriterien 90 - , Senatsbeschluß v. 21. 08. 90

SenSoz, 1990c: Förderung von Selbsthilfegruppen. 21. Sitzung des Abgeordnetenhauses v. 8. Dez. 89, Berlin, Sept.

SenSoz, 1991a: Förderung von Selbsthilfegruppen. 46. Sitzung des Abgeordnetenhauses v. 25. Okt. 91, Berlin, Sept.

SenSoz, 1991b: Das Berliner Förderprogramm von Selbsthilfegruppen - Förderkriterien 90 -, Senatsbeschluß v. 22. Okt. 91

SenSoz, 1992: Förderung von Selbsthilfegruppen. 21. Sitzung des Abgeordnetenhauses v. 6. Dez. 92, Berlin, Sept.

SenSoz, 1993: Bericht über Angebote zur sozialen Versorgung in Berlin, Berlin, Dez.

Sengling, Dieter, 1986: Die Bedeutung des Deutschen Paritätischen Wohlfahrtsverbandes für die moderne Sozialpolitik. In: Thränhardt et al. (Hg)

Sosna, Jürgen, 1986: Wirtschaftsförderung für Bremer Betriebe in Selbstverwaltung - Ein Ausblick nach 2 Jahren staatlicher Praxis unter sozialdemokratischen Bedingungen in Bremen. In: Essener Projekte in Zusammenarbeit mit der GAL (Hg), Das Ende der Bescheidenheit, Tagungsbericht

Sosna, Jürgen, 1987: Netzwerk Selbsthilfe - eine Projektidee verändert sich. In: Roth/Rucht (Hg)

SPD, 1984a: Sozialstaat und Selbsthilfe, Berlin

SPD, 1984b: Sozialabbau und die Folgen, Berlin

SPD (Hg), 1989: Berliner Koalitionsvereinbarung zwischen SPD und AL v. 13. März 1989, Berlin

Stadt Münster, 1985a: Richtlinien über die Förderung von Projekten, Initiativen und Aktivitäten bürgerschaftlicher Selbst- und Mithilfe, verf. Ms., Münster, März

Stadt Münster, 1985b: Erster Bericht über den Modellversuch „Förderung der bürgerschaftlichen Selbst- und Mithilfe" der Stiftung Siverdes". Beschlußvorlage an den Haupt- und Finanzausschuß Nr. 226/85

Stadt Münster, 1986a: 2. Zwischenbericht über den Modellversuch „Förderung der bürgerschaftlichen Selbst- und Mithilfe" der Stiftung Siverdes. Beschlußvorlage an den Haupt- und Finanzausschuß Nr. 22/86 v. 07.01.86, Ms. Münster

Stadt Münster, 1986b: 3. Zwischenbericht über den Modellversuch „Förderung der bürgerschaftlichen Selbst- und Mithilfe" der Stiftung Siverdes. Beschlußvorlage an den Haupt- und Finanzausschuß Nr. 215/86 v. 16.06.86, Ms. Münster

Stadt Münster, 1987a: Statistischer Jahresbericht 1985, Münster

Stadt Münster, 1987b: Zwischenbilanz und Perspektiven zur Weiterentwicklung sozialer Selbst- und Mithilfe in Münster. Anlage 1 zur Vorlage an den Rat, verf. Ms. Münster

Stadt Münster, 1987c: Richtlinien für die Förderung bürgerschaftlicher Selbst- und Mithilfe aus den Mittel der Stiftung „Siverdes", Münster

Stadt Münster, 1987d: Richtlinien über die Förderung von „privaten Eltern-Kind-Gruppen" aus den Mitteln der Stiftung „Bürgerwaisenhaus", Münster

Stadt Münster, 1988: Sich selbst und anderen helfen. Selbsthilfe-Förderung in Münster, Münster, Dez

Stadt Münster, 1989: Erster Jahresbericht über den Entwicklungs- und Förderungsstand der sozialen Selbst- und Mithilfe in Münster, Vorlage 61/89, Münster, Januar

Stadt Münster, 1990a: Weiterentwicklung der Förderung sozialer Selbst- und Mithilfe in Münster ab 1991. Beschlußvorlage an den Rat Nr. 273/90 v. 15.08.90, Ms. Münster

Stadt Münster, 1990b: Jahresbericht 1989 der Verwaltung über die Entwicklung und Förderung sozialer Selbst- und Mithilfe in Münster, Münster

Stadt Münster, 1990c: Statistischer Jahresbericht 1988, Münster

Stadt Münster, 1992: Förderung sozialer Selbst- und Mithilfe in Münster, Mai, Münster, Ms.

Strasser, Johano, 1979: Grenzen des Sozialstaats ? Köln

Strasser, Johano, 1985: Soziale Sicherung in der Wachstumskrise. In: Olk, Thomas, Hans-Uwe Otto, Der Wohlfahrtsstaat in der Wende. Umrisse einer künftigen Sozialarbeit, Weinheim/München

Stratmann, Friedrich, 1984: Zwischen bürokratischem Eigeninteresse und Selbsthilfeanspruch. Wohlfahrtsverbände im Arbeitsfeld 'Ausländerpolitik'. In: Bauer/ Dießenbacher (Hg)

Thiel, Wolfgang, 1988 (Hg): Selbsthilfegruppen-Förderung, Gießen

Thiemeyer, Theo, 1981: Selbsthilfe und Selbsthilfebetriebe aus ökonomischer Sicht. In: Badura/v. Ferber (Hg)

Thränhardt, Dietrich, 1984: Im Dickicht der Verbände. Korporatistische Politikformulierung und verbandsgerechte Verwaltung am Beispiel der Arbeitsmigranten in der Bundesrepublik, In: Bauer/Dießenbacher (Hg)

Thränhardt et al. (Hg), 1986: Wohlfahrtsverbände zwischen Selbsthilfe und Sozialstaat, Freiburg

Thränhardt, Dietrich, Wolfgang Gernert, Rolf G. Heinze, Franz Koch, Thomas Olk, 1986: Wohlfahrtsverbände und Sozialwissenschaften. In Thränhardt et al. (Hg)

Trojan, Alf, 1985: Zwischen Mut zur Realität und Mut zur Utopie. Zu Grenzen und Möglichkeiten von Selbsthilfe-Initiativen. In: Opielka (Hg)

Trojan, Alf (Hg) 1986: Wissen ist Macht. Eigenständig durch Selbsthilfe in Gruppen, Frankfurt

Trojan, Alf, 1986: Jenseits der Grenzen des Sozialstaats.... Selbsthilfegruppen aus der Sicht der Sozialpolitik. In: Trojan (Hg)

Trojan, Alf, Christiane Deneke, Jörn-Uwe Behrendt, Ralf Itzwerth, 1986: Die Ohnmacht ist nicht total. Persönliches und Politisches über die Selbsthilfegruppen und ihre Entstehung. In: Trojan (Hg)

Trojan, Alf, 1987: Thesen zur Bewertung der Selbsthilfebewegung. In: Jarre/ Krebs (Hg)

Trojan, Alf, Edith Halves, 1984: Selbsthilfegruppen - eine Alternative zu sozialstaatlichen Leistungen ? In: Bauer/ Dießenbacher (Hg)

Trojan, Alf, Edith Halves, Hans-Wilhelm Wetendorf, 1988: Entwicklungsprozesse und Förderbedarf von Selbsthilfegruppen - Konsequenzen für eine selbsthilfeunterstützende Sozial- und Gesundheitspolitik. In: Thiel (Hg)

Trojan, Alf, Christiane Deneke, Michael Faltis, Helmut Hildebrandt, 1987: Gesundheitsförderung im informellen Bereich, Hamburg, Ms., März

Vilmar, Fritz, Brigitte Runge, 1986: Auf dem Weg zur Selbsthilfegesellschaft ? Essen 1986

Watzlawczik, Gerd-Uwe, 1988: Sieben Stadtprofile. Finanzielle, ökonomische und politische Einflüsse auf kommunale Arbeitspolitik, München, Ms.

Wetendorf, Hans-Wilhelm, 1986: Eltern Drogenabhängiger und professionelle Drogenarbeit. In: Klingemann (Hg)

Wend, Christian, 1987: Selbsthilfe-Förderungspolitik im BMJFFG, Bonn, Ms. August

Wender, Astrid, 1984: Entscheidungsspiele in Politik, Verwaltung und Wirtschaft, Opladen

Windhoff-Héritier, Adrienne, 1982: Selbsthilfe-Organisationen. Eine Lösung für die Sozialpolitik der mageren Jahre ? In: Soziale Welt, H.1

Windhoff-Héritier, Adrienne, 1985: Politikarena und Policy Netz. Zum analytischen Nutzen zweier Begriffe, In: WZB-Mitteilungen, Sept.

Windhoff-Héritier, Adrienne, 1986: Kommunale Sozialpolitik in der Finanzkrise: Abwehr und Ausgleichstrategien. In: Heinze/Olk (Hg)

Windhoff-Héritier, Adrienne, 1987: Policy-Analyse. Eine Einführung, Frankfurt/ Main - New York

Winkelvoss, Heide, Ralf Itzwerth, Alf Trojan, 1981: Zur Definition und Verbreitung von Gesundheitsselbsthilfegruppen. In: Kickbusch/Trojan (Hg)